Séneca (4 a.e.c-65) fue un filósofo, escritor, orador y político romano célebre por sus obras de carácter moral y como uno de los representantes más destacados de la escuela estoica. Hijo del orador Marco Anneo Séneca (conocido por la posteridad como Séneca el Viejo), fue cuestor, pretor, senador y cónsul sufecto durante los gobiernos de Tiberio, Calígula, Claudio y Nerón, además de tutor y consejero del emperador Nerón. Aunque intentó influir en Nerón para que gobernara con moderación, acabó retirándose de la vida pública cuando se hizo evidente que sus esfuerzos eran inútiles. En el año 65 se le acusó de participar en la conspiración de Pisón contra Nerón y se ordenó su muerte. A fin de burlar la orden imperial, Séneca decidió quitarse la vida él mismo. Se cortó las venas de los brazos y las piernas y se metió en una bañera, donde sin embargo no murió ahogado, sino por efecto de los vapores del baño, pues sufría asma.

Rafael Narbona (Madrid, 1963) ha sido profesor de filosofía y hoy es uno de los críticos literarios y periodistas culturales más reconocidos de España, colaborador de *El Cultural*, *Revista de libros* y *Lengua*. Es autor de *Miedo de ser dos* (2014), *El sueño de Ares* (2015), *Peregrinos del absoluto* (2020), *El coleccionista de asombros* (2021), *Retrato del reportero adolescente* (2021) e *Ira* (2022), y del gran éxito *Maestros de la felicidad* (2023).

SÉNECA

Cartas de un estoico

Edición e introducción de
RAFAEL NARBONA

Traducción de
LORENZO RIBER

PENGUIN CLÁSICOS

Papel certificado por el Forest Stewardship Council®

Título original: *Epistulae morales ad Lucilium*

Primera edición: febrero de 2025

PENGUIN, el logo de Penguin y la imagen comercial asociada son marcas registradas
de Penguin Books Limited y se utilizan bajo licencia.

© 2025, Penguin Random House Grupo Editorial, S. A. U.
Travessera de Gràcia, 47-49. 08021 Barcelona
© 2025, Rafael Narbona, por la edición y la introducción
© Lorenzo Riber, por la traducción
Diseño de la cubierta: Penguin Random House Grupo Editorial
basado en el diseño original de Penguin Random House UK
Imagen de la cubierta: Album / De Agostini / A. Dagli Orti

Printed in Spain – Impreso en España

ISBN: 978-84-9105-689-8
Depósito legal: B-21.245-2024

Compuesto en M. I. Maquetación, S. L.

Impreso en Liberdúplex
Sant Llorenç d'Hortons (Barcelona)

PG 5 6 8 9 8

ÍNDICE

Séneca, maestro de almas

1

Al igual que Sócrates, Séneca ya es un mito de la cultura occidental. Elogiado por Dante, Chaucer, Petrarca, Erasmo de Rotterdam, Quevedo, Baltasar Gracián, María Zambrano, Unamuno, Julián Marías y Foucault, no es un simple filósofo, sino un hombre ético que nos legó una imagen de dignidad y coraje. A pesar de sus detractores, que lo han acusado de hipócrita y arribista, su vida y su obra se consideran un ejemplo de civismo, ecuanimidad y humanismo. No en vano afirmó: «El hombre es cosa sagrada para el hombre». No cabe imaginar una refutación más vigorosa del pesimismo de Plauto, según el cual «lobo es el hombre para el hombre, y no hombre, cuando desconoce quién es el otro». Séneca no discrimina entre amigos y desconocidos. Todos los hombres, incluidos los esclavos y los extranjeros, merecen el mismo respeto. La compasión no es un sentimiento asociado a una relación de amistad o cercanía, sino un mandato universal e incondicional. Esta clase de reflexiones provocaron que el cristianismo concibiera a Séneca como un precursor de su mensaje de fraternidad. Tertuliano afirma: «Es uno de los nuestros». Esa idea se reforzó con la falsa correspondencia entre Séneca y Pablo de Tarso, pero lo cierto es que el filósofo romano no abrigó ninguna simpatía hacia el cristianismo. Aunque no conoció demasiado su doctrina, presumió que era una religión mistérica del mismo corte que los ritos celebrados en honor de Isis y Cibeles y, por tanto, una superstición que atentaba contra el logos estoico, un principio racional ajeno a cualquier promesa de salvación. Sin embargo, los valores exaltados por Séneca son perfectamente compatibles con el cristianismo, pues abogan por la justicia, la paz, la piedad, la austeridad y el respeto al ser humano con independencia de su origen, raza o patrimonio. Eso sí, Séneca elogia el suicidio como una alternativa honorable. A fin de cuentas, es un sabio de la Antigüedad, no un apóstol o un santo.

Séneca fue un filósofo estoico con una prosa elegante, sabia e incisiva. Su obra se inscribe en una tradición intelectual con más de dos mil años de historia y que hoy en día goza de una sorprendente popularidad. La Stoa o «escuela del Pórtico» fue fundada en Atenas por Zenón de Citio hacia el 300 a. C. Adoptó ese nombre porque Zenón formaba a sus discípulos en la Stoa Pecile o Pórtico Pintado, inicialmente llamado Pórtico de Pisianacte. Era un edificio de uso público y se hallaba a la entrada del ágora. La escuela estoica se extendió por un periodo de seis siglos y sus enseñanzas contemplan la lógica (retórica y dialéctica), la física, la política y la ética. Según el estoicismo, la realidad es materia y fuego animada por un logos o espíritu vivificante (*pneuma*, «soplo, aliento»). La vida del cosmos es cíclica y nada está librado al azar. No hay que deplorar ningún acontecimiento, pues todo obedece a un orden racional. El sabio estoico vive conforme a la naturaleza, aceptando el designio del logos, presente en todas las cosas. No debemos permitir que las pasiones nos esclavicen. El apego desmedido a las cosas materiales conspira contra nuestra libertad. La austeridad es el camino de la virtud. Se debe ser sobrio en todos los aspectos de la existencia. El sabio estoico cultiva el autodominio y la serenidad o ataraxia, se abstiene de las acciones injustas y cumple con sus deberes de ciudadano; incluso prefiere el suicidio al deshonor. Sus juicios morales se basan en una perspectiva global. Una erupción volcánica parece un mal, pero forma parte del orden del cosmos; es un hecho necesario, aunque no comprendamos por qué sucede. No por eso se debe abrazar la arbitrariedad. El estoicismo cree en la existencia de unos derechos naturales y atribuye al ser humano un valor sagrado, pues todos los individuos, incluidos los esclavos y las mujeres, participan del logos que gobierna el cosmos.

La popularidad del estoicismo, especialmente de autores como Marco Aurelio y Séneca, contrasta con la mentalidad de nuestro tiempo líquido, por utilizar la expresión de Zygmunt Bauman sobre el estado de nuestra cultura, reacia a alumbrar certezas y referencias que reemplacen a los viejos valores del mundo de ayer. Los estoicos buscan incansablemente la verdad, pero el escepticismo es hoy una perspectiva mucho más extendida. El famoso «¿Qué es la verdad?», de Poncio Pilatos, prefecto de la provincia romana de Judea, ya es casi un lugar común, especialmente desde la irrupción de la posmodernidad, acta de defunción de los principios del racionalismo científico y las ideologías políticas. El providencialismo estoico no está más alejado de nosotros. En nuestros días, el orden del universo se atribuye a una combinación de azar y necesidad, negando cualquier propósito o finalidad. No hay un logos que regule la vida del cosmos. Solo una oscura y fatal voluntad de vivir de carácter irracional. En cuanto a la ataraxia estoica, casi nadie está dispuesto a refrenar sus pasiones. Por el contrario, prevalece la impaciencia de satisfacerlas, y la entereza frente a la adversidad es una rara flor. El honor y el deber ya no gozan del prestigio de antaño. Tampoco se valora la sobriedad. En la era del consumismo, ejercer la austeridad parece una extravagancia. ¿Por qué disfruta entonces de tanto éxito el estoicismo? ¿Por qué se reeditan una y otra vez las obras de Séneca y Marco Aurelio?

Quizá porque encarnan algunas de las grandes cualidades que anhelamos. Ahora cualquier revés suscita un profundo abatimiento. Pocas personas responden a la desgracia con serenidad. Suele ser más común acudir al psiquiatra, suplicando unas pastillas que aplaquen nuestro malestar. Nos sentimos tremendamente vulnerables y por eso agradecemos que el estoicismo atribuya al ser humano la fortaleza necesaria para afrontar las experiencias más trágicas. La sabiduría estoica es un ejercicio de resiliencia. Tal vez esa sea una de las claves de su éxito. Séneca insiste mucho en esa idea. Además, nos recuerda que los bienes materiales nos esclavizan y nos indica que la paz interior solo se alcanza mediante una conciencia satisfecha. La virtud no es un simple acto de heroísmo, sino una forma de higiene mental. La honestidad es la mayor fuente de equilibrio y felicidad. Al igual que Marco Aurelio, Séneca es un maestro de almas, un título algo anacrónico pero con el poder de tender un puente entre la Antigüedad y el siglo XXI. A fin de cuentas, el ser humano sigue planteándose las mismas preguntas que en la Antigüedad clásica: ¿cómo debemos obrar?, ¿cuáles son los límites del saber?, ¿qué nos cabe esperar? Séneca no elude estas cuestiones. Su estilo diáfano, directo y atemporal aborda los temas esenciales, aportando alternativas que no han perdido validez. No somos estoicos, pero nos gustaría serlo. Esa es la razón de que las obras de Séneca sigan expuestas en las librerías, suscitando la curiosidad de los lectores.

Sin embargo, perduran muchas preguntas: ¿quién era Séneca? ¿Su vida estuvo a altura de su obra? ¿Fue un hombre ejemplar o su biografía esconde sombras? Séneca no fue perfecto. Ningún ser humano merece ese título. La perfección solo es construcción abstracta, no un hecho empírico. No obstante, sus debilidades no superan a sus virtudes. El estoicismo tampoco es una doctrina perfecta. Algunos estoicos llegan a proscribir la compasión, pues afirman que conspira contra la imperturbabilidad del sabio, y hoy nos resulta imposible aceptar que una catástrofe natural constituya un hecho necesario, según la lógica interna del cosmos. Eso sí, no debemos incurrir en el error de juzgar el pasado con los criterios morales del presente. Séneca y el estoicismo han aportado al devenir humano grandes ideas que conviene preservar y que pueden ayudarnos a encarar el porvenir con una perspectiva inteligente y el ánimo templado. Séneca no fue un estoico estricto. De hecho, pensó que las pasiones no debían ser suprimidas, sino moderadas, y lloró la pérdida de sus amigos, incapaz de contener su dolor.

Séneca habría agradecido que leyéramos sus libros, pero nos había recomendado que no transformáramos sus reflexiones en fórmulas infalibles. Desde su punto de vista, la verdad está al alcance de todos. Nadie ha conseguido acapararla y a la posteridad le corresponde profundizar en ella. Los filósofos son guías de nuestras mentes, no sus dueños. Séneca escribió las 124 epístolas dirigidas a Lucilio al final de su vida, cuando sabía que Nerón acariciaba el propósito de ordenar su muerte. Matar a su maestro no representaba ningún problema para el emperador que había acabado con la vida de Agripina, su madre, Británico, su hermanastro, y Octavia, su primera esposa. Se puede considerar que las *Epístolas* son su testamento filosófico y su legado moral. Julián Marías, tan injustamente olvidado, reivindicó la actualidad del pensador romano: «Vale la pena resucitar a Séneca; pero eso significa darle nueva vida, la nuestra, con una mirada que recree su actitud, su esfuerzo, su temblor humano, y mida la enorme distancia que nos separa de él. Eso es precisamente lo que puede enriquecernos, ayudarnos a ser quienes somos». Leer las cartas de Séneca es una forma de revivir a un filósofo que en *De vita beata* (*Sobre la felicidad*) escribió: «Todos los hombres, hermano Galión, quieren vivir felices». ¿Podemos ignorar a un sabio que expresó un anhelo universal y que intentó guiarnos para materializar una aspiración profundamente enraizada en el corazón de todos los seres humanos?

2

Durante mucho tiempo, se creyó que un busto de bronce de finales del siglo I a. C. descubierto en la Villa de los Papiros en Herculano en 1754 se correspondía con el rostro de Séneca. Es una imagen poderosa y con una enorme fuerza dramática que se conserva en el Museo Arqueológico Nacional de Nápoles. Sin embargo, hoy sabemos que el verdadero aspecto del filósofo es una escultura bifronte hallada en Roma en 1813. No es un rostro atormentado, sino sereno y con una mirada profunda. Un hombre de unos sesenta y seis años con la nariz grande y recta, los labios gruesos, la boca y la barbilla pequeñas, y una calvicie venerable. La realidad no siempre es épica, pero sí fidedigna. El Séneca real habría disgustado a Nietzsche, siempre amante de lo desmesurado y dramático.

Lucio Anneo Séneca nació en Córdoba en torno al año 1 a. C. Se le conoció como Séneca el Joven para distinguirlo de su padre, Marco Anneo Séneca, orador, escritor, filósofo estoico y miembro de la orden ecuestre, una clase social que se situaba por debajo de los senadores y que supervisaba las actividades económicas del imperio. Lucio Anneo Séneca fue cuestor, pretor, senador y cónsul sufecto durante los gobiernos de Tiberio, Calígula, Claudio y Nerón. Además, ejerció de tutor y consejero del emperador Nerón. La Córdoba romana fue una urbe próspera, que administraba las minas de oro, plata, cobre, estaño y plomo de Sierra Morena, y la agricultura del valle de Guadalquivir, rica en aceite, vid y cereal. Al margen de la economía, la ciudad desarrollaba una intensa vida cultural. Marco Anneo Séneca viajó a menudo a Roma y se relacionó con los intelectuales más brillantes de la época. Escribió varias obras, pero solo conservamos sus *Controversias* y *Suasorias*, unos ejercicios de retórica. Además, sabemos que escribió una *Historia de Roma*, que Séneca hijo leyó y que estimuló su vocación política, ya alimentada por su padre, empeñado en que llegara a ser senador. Testigo del enfrentamiento entre Julio César y Pompeyo, Marco Anneo Séneca transmitió a su hijo que la guerra civil era el mayor de los males. Los Anneo tomaron partido por Pompeyo, pues lo consideraban representante de los valores republicanos frente al autoritarismo de César. Séneca pasó su infancia y primera juventud bajo el gobierno de Augusto, que trajo paz y prosperidad, creando un régimen político basado en una relación de equilibrio entre la monarquía y el Senado. Nunca ocultará su aprecio por esa inteligente forma de gestionar el imperio.

Helvia, la madre de Séneca, fue una mujer inteligente, culta y capaz que se encargó de administrar el patrimonio familiar durante los viajes de su esposo a Roma. Ejerció una poderosa influencia en el filósofo, inculcándole sensibilidad, decoro y firmeza. Séneca participa de los prejuicios machistas de su tiempo, pero su cariño a Helvia provoca que se muestre más favorable a la mujer que sus contemporáneos, elogiando el coraje, el talento y la dignidad de muchas figuras femeninas. Sería absurdo reprocharle que use la expresión «afeminado» para expresar su desprecio hacia algunas conductas, pues esa reacción era un lugar común en sus días. Cancelar a Séneca por sus prejuicios nos obligaría a cancelar toda la cultura clásica, que tenía una mentalidad muy distinta de la nuestra.

A los siete años, Séneca viaja a Roma y se reúne con su padre, que le asigna un maestro —probablemente, un esclavo griego—. Hasta los once años, perfeccionará la lectura y la escritura y aprenderá nociones de geografía, cálculo y astronomía. Su formación incluirá el estudio de los grandes episodios de la *Ilíada* y la *Odisea*. A partir de los doce, se centrará en la gramática, la retórica, la ortografía y la prosodia. El objetivo de su padre será convertirlo en un orador con un gran dominio del idioma latino y un buen conocimiento de la lengua griega. Su educación siempre incluirá la lectura de los autores griegos y latinos: Homero, Horacio, Virgilio, Plauto, Tito Livio, Esopo, Salustio. Aunque los maestros animan a Séneca a no incurrir en solecismos, prefiere seguir las pautas de su padre, partidario de un uso más flexible y creativo de la lengua. Esa enseñanza lo llevará a crear un nuevo estilo literario que se considera la semilla del ensayo moderno. Séneca nunca dejará de estudiar. Ya cumplidos los sesenta años, acudirá a la escuela del filósofo

Metronacte. Su curiosidad infatigable lo impulsará a cultivar todas las disciplinas de su tiempo, un hábito que fructificará en una cultura enciclopédica.

Séneca se desviará de las enseñanzas de su padre en una cuestión esencial. Atribuirá más importancia a la filosofía, una disciplina especulativa, que a la retórica, una rama del saber orientada a la política y a la vida social. Comprender le parece más importante que abrirse paso en el terreno práctico. No piensa que la filosofía sea una ciencia auxiliar, algo de griegos, sino la llave maestra que franquea las puertas del conocimiento y permite sentar las bases de un gobierno justo y moderado. La mejor forma de trabajar por el bien común y combatir la tiranía es ejercer la razón. De ahí que los tiranos quemen libros, pues saben que la palabra es el arma más poderosa para educar a los ciudadanos en el amor a la libertad y la justicia. Séneca estudia con el filósofo estoico Átalo, procedente de Pérgamo, y con el pitagórico Sоción de Alejandría. Conviene aclarar que por esas fechas la filosofía no se concibe como una disciplina teórica centrada en el estudio del ser, sino como una forma de vida. Su objeto no es solo explicar la naturaleza última de lo real, sino adquirir la necesaria sabiduría existencial para ser un buen ciudadano y aprender a obrar con libertad, independencia y ecuanimidad. Del estoicismo, Séneca aprende a distinguir entre erudición, que se alimenta del prestigio ajeno, y sabiduría, que exige creatividad y autonomía. También asimila que no se debe conceder mucha importancia a los bienes materiales. El sabio vive de forma sencilla y humilde, cuidando el cuerpo y la mente. El amor al lujo solo es una forma de esclavitud. Séneca siempre escribirá a favor de la sobriedad. No exalta la pobreza, que acarrea desesperación y penurias, sino el desdén de lo superfluo y la sabia administración de los bienes.

Durante un tiempo, Séneca adopta una dieta vegetariana, siguiendo los consejos de Sextio Nigro, según el cual es más saludable y ético alimentarse de fruta y vegetales. El consumo de carne intoxica el organismo e implica el derramamiento de sangre de animales inocentes. Séneca volverá a comer carne al cabo de un año por recomendación de su padre, pues el emperador Tiberio había prohibido los cultos extranjeros y había señalado que la abstinencia de carne es una peligrosa superstición. Al mismo tiempo, el joven filósofo ahonda en su adhesión al estoicismo y estudia en profundidad disciplinas como la biología, la geografía, la geología y la astronomía. Más adelante, escribirá ensayos científicos, pero hemos perdido esas obras. Nunca se alejará del todo de ciertas convicciones pitagóricas y platónicas. A los veintidós años, comienza a ejercer la abogacía en Roma con vistas a desarrollar una carrera política. Su actividad dura poco. Un asma aguda lo obliga a guardar reposo. Las crisis respiratorias son tan violentas y angustiosas que llega a plantearse la posibilidad del suicidio. Los médicos le recomiendan trasladarse a un clima seco y su padre le propone viajar a Egipto, donde reside su tía, casada con el gobernador Cayo Galerio. Séneca acepta y en el año 25 se embarca hacia Alejandría para realizar un viaje de dos mil trescientos kilómetros. El mar actúa como mucolítico y alivia la congestión de sus bronquios. Ya en Alejandría, su salud mejora notablemente. El país del Nilo no es solo un lugar de paso, sino uno de los centros culturales y comerciales más importantes del Imperio romano. Es el granero de Roma, pero también el lugar que alberga algunas de las grandes maravillas del mundo antiguo. En Alejandría se halla la famosa biblioteca fundada en la época de los Ptolomeos, el templo de Serapis y el faro. Durante su estancia en Egipto, Séneca combina los estudios de filosofía con el ejercicio físico: carreras de resistencia, flexiones, salto de altura y longitud. Se interesa por la geografía, las costumbres y las creencias religiosas de los egipcios.

Séneca regresa a Roma en el año 31, con la idea de emular a Platón, que siempre soñó con convertir a los reyes en filósofos. Gracias a su tía, logra un cargo de cuestor, un puesto que suele ser la antesala del Senado. Su trabajo consiste en administrar el erario. Su fama como orador y abogado crece sin parar. Presenciará desde primera fila la campaña de terror desatada por Tiberio, que ejecuta por capricho, avaricia o simples sospechas de desafección. Cuando Calígula sube al poder, Séneca publica su primera obra, *Consolación a Marcia*, hija de Cremucio Cordo, patriarca de los Anneos y víctima de la cólera de Tiberio. Al principio, Calígula muestra moderación y tolerancia, pero no tarda en superar en crueldad a su predecesor. Su ambición de poder no tiene límites. Nombra senador a su caballo. No por un arrebato de locura, sino para humillar al Senado. Calígula contempla con desagrado a Séneca. Critica su estilo literario, afirmando que es arena sin cal, es decir, sin consistencia. Su antipatía se acaba transformando en odio y decide condenarlo a muerte, pero una de sus amantes lo disuade, asegurándole que está enfermo y que morirá pronto. Calígula se olvida de él y en el año 40 un grupo de pretorianos apuñala al emperador hasta la muerte en un anfiteatro. Poco después, Séneca publica *De ira*, asegurando que es una emoción a la que no puede aplicarse la doctrina aristotélica del justo medio. La ira es locura transitoria y no transige con la moderación. Algunos interpretan la obra como una crítica a la tiranía de Tiberio y Calígula.

Claudio reemplaza a Calígula, en lo que no es una decisión del Senado, sino una imposición militar. Claudio es tenido por débil. Su mujer, Mesalina, intenta dominarlo para que condene a muerte a Séneca bajo la acusación de cometer adulterio con Julia Livila, hermana de Calígula, pero el emperador conmuta la pena por el destierro a Córcega. Durante su estancia forzosa en la isla, Séneca escribe poemas, tragedias y pequeños tratados. Algunos critican que solicite el perdón del emperador, asegurando que es inocente. Desea volver a Roma, lo cual no le impide afirmar que el ser humano es ciudadano del mundo y su patria está en todos lados. En la *Consolación a Polibio*, reitera su petición de clemencia, pero de forma indirecta. El destierro finaliza cuando Mesalina es ejecutada por conspirar contra Claudio y cuando Agripina la menor, la nueva esposa del emperador y hermana de Calígula, decide que Séneca vuelva a Roma como pretor y tutor de su hijo Lucio Domicio Enobarbo, el futuro Nerón.

Según la mayoría de los historiadores, Claudio es envenenado por Agripina en el año 54. Nerón sube al poder con diecisiete años y Séneca es nombrado consejero y cónsul sufecto, uno de los cargos de más alto rango. Durante ocho años, gobernará el Imperio en colaboración con Sexto Afranio Burro, prefecto del pretorio. Séneca se burla del emperador asesinado en una obra satírica titulada *Apocolocyntosis divi Claudii* (*Calabacificación del divino Claudio*), donde le asigna un puesto de burócrata en el Hades, cuestionando su divinización. No es algo insólito, pues Claudio nunca despertó su simpatía ni la del pueblo. Sin embargo, no parece muy elegante hacer leña del árbol caído. No se puede recriminar nada a Séneca durante sus años de máximo poder: priorizó la diplomacia sobre la guerra, redujo los impuestos indirectos, combatió la corrupción y organizó una expedición para localizar las fuentes del Nilo. Al mismo tiempo, se enriqueció y vivió lujosamente, suscitando acusaciones de hipocresía, pues siempre se había pronunciado a favor de la sobriedad. Nerón, que al principio lo había colmado de honores y regalos, empezó a sentirse molesto con su éxito. Se ha dicho que Séneca justificó en una carta al Senado el asesinato de Agripina, ejecutada por orden de su propio hijo por conspirar contra él. Algunos historiadores aventuran que el texto no salió de su mano, pero otros lo consideran auténtico y recriminan con dureza su actitud. Tigelino, Vitelio y Petronio, que forman parte de la corte de aduladores de Nerón, organizan una campaña de desprestigio contra Séneca y piden su cabeza. Abrumado y hastiado, en el año 62 el filósofo solicita al emperador retirarse de la vida pública y le ofrece todos sus bienes. Nerón le concede el retiro, pero tardará varios años en aceptar su fortuna. Séneca se instala en una villa con Paulina, su segunda esposa, y comienza a escribir las cartas dirigidas a su amigo Lucilio.

Alejarse de la corte de Nerón solo le aporta unos años de tranquilidad. Durante ese tiempo, vigila sus viñedos, no descuida el ejercicio físico, escribe y estudia. Según Tácito, Nerón ordena envenenarlo, pero gracias a la frugal dieta del filósofo la conspiración fracasa. En el año 65, se involucra a Séneca en la conjura de Pisón y el emperador aprovecha la acusación, al parecer infundada, para condenarlo a muerte. Como era previsible, Séneca elige el suicidio para evitar la vejación de ser ejecutado y la posibilidad de ser torturado. No se le permite redactar testamento, pues le confiscan todos sus bienes. Séneca se abre las venas de brazos y piernas. Su esposa Paulina decide acompañarlo, pero los guardias y los sirvientes le salvan la vida, vendándole las heridas. Nerón ha dispuesto que ella viva, quizá para no añadir más oprobio a su nombre. La muerte se demora y Séneca bebe cicuta para acelerar el fin, pero la agonía prosigue. Agotado, se introduce en un baño caliente y el vapor lo asfixia debido a su asma crónica. Sus dos hermanos y su sobrino Lucano se suicidan para no caer en manos de Nerón y sufrir una muerte indigna. Los restos de Séneca son incinerados sin ninguna ceremonia, respetando lo que había dispuesto en un testamento redactado años atrás. Ignoramos si afrontó su última hora con la esperanza de albergar un alma inmortal, pero no cabe ninguna duda sobre su valentía al encarar la muerte. Cuando el tribuno le comunicó la sentencia de muerte y la confiscación de sus propiedades, Séneca se dirigió a sus sirvientes y les dijo: «Os dejaré algo mejor que bienes materiales. Un ejemplo de dignidad y entereza».

3

Las primeras cartas a Lucilio son breves. La tradición medieval y renacentista identificó a Lucilio con un procurador romano de Sicilia, pero hoy algunos historiadores barajan otras posibilidades e incluso cuestionan su existencia. (Sucede algo similar con Nicómaco: aún no sabemos si era el hijo, el editor, un amigo o un personaje imaginario inventado por Aristóteles). Quizá Séneca se limitaba a cumplir un trámite, pero enseguida despunta su genio. En el tramo final de su vida, y con la certeza de que Nerón podía ordenar su muerte en cualquier momento, reflexiona sobre el tiempo, señalando que malgastamos nuestra existencia con actividades inútiles. Pensamos que la muerte es algo lejano, cuando en realidad ya se ha apoderado de la mayor parte de nuestra biografía. Séneca cuestiona el poder nutritivo de los viajes, que dispersan nuestra atención y nos hacen descuidar nuestro entorno. Es mejor familiarizarse con lo más cercano y alimentarse de libros, que dejan un poso más duradero en el alma. Del mismo modo, no hay que ambicionar una gran vida social; es preferible tener pocos amigos y cuidarlos. También es mejor releer a los clásicos que sumergirse en novedades de valor desconocido. Solo es sabio el hombre que sabe aprovechar su tiempo y no ambiciona más de lo que necesita. No hay que temer la muerte, pues, cuando acontece, se desvanece nuestra capacidad de sentir. Quizá el alma es inmortal, pero no lo sabemos y eso no debería modificar nuestra actitud ante la perspectiva de morir.

Séneca considera que la sabiduría no se adquiere mediante preceptos, sino a través de los ejemplos. Debemos convertir nuestra vida en una obra maestra y cultivar la amistad con nosotros mismos, algo que será imposible si nos avergüenzan nuestros actos. Ser amigo de uno mismo es una fórmula infalible para no sucumbir a la soledad. Eso no significa que debamos caer en la misantropía. Conviene huir de las multitudes, pero hay que buscar la compañía de esos amigos que estarían dispuestos a morir por nosotros y por los que nosotros moriríamos. No lograremos crear lazos sólidos si no hemos sido capaces de recogernos en nuestro interior y aprender a moderar nuestras pasiones. Hay que buscar el «aplauso interior». En la carta «Del recogimiento del sabio», Séneca escribe: «Si [...] me recogí en la soledad y cerré las puertas a cal y canto, lo hice para poder ser útil a muchos». La filosofía, que exige un tiempo de retiro y reflexión, no es una disciplina meramente especulativa, sino el camino hacia la libertad.

Séneca cita a Epicuro, que aconseja volverse esclavo de la filosofía para ser verdaderamente libre. La filosofía nos enseña que la amistad nunca debe ser interesada. Amamos para cuidar, acompañar y compartir las penalidades de los seres queridos, no pensando en lo que pueden hacer por nosotros. La amistad no es un negocio. Aunque Séneca describe a Dios como logos, la carta décima desprende una sensibilidad cristiana, pues sostiene que hay que obrar como si Dios nos contemplara y hay que hablar con Él como si los hombres escucharan nuestro diálogo. Ese Dios no es el logos impersonal, sino algo parecido a una Persona.

En solo diez cartas, Séneca ha desplegado una visión profunda sobre la vida, la muerte, la amistad, la virtud y la piedad. Lo que comenzó como un intercambio epistolar se ha convertido en un ejercicio de sabiduría. Séneca no alardea de erudición. Su objetivo no es deslumbrar, sino conocer la verdad. No lamenta su vejez, pues estima que es la época donde el ser humano deja de ser esclavo de las pasiones. Aunque su tiempo se acorta, se aferra al presente, la morada de la conciencia. El que mira con nostalgia el pasado y anticipa con angustia el futuro desperdicia la existencia, pues lo único real es el ahora. El sabio no lamenta lo que ha dejado atrás: riqueza, cargos públicos, pasiones. Todas esas cosas solo son cargas, no dones. Para ser feliz es suficiente la virtud. La buena conciencia, las buenas acciones y el deseo de mejorar son las mejores recompensas. No hay que amar demasiado la vida, ni odiarla en exceso. Solo hay que saber afrontarla con serenidad e inteligencia. Vivir ocioso no es una alternativa digna. Vivir con miedo no es menos vergonzoso. En la carta sobre las «Ventajas de la quietud y menosprecio de la muerte», Séneca menciona el eterno retorno: «Nada verás en este mundo que se extinga, sino que todo sucesivamente se abate y se incorpora». Séneca escribe a la sombra del pitagorismo y el platonismo.

En la carta sobre «El dios interior», vuelve a expresarse de un modo que evoca el mensaje cristiano: «Dios está cerca de ti, está contigo, está dentro de ti. Sí, Lucilio; un sagrado espíritu habita dentro de nosotros, observador de nuestros males y guardián de nuestros bienes, el cual nos trata así como lo tratamos nosotros. No hay hombre bueno sin Dios. ¿Por ventura puede alguno elevarse sobre la fortuna si Él ni lo ayudara? Él da consejos magníficos y rectos; en cualquiera de los hombres buenos habita Dios». Eso sí, Séneca cita un verso de la *Eneida* para matizar su apunte teológico: «Dios, es cosa incierta». El hombre es un ser racional y la razón exige que viva conforme a su naturaleza. Eso significa seguir los nobles y elevados consejos del dios que mora en su interior. Séneca parece prefigurar el concepto de ley moral de Kant, según el cual todos los hombres llevan en su interior una voz o mandato que les exige obrar el bien.

El mal nunca es una buena alternativa, pues jamás produce esa satisfacción interior que se obtiene al hacer lo correcto. El castigo de la maldad es el descontento que causa en sus artífices, que viven atormentados por sus actos. Las ventajas que se consiguen con acciones indignas nos arrebatan la autoestima. Además, nos esforzamos en ocultarlas. Una conciencia intranquila es incompatible con la felicidad. El hombre verdaderamente

libre vive como si las puertas de su casa estuvieran permanente-
mente abiertas. No tiene nada que esconder. Nada de lo que
avergonzarse. «La buena conciencia apela a la gente; la mala, aun
en la soledad, se muestra acongojada y solícita. Si es honesto lo
que haces, que todos lo sepan; si es torpe, ¿de qué sirve que no
lo sepa alguno si tú lo sabes? ¡Oh, miserable, si desprecias este
testigo!». Séneca apunta en la carta «La auténtica nobleza es la
virtud» que una conciencia satisfecha nace del reconocimiento
del carácter sagrado de la vida humana: «Todos los hombres, si
se considera su primer origen, descienden de Dios». La sabiduría, que es accesible para todos, nos enseña este hecho, muchas
veces cuestionado o ignorado, y nos revela que las diferencias
legítimas entre los seres humanos no proceden de su origen,
sino de la meta que persiguen. La sabiduría consiste en aprender
a vivir o morir, y no en sutilezas verbales o piruetas dialécticas.

En la carta «Hay que tratar a los esclavos con humanidad»,
Séneca subraya la dignidad de los esclavos, a los que define como
«humildes amigos», y recuerda que su humanidad es similar a la
de sus amos: «Anímate a pensar que este a quien llamas tu esclavo ha nacido de la misma semilla que tú, goza del mismo cielo,
respira de la misma forma, vive y muere como tú». Séneca reco-
mienda acoger al esclavo en la intimidad, incluirlo en las conversaciones familiares y prodigarle los mismos consejos que a los
hijos. No hay que infundirle temor, sino despertar su amor. A fin
de cuentas, todos somos esclavos: esclavos de la lujuria, la avaricia, los miedos, los honores, la esperanza.

La vida es breve y hay que utilizarla para perfeccionarse. Por
eso hay que reconocer los defectos propios y luchar por corre-
girlos. No hay que engañarse: «No es extrínseco nuestro mal;
está dentro de nosotros». El sentimiento de duelo por la pérdida

de un amigo no es un vicio, pero conviene moderarlo y transformarlo en suave melancolía. Cuidar el cuerpo tampoco es algo reprobable, pero no hay que concederle más importancia que al espíritu, sede de la razón, y en ningún caso hay que interpretar la salud y la belleza como signos de excelencia. Un cuerpo débil y endeble puede ser la morada de un alma hermosa. En la carta sobre la «Semblanza del filósofo Clarano», Séneca escribe: «El alma no se mancilla por la deformidad del cuerpo, sino que es el cuerpo el que se embellece con la hermosura del alma». El alma es razón y «la razón no es otra cosa que una parte del espíritu divino que está dentro del cuerpo del hombre». En la carta «Los filósofos, buenos ciudadanos» podemos leer: «Dios desciende a los hombres; mejor aún —y esto es más íntimo—, Dios penetra en el interior del hombre: ningún alma es virtuosa sin Dios». El sabio solo se deja guiar por la razón y de ella aprende a no sucumbir al desánimo. No hay que dejarse derrotar por la adversidad, sino aprovecharla para crecer interiormente. La ingratitud es una experiencia amarga, pero nos enseña a apreciar más la gratitud.

En la carta sobre el «Elogio de la filosofía», Séneca afirma que la sabiduría es «maestra de almas». La sabiduría no construye «las armas ni las murallas ni los instrumentos de guerra. Es creadora de la paz y llama al linaje humano a la concordia». Séneca atribuye los principales males de la humanidad a la avaricia, que introdujo la pobreza, la desigualdad y la guerra. La avaricia no repara en la fragilidad de todas las obras humanas. Necesitamos décadas para construir una ciudad, pero un incendio o un terremoto pueden destruirla en un día. La muerte iguala a todos los hombres. Solo el sabio soporta las inclemencias de la vida con sosiego y tranquilidad perennes. Nada altera su paz, pues se sostiene por sí mismo, gozando de una plenitud basada en su perfecta comprensión de las cosas. Los sabios son ejemplos de virtud. Sirven como modelo y son más útiles que cualquier precepto abstracto, pues su existencia incita a la emulación.

La guerra y las peleas de gladiadores solo inspiran espanto en Séneca, que las condena duramente. Se elogia a los generales que perpetran matanzas, pero a los hombres que no gozan de la impunidad que proporcionan unas insignias se les condena por arrebatar la vida a sus semejantes. Y, en el circo, el hombre, criatura sagrada para el hombre, mata a sus semejantes por diversión. No hay nada más opuesto al deber del hombre hacia el hombre. Séneca formula una máxima incondicional: hay que alegrarse de los éxitos de los otros, conmoverse con sus infortunios y no olvidar nunca qué debemos hacer y qué debemos eludir. En otro lugar, sostiene que la mayor conquista es el dominio de uno mismo, y no la apropiación de mares y territorios. La perfección solo se alcanza —concluye Séneca— cuando comprendes que los hombres considerados más felices son los más desgraciados.

Séneca es deliberadamente reiterativo en las cartas a Lucilio. No se cansa de repetir que la sobriedad, la virtud y la serenidad son las claves de una existencia dichosa. Sin embargo, sus reflexiones nunca producen fatiga, pues exploran todos los matices, puliendo los argumentos con agudeza. Gracias a su estilo, nada enfático ni solemne, no percibimos a Séneca como un filósofo lejano, sino casi como un contemporáneo. María Zambrano afirma que Séneca es «un mediador entre la vida y el pensamiento, entre ese alto logos establecido por la filosofía griega como principio de todas las cosas y la vida humilde y menesterosa». Sin duda esa es la causa de que sigamos leyendo sus obras. Séneca nos sitúa en el tiempo. Nos hace sentir herederos de una gran tradición cultural y nos invita a prolongarla, aplicando sus enseñanzas al presente. Personalmente, cada vez que abro uno de sus libros, experimento la sensación de que el tiempo no es un fuego que nos consume o un río que nos arrebata, tal como sostiene Borges, sino un fructífero camino donde el pasado no deja de iluminar el presente y preparar el futuro.

RAFAEL NARBONA

Nota sobre los textos

Las cartas que ofrecemos en el presente volumen aspiran a ser una selección representativa de las 124 que Séneca escribió a su amigo Lucilio. El título que se da a la obra completa suele ser *Epístolas morales a Lucilio*, y en las ediciones críticas las cartas aparecen numeradas del I al CXXIV para su fácil consulta y referencia. Dado que, de respetar esa numeración, la nuestra solo habría podido ser discontinua, la hemos eliminado a fin de facilitar la lectura; conservamos, en cambio, la práctica habitual de presentar cada texto con un título descriptivo. Quienes quieran remitirse a una edición completa o situar cada carta en su contexto pueden consultar la siguiente tabla de correspondencias:

Del aprecio del tiempo	I	De los viajes y de las lecturas	II
Del temor a la muerte	IV	De la verdadera amistad	VI
Del recogimiento del sabio	VIII	De la amistad del sabio	IX
Bienes de la vejez	XII	Del amor a nuestro cuerpo	XIV

Cartas

Del aprecio del tiempo

Haz esto, mi querido Lucilio: aduéñate de ti mismo, y el tiempo que hasta ahora te quitaban, te sustraían o se te escapaba recupéralo y consérvalo. Porque sucede lo que escribo: parte del tiempo nos lo roban, parte nos lo sustraen y otra se nos escurre. Pero el peor despilfarro lo produce la propia negligencia. Y, si te detienes a pensar en ello, verás que la mayor parte de la vida se nos pasa obrando mal, una gran parte sin hacer nada y toda la vida haciendo otra cosa de la que debe hacerse. ¿Puedes citarme a alguien que conceda valor al tiempo, ponga precio al día, que se percate de que cada día muere un poco? Erramos al considerar la muerte cosa venidera, pues una gran parte de ella es algo ya pasado, ya que todos los años que dejamos atrás son dominio de la muerte. Haz, pues, mi querido Lucilio, lo que me escribes que haces: atesora las horas con ambas manos, así dependerás menos del día de mañana si tienes bien asido el de hoy. La vida transcurre conforme se aleja. Todas las cosas, Lucilio, nos son ajenas; solo el tiempo es nuestro; la naturaleza nos puso en posesión de esta cosa única, escurridiza y fugaz, y de ella nos expulsa todo aquel a quien se le antoja. Y es tal la necedad de los mortales que todos se creen en deuda por haber recibido pequeñeces y naderías cuya pérdida es perfectamente reparable; y en cambio nadie se reconoce deudor por haber recibido el tiempo, que es el único bien por el que se puede estar de verdad agradecido. Tal vez me preguntarás qué hago yo dándote estos consejos. He de confesártelo con toda franqueza: siendo yo un hombre espléndido pero meticuloso contable, llevo cuenta puntual de todos mis gastos. No puedo decir que no pierdo nada, pero te contaré cuánto pierdo y por qué, y te expondré las causas de mi pobreza. Pero me sucede lo que a muchos otros que se han visto reducidos a la penuria y no por propia culpa: todos me disculpan, pero nadie me socorre. ¿Cómo es esto, pues? No considero pobre a quien, por poco que sea, le sobra algo. Dame un hombre de fortuna moderada, eso ya me basta. En cuanto a ti, prefiero que conserves tus bienes y que comiences a hacerlo cuanto antes. Pues, como ya creían nuestros mayores, trasnochada economía es la del fondo del vaso; porque el sedimento que queda en él, además de ser la parte más pequeña, es la peor. Ten salud.

De los viajes y de las lecturas

Por las cosas que me escribes y por las que oigo tengo buena esperanza en ti: no vas de un lado para otro ni te inquietas por cambiar de lugar. Ese vaivén es propio de un espíritu enfermo: el primer indicio de un alma sosegada es, creo, que pueda afincarse en un sitio y vivir consigo misma. Pero atiende: que la lectura de muchos autores y de volúmenes de todo género no tenga algo de fluctuante e inestable. Es preciso detenerse en ciertas mentalidades y nutrirse de ellas si quieres sacar un provecho que arraigue de verdad en el alma. Quien está en todas partes no está en ninguna. Los que se pasan la vida en viajes tienen muchos huéspedes y ninguna amistad. Por fuerza les ocurre lo mismo a todos los que no entran en la familiaridad de ningún ingenio, sino que mariposean de uno en otro a toda prisa y livianamente. No se aprovecha ni se asimila el manjar que se expulsa nada más tomarse. Nada estorba tanto el restablecimiento de la salud como el cambio frecuente de remedios; no llega a cicatrizarse la herida en la que solo se ensayan las medicinas; no crece la planta que se trasplanta con frecuencia; ninguna cosa hay tan útil que, de pasada, aproveche. Disipa el espíritu la multitud de libros; así que, si no puedes leer todo lo que tienes, basta con que tengas todo lo que puedas leer. «Pero a mí —me dices— ahora se me antoja hojear este volumen, ahora aquel». Propio de un estómago inapetente es probar a la vez muchos manjares que, siendo varios y aun opuestos, empachan y no alimentan. Lee, pues, siempre a autores consagrados, y, si alguna vez te apetece dedicarte a otros, no dejes de volver a los primeros. Procúrate cada día alguna defensa contra la pobreza, alguna precaución contra la muerte, no menos que contra las demás calamidades; y, después de que hayas pasado por encima de muchos conceptos, escoge uno solo para profundizar en él durante todo el día. Yo hago eso mismo; de los muchos que leí retengo alguno. El de hoy es este que hallé en Epicuro, pues me agrada pasar al campo enemigo, no como tránsfuga, sino como explorador. «Cosa honesta es —dice— la pobreza llevada con alegría». Pero la pobreza ya no es pobreza si es alegre. El pobre no es el que tiene poco, sino el que codicia más. Porque ¿qué importa lo que alguien atesoró en el arcón, lo que guardó en los graneros, cuántos rebaños pastorea, cuántos réditos percibe, si codicia lo ajeno, si no valora lo adquirido, sino lo que le falta por adquirir? Me preguntarás cuál debe ser la tasa para medir las riquezas. En primer lugar, tener lo necesario; luego, tener lo suficiente. Ten salud.

Del temor a la muerte

Persevera como comenzaste y apresúrate todo lo posible a fin de que puedas gozar más tiempo de un alma enmendada y ordenada. Sin duda, también gozarás mientras la enmiendas y ordenas; no obstante, es distinto el deleite que se consigue cuando se contempla un alma pura de toda mancha y resplandeciente. A buen seguro recuerdas el gozo que sentiste cuando, abandonada la pretexta, vestiste la toga viril y te llevaron al foro; espera un gozo mayor cuando dejes atrás el espíritu infantil y te hagas hombre mediante la filosofía. Porque es cierto que ya no somos niños, pero, lo que es más grave, nos queda algo de infantilidad. Y lo peor es que tenemos la autoridad de los viejos y los vicios de los muchachos, y no solamente de los muchachos, sino de los niños; los primeros se espantan de las cosas insignificantes; los segundos, de las falsas; nosotros, de ambas. Trata de progresar y comprenderás que hay que temer menos algunas cosas aunque nos generen mucho temor. Ningún mal es grande si es el último. La muerte se acerca a ti; sería de temer si pudiera quedarse contigo, pero, forzosamente, o no llega o pasa. «Es difícil —dices— hacer que el alma desprecie la vida». ¿Acaso no ves por qué causas tan frívolas se la desprecia? Uno se ahorcó ante las puertas de su amante; otro se precipitó del techo porque ya no aguantaba a su malhumorado dueño; otro se clavó un puñal en las entrañas para que no lo apresaran de nuevo mientras huía; ¿no crees que la virtud es capaz de actuar como el miedo excesivo? No puede tener una vida tranquila quien solo piensa en prolongarla y cuenta entre sus bienes más grandes el número de cónsules que ha visto. Medita esto a diario para poder dejar libremente la vida, a la que muchos se abrazan como se aferran a las zarzas y a las rocas quienes se ven arrastrados por una crecida torrencial. La mayoría fluctúa miserablemente entre el miedo a la muerte y los rigores de la vida y ni quiere vivir ni sabe morir. Hazte, pues, agradable la vida desechando el temor de perderla. Ningún bien da consuelo al que lo posee si no está dispuesto a perderlo cuando sea necesario; y ninguna cosa es más fácil de perderse que aquella que, una vez perdida, ya no puede desearse. Exhórtate, pues, y endurécete contra las desgracias que pueden sobrevenir incluso a los más poderosos. Un pupilo y un eunuco pronunciaron la sentencia de muerte de Pompeyo; la de Craso la pronunció un parto cruel e insolente; Calígula mandó a Lépido ofrecer el cuello al tribuno Dextro; pero él mismo lo presentó a Quereas; a nadie elevó tan alto la fortuna que no lo amenazase al menos con otros tantos males como le consintió hacer. No te fíes de la tranquilidad presente; el mar cambia en un instante, los navíos se van a pique el mismo día y en el mismo sitio donde se recrearon. Piensa que un ladrón o un enemigo pueden acercar un puñal a tu garganta; que, en ausencia de un poder mayor, cualquier criado es árbitro de tu vida y de tu muerte. Todo aquel que desprecia su vida es dueño de la tuya. Recuerda los ejemplos de quienes sucumbieron a insidias familiares, ora con violencia declarada, ora con engaño, y hallarás que la ira de los esclavos ha subyugado a tantos como la de los reyes. ¿Qué importa, pues, que temas a un poderoso, cuando cualquiera puede infligirte el daño que tanto temes? Y, si acaso cayeras en manos de enemigos, el vencedor mandará llevarte ante la muerte, adonde vas de todos modos. ¿Por qué te engañas y adviertes ahora por primera vez el riesgo que no dejó nunca de amenazarte? Pues te aseguro que desde que naciste estás yendo hacia la muerte. Estas y otras consideraciones hemos de ponderar en nuestro espíritu si queremos aguardar con calma la hora suprema cuyo temor nos amarga todas las otras.

Pero, para dar fin a esta epístola, haz tuya la máxima que más me ha agradado hoy, tomada también de jardines ajenos: «Gran riqueza es la pobreza que se conforma con la ley de la naturaleza». ¿Y sabes qué limites nos impone esta ley? No padecer hambre, no sufrir sed, no helarnos de frío. Para evitar el hambre y la sed no es preciso acercarse a los umbrales de los poderosos ni soportar su desprecio ni su protección deshonrosa; no es menester aventurarse por los mares ni seguir a ejércitos. Lo que reclama la naturaleza está al alcance de la mano; lo que cuesta sudor es lo superfluo. Lo superfluo es lo que gasta nuestra toga; lo que nos obliga a envejecer en una tienda de campaña; lo que nos lleva a tierras extranjeras. Entre las manos tenemos lo suficiente. Quien de buena gana se aviene con la pobreza es rico. Ten salud.

De la verdadera amistad

Me doy cuenta, mi querido Lucilio, de que no solo mejoro, sino que me transformo; pero no por ello prometo ni espero que nada en mí vaya a cambiar. ¿Por qué no habría de tener yo muchas cosas que deben corregirse, atenuarse o realzarse? Es prueba de un alma mejorada ver los defectos que antes desconocíamos. A ciertos enfermos se los felicita cuando aceptan el mal. Así que desearía compartir contigo este cambio repentino mío; entonces comenzaría a tener mayor confianza en nuestra amistad, en la amistad auténtica que no destruyen ni la esperanza, ni el temor, ni el afán del propio provecho; en la amistad con la que y por la que mueren los hombres. Podría darte el nombre de muchos que carecieron no de amigos, sino de amistad. Eso no puede ocurrir cuando el deseo recíproco de los bienes honestos une a las almas. ¿Y cómo podría ser de otra manera? Estas saben que tienen todas las cosas en común, y sobre todo las adversidades. No te haces una idea de cuánto progreso veo cada día.

«Cuéntame —dices— esos remedios cuya eficacia experimentaste». ¿Qué más quisiera yo que transmitirte a ti todos mis bienes y complacerme de aprender alguna cosilla para enseñártela? Nada, por eximio y saludable que fuera, me deleitará si he de saberlo para mí solo. Si la sabiduría se repartiera con la condición de mantenerla presa e incomunicada, yo la rechazaría. La posesión de bien alguno es grata si no puede compartirse. Así que te enviaré estos libros y, para evitarte el trabajo de buscar las partes más interesantes, pondré notas a fin de que descubras de inmediato las que yo apruebo y admiro. Pero bastante más útil te serán la viva voz y la convivencia que el discurso escrito: es necesario que vengas a verlo, en primer lugar porque los hombres creen más con los ojos que con las orejas; luego, porque largo es el camino que se recorre mediante preceptos, breve y eficaz con ejemplos. Cleantes no hubiera reproducido tan viva la imagen de Zenón si solamente lo hubiese oído; pero intervino en su vida, vio sus secretos y observó si vivía de acuerdo con su doctrina; Platón y Aristóteles, y todos los sabios que siguieron caminos tan distintos, sacaron más provecho de las costumbres que de las palabras de Sócrates; a Metrodoro, a Hermarco y a Polieno no los hizo grandes hombres la escuela de Epicuro, sino la convivencia con él. Y no solamente te pido que vengas para que aproveches tú, sino para que me seas de provecho, pues será mucho el bien que nos haremos el uno al otro.

Mientras tanto, puesto que te debo mi pequeño obsequio de cada día, te diré lo que hoy me ha gustado de Hecatón: «¿Me preguntas qué progresos he hecho? Empecé a ser amigo mío». Gran provecho el suyo: jamás estará solo. Créeme que ese es un amigo para todos. Ten salud.

Del recogimiento del sabio

«Tú —dices— me mandas evitar a la multitud, que me retire y me contente con mi sola conciencia. ¿Qué se ha hecho de aquellos preceptos tuyos que prescriben morir en plena acción?». Si, como ves que voy predicando actualmente, me recogí en la soledad y cerré las puertas a cal y canto, lo hice para poder ser útil a muchos. Ningún día me ha resultado ocioso; hurto para el estudio buena parte de las noches; no me entrego al sueño, sino que sucumbo a él y detengo en la lectura los ojos mustios y fatigados por la vigilia. Me he retirado no solo de los hombres, sino también de las cosas, y en primer lugar de mis cosas: me desvelo en interés de la posteridad. Para ella escribo unas ideas que pueden serle provechosas: consejos, a guisa de recetas útiles, que pongo por escrito, cuya eficacia yo mismo experimenté en mis propias úlceras, que, si no están completamente curadas, han cesado de agravarse. Enseño a los otros el camino recto que he conocido tardíamente y cuando estaba ya cansado de devanear. Y digo a voz en grito: «Evitad todo aquello que place al vulgo, todo aquello que otorga el azar; recelad y temed todo bien que os regale la fortuna. Las fieras y los peces se dejan atrapar por algún cebo engañoso. ¿Creéis que esos son presentes de la fortuna? Son emboscadas. Cualquiera de vosotros que quisiera llevar una vida segura debería evitar con el mayor cuidado posible estos beneficios pegajosos que nos engañan miserablemente: pensamos que los poseemos y nos quedamos pegados a ellos. Esta carrera conduce al despeñadero, y el resultado de esa vida encumbrada es rodar al abismo. Además de esto, ya ni resistir podemos cuando la prosperidad empezó a llevarnos en volandas y tampoco caer de plano o de una sola vez. La fortuna no despeña de un empujón, sino que nos voltea y aplasta contra el suelo. Mantened, pues, este modo de vida saludable y profesad a vuestro cuerpo una indulgencia que sea compatible con vuestra salud. Ha de tratársele con dureza para que no sea desobediente al espíritu: que comer apacigüe el hambre, que beber apague la sed, que el vestido amortigüe el frío; que la casa sea defensa contra lo que es perjudicial al cuerpo. No importa que esta sea construida con una tapia o que sea de mármol jaspeado y traída del extranjero. Sabed que tan bien abriga al hombre el techo pajizo como el artesonado de oro. Desdeñad aquellas cosas que un trabajo superfluo puso como ornato y elegancia; pensad que nada es admirable fuera del alma y que para un alma grande nada es grande». Si yo me digo estas cosas a mí mismo, si las digo a la posteridad, ¿no te parezco más útil que si acudiera al foro a ejercer la abogacía o pusiera el sello sobre tablas testamentarias o prestase la palabra a un candidato o apoyara con mis acciones en el Senado? Créeme; los que parece que nada hacen son los que hacen las cosas más grandes, pues tratan a la vez lo humano y lo divino.

Pero es hora ya de acabar; y, como es costumbre mía, he de darte por esta epístola alguna paga. No será de mi caudal; todavía usaré el volumen de Epicuro, de quien he leído hoy este aforismo: «Menester es que sirvas a la filosofía para que te quepa en suerte la verdadera libertad». No hace esperar a quien se sometió y se entregó a ella; la liberación es inmediata: la misma servidumbre a la filosofía es ya la libertad. Es posible que me preguntes por qué cito tantos bellos dichos de Epicuro y no elijo los nuestros. No obstante, ¿qué razón hay para que pienses que estos aforismos son de Epicuro y no del dominio público? ¿Cuántos poetas dicen lo que dijeron o habrán de decir los filósofos? No acudiré a los poetas trágicos o a los autores de nuestras fábulas togadas, porque también estas últimas tienen cierta gravedad y ocupan una categoría intermedia entre las comedias y las tragedias. ¡Cuántos versos elocuentísimos yacen olvidados entre nuestras composiciones mímicas! ¡Cuántas sentencias de Publio que debieran declamarse con coturno y no a pie descalzo! Citaré un solo verso suyo referente a la filosofía y precisamente a esa cuestión que hace poco teníamos entre manos, en el cual dice que las cosas que nos acarrea la fortuna formen parte de nuestro caudal: «Ajeno es todo aquello que nos viene secundando nuestro deseo». Recuerdo que dijiste eso mismo en un verso mejor y no de poco, y con palabras más precisas: «No es tuyo lo que la fortuna hizo tuyo». Ni omitiré tampoco aquel dicho tuyo mucho mejor: «El bien que te pudo ser dado te puede ser quitado». Esto último no satisface deuda: de lo tuyo te doy. Ten salud.

De la amistad del sabio

Deseas saber si Epicuro en una de sus cartas reprende con razón a aquellos que dicen que el sabio consigo mismo se contenta y que por ello no necesita de amigo. Epicuro objetaba esto a Estilbón y a aquellos que pensaban que el bien supremo consistía en la impasibilidad del ánimo. Es forzoso caer en la ambigüedad si queremos deprisa y corriendo traducir el vocablo griego *apátheia* en una sola palabra, llamándolo «impaciencia», porque podrá entenderse precisamente lo contrario de lo que queremos decir. Nosotros queremos designar a aquel hombre que se hace insensible a todo mal; pero se entenderá la de aquel que no puede soportar ningún mal. Considera, pues, si no es mejor traducirlo por «ánimo invulnerable» o bien por «ánimo por encima de todo sufrimiento». Entre nosotros y ellos hay esta diferencia: nuestro sabio supera toda incomodidad, pero la siente; el de ellos ni la siente siquiera. En lo que ellos y nosotros estamos de acuerdo es en que el sabio consigo mismo se contenta; pero, no obstante, quiere tener un amigo y un vecino y un camarada, aunque se baste a sí mismo. Considera hasta qué punto consigo mismo se contenta que a veces se contenta con una parte de sí mismo. Si una enfermedad o un enemigo le cortara una mano, si un azar desgraciado le sacara uno o dos de los ojos, los restos que de él quedaran lo contentarían, y con un cuerpo disminuido y amputado estaría tan alegre como lo estuvo dentro con su cuerpo íntegro; mas, aunque no echa de menos los miembros que le faltan, preferiría que no le faltasen. En ese mismo sentido se contenta el sabio con él mismo; no es que quiera estar sin amigo, sino que puede estarlo. Y, cuando digo que «puede», es eso lo que quiero decir: que sufre su pérdida con ánimo sereno. Sin amigo ciertamente nunca lo estará; en su mano está reparar la falta de inmediato. De la misma manera que Fidias, si perdiera una estatua, haría otra enseguida, así este artista, diestro en conciliarse amistades, sustituirá un amigo en el lugar del que perdió. ¿Preguntas cómo ha de hacerse un amigo tan deprisa? Te lo diré si estás de acuerdo conmigo en que te pague mi deuda, y, por lo que hace a esta carta, quedamos en paz. Hecatón dice: «Yo te enseñaré un hechizo amatorio, sin drogas, sin hierbas, sin ensalmo alguno de bruja: si quieres ser amado, ama». No ya solo el cultivo de una amistad antigua y sólida produce un gran deleite, sino también el comienzo y la consecución de una amistad nueva. La misma diferencia que hay entre el labrador que siega y el labrador que siembra existe entre el que se granjeó una amistad y el que la conserva. Átalo, el filósofo, acostumbraba a decir que da más gusto hacer un amigo que tenerlo; como para el artista más deleite da el pintar que el haber pintado. Esa diligencia y ese ahínco puesto en la obra produce una gran satisfacción con su sola ocupación. No se deleita tanto el que aparta la mano de la obra terminada; en ese momento goza del fruto de su arte; mas, al pintar, disfruta del mismo arte. La adolescencia de los hijos tiene más fruto, pero la infancia más encanto. Volvamos ahora a nuestro propósito. El sabio, aunque se contente consigo mismo, no obstante quiere tener un amigo, cuando no por otra cosa, por ejercitar la amistad, a fin de que tan gran virtud no se deje, y no por aquello que Epicuro decía en la misma carta, «por tener quien lo asista en las enfermedades, quien lo socorra en la cárcel o en la necesidad»; al contrario, por tener a quien asistir en las enfermedades, a quien dar la libertad cuando esté rodeado de enemigos. Quien se mira a sí mismo, y con ese interés contrae una amistad, piensa indignamente. Como comenzó, así acabará: se procuró un amigo que lo auxiliara en el cautiverio, mas este se apartará al primer chirrido de la cadena. Estas son amistades que la gente llama temporales. El que fue admitido como amigo por utilidad gustará tanto tiempo como sea útil. De ahí procede la multitud de amigos que asedia las fortunas florecientes; alrededor de los arruinados no hay más que soledad; y precisamente huyen los amigos de donde se les pone a prueba. De ahí tantos ejemplos de deslealtad de unos que por cobardía desertan, de otros que delatan por cobardía. Es menester que principio y fin guarden congruencia. Quien empezó por ser amigo de conveniencia dejará de serlo por conveniencia. Prevalecerá cualquier precio frente a la amistad, si en la amistad predomina algo que no sea ella misma. «¿Para qué te procuras un amigo?». Para tener alguien por quien pueda morir, para tener a quien seguir en el destierro, para salvar a alguien de la muerte oponiendo la mía. Aquella otra amistad que tú me has descrito es negocio, no amistad, que busca cualquier provecho, que atiende a las ventajas que pueda conseguir. Sin duda, tienen semejanza la amistad y el afecto que se profesan los amantes; podríamos decir que este no es más que locura de amistad. Porque ¿acaso se enamora alguien por amor al lucro? ¿Acaso por ambición o afán de gloria? El mismo amor, descuidando cualquier otra cosa, enardece los ánimos en el deseo de la belleza, no sin alguna esperanza de recíproca estimación. ¿Entonces qué? ¿De una causa más honesta puede originarse un afecto más torpe? «Ahora —dices— no se trata de saber si la amistad debe buscarse por sí misma». Al contrario; eso es lo que más que nada debe demostrarse; porque, si es por sí misma codiciosa, puede a ella acercarse quien esté muy satisfecho consigo mismo. «¿Cómo, pues, a ella se acerca?». Como a la cosa más hermosa, sin que el lucro lo seduzca ni la voluble fortuna lo amedrente. Despoja a la amistad de su majestuosa grandeza el que se la procura para las buenas ocasiones. El sabio se contenta consigo mismo. Muchos, mi querido Lucilio, interpretan esto de mala manera: expulsan al sabio de todos los sitios y lo recluyen dentro de su propia piel. Pero hay que distinguir bien el sentido y el alcance de esta expresión: el sabio se contenta consigo mismo para vivir feliz, no para vivir sin más. Para esto necesita muchas cosas; para aquello no ha menester más que de un alma sana y elevada y que desdeñe la fortuna. Te quiero indicar una distinción de Crisipo. Dice que el sabio no necesita de nada, pero que necesita muchas cosas: «Al contrario, el necio no tiene necesidad de nada, porque de nada sabe usar, y en cambio le falta todo». El sabio necesita de las manos, de los ojos y de muchas cosas indispensables para el uso cotidiano; pero de ninguna cosa es menesteroso; porque serlo es ser esclavo de la necesidad y no hay necesidad para el sabio. Así es que el sabio, aunque se baste a sí mismo, necesita amigos y desea tenerlos en el mayor número posible, no para vivir felizmente, pues aun sin amigos vivirá feliz. El bien supremo no busca fuera de sí sus instrumentos: en el interior de su casa es cultivado y procede en su totalidad de sí mismo. Comienza a ser un poco esclavo de la fortuna desde el momento que sale a buscar fuera de sí una parte de sí mismo. «¿Y cuál ha de ser la vida del sabio si, falto de amigos, se le envía a la cárcel o se le deja solo en una nación extranjera o se le detiene en una navegación larga o se le arroja en una ribera desierta?». Como Júpiter cuando, disuelto el universo y confundidos los dioses en un caótico remolino, y dejando la naturaleza por un momento de existir, se repliega en sí mismo y se entrega a sus meditaciones. Algo parecido hace el sabio: se recoge en sí mismo; consigo está. Todo el tiempo que le es lícito ordenar sus cosas según su albedrío, se basta solo y toma mujer, se basta solo y tiene hijos; se basta solo y con todo eso no viviría si tuviera que hacerlo solo. A la amistad no lo lleva provecho alguno suyo, sino una vehemente inclinación natural, pues, así como las otras cosas, también la amistad tiene para nosotros una dulzura innata. Como la soledad es odiosa y existe un apetito congénito de compañerismo, y la naturaleza acerca a los hombres entre sí, asimismo, un estímulo natural nos hace desear las amistades. No obstante, siendo tan amante de los amigos, y procurándoselos y dándoles la preferencia muchas veces, limitará todo su bien dentro de sí mismo y dirá aquello que Estilbón dijo, aquel Estilbón contra quien arremete la carta de Epicuro. Ocupada su patria, habiendo perdido a sus hijos, a su mujer, habiéndose salvado del incendio general él solo, y no obstante, feliz, le preguntó Demetrio, a quien por los asedios de ciudades llamaron Poliorcetes, si había perdido algo, y aquel respondió: «Todos mis bienes están conmigo». He aquí un varón fuerte y con coraje; triunfó sobre la victoria de su enemigo. «Nada he perdido», dice, obligándolo con ello a dudar de su victoria. «Todos mis bienes están conmigo»: la justicia, la entereza, la prudencia, estimar que no es un bien aquello que puede arrebatársele. Nos maravillamos de determinados animales que sin daño corporal pasan a través del fuego: ¡cuánto más admirable es este varón que salió indemne y sin lesión del hierro, de las ruinas, del fuego! ¿Ves cómo es más fácil vencer a toda una nación que a un hombre solo? Esta misma sentencia de Estilbón le es común al estoico. Igualmente este también lleva intactos sus bienes a través de ciudades incendiadas, porque él se contenta consigo mismo y dentro de esos límites concreta su felicidad. No creas que solo nosotros declamamos sentencias generosas; el mismo Epicuro, reprensor de Estilbón, formuló una expresión análoga, que tú me rebajarás de la cuenta, por más que hoy ya no haya deuda: «Si a alguno sus posesiones no le parecen opulentas, aunque sea dueño del mundo, es con todo un miserable». O, si te parece, mejor enunciémosla de otra manera, pues hemos de procurar no ser esclavos de las palabras, sino del sentido: «Miserable es quien no se juzga el más feliz, por más que mande a todo el mundo». Y para que veas que estas máximas son comunes, a saber, forjadas al dictado de la naturaleza, hallarás en un poeta cómico: «No es feliz quien no cree serlo». ¿Qué importa cuál sea tu estado si a ti te parece malo? «¿Entonces qué —dirás— si se proclama feliz aquel que de mala manera se enriqueció; si aquel otro, señor de muchos pero esclavo de más, de su propia sentencia se declara bienaventurado?». Lo que importa no es lo que dice, sino lo que siente; y no lo que siente un día determinado, sino lo que siente habitualmente. No hay motivo para temer que algo tan grande llegue a manos de un hombre indigno. Solo al sabio contentan los bienes propios. Toda necedad adolece del asco de sí misma. Ten salud.

Bienes de la vejez

Adondequiera que vuelvo los ojos, descubro los signos de mi vejez. Llevé mis pasos hasta mi quinta y me lamenté de los gastos de aquel edificio ruinoso. El granjero me decía que no eran por culpa de su negligencia, que él hacía todo lo que había que hacer, pero que la casa era vieja. Esa quinta creció entre mis manos; ¿qué no me aguarda si ya caen a pedazos las piedras que tienen mi edad? Enojado como estoy con él, aprovecho la primera ocasión para maltratarlo: «Se ve claro que estos plátanos están mal cuidados: no tienen follaje. ¡Qué nudosos son y requemados los ramos; qué feos y delgados los troncos! Esto no sería así si hubiese quien los escardase, quien los regase». El granjero jura por mi genio que él hace cuanto puede, que no perdona cuidado alguno; pero que los plátanos son viejos. Quédese el secreto entre nosotros: yo los había plantado; yo había visto sus primeras hojas. Me volví hacia la puerta y dije: «¿Quién es ese viejo decrépito que tienes junto al umbral y con razón, puesto que ya tiene los pies fuera? ¿De dónde lo has sacado? ¡Qué placer encontrarás en enterrar a un muerto ajeno!». Y él respondió: «¿No me conoces? Yo soy Felición, a quien solías traer figulinas de barro; yo soy el hijo de tu granjero Filósito, que fue tu favorito». «Ese hombre delira —contesté—. ¿Este nene, mi favorito? Bien puede ser; bien puede ser; ahora se le caen los dientes». Esto le debo a mi quinta: haberme revelado mi vejez adondequiera que lleve mi vista. Acojámosla con un abrazo y amémosla con serenidad, pues la vejez está llena de deleite si sabes usarla. Sabrosísimas son las frutas últimas; el mayor encanto de la niñez es cuando se acaba; el último sorbo es el que da a los bebedores el placer más útil, aquel sorbo que sumerge, aquel sorbo que da a la embriaguez la plenitud definitiva. Lo más voluptuoso que tiene todo placer se lo reserva para el fin. La edad más agradable es la que declina ya, pero que aún no se precipita; e incluso pienso que la que está al borde del tejado tiene sus goces, o, al menos, en lugar de los goces, gusta del lento deleite de no necesitar ninguno. ¡Cómo es de dulce haber agotado las pasiones y haberlas abandonado! «Molesto es —dices— tener la muerte delante de los ojos». En primer lugar, la muerte debe estar tan presente para el viejo como para el joven; no se nos llama a la suprema cita según la edad. En segundo lugar, nadie es tan viejo que no le sea lícito esperar un día más. Y un día es un peldaño de la vida, cuya totalidad consta de distintas partes, a manera de círculos, los menores encerrados dentro de los mayores. Hay uno que los abarca y los ciñe a todos, y este es el que va del nacimiento a la muerte. Hay otro que encierra todos los años de la adolescencia, y otro que contiene en su ámbito toda la infancia; y viene luego el año que encierra en sí todos los tiempos, cuya multiplicación compone la vida; un aro más estrecho ciñe el mes, y en el más angosto cerco se encierra el día, pero también este va del principio al fin, de la aurora al ocaso. Por eso Heráclito, a quien las tinieblas de su estilo le hicieron merecedor de su apodo, dijo: «Un día es igual a cualquier otro día». Esta sentencia ha sido interpretada de manera diferente por unos y por otros. Uno entendió que los días son iguales en número de horas y dijo la pura verdad, porque, si el día es el espacio de veinticuatro horas, necesariamente todos los días serán iguales, puesto que la noche tiene todo cuanto el día perdió. Otro interpretó que un día es parecido al conjunto de todos ellos, puesto que el más prolongado lapso de tiempo nada tiene que no puedas hallarlo en un único día: luz y oscuridad, que resultan iguales en las alternas mudanzas del cielo, siendo la noche unas veces más larga y más corta otras. Así pues, debemos ordenar cada uno de los días como si él recogiera todo el rebaño disperso y cerrara la vida. Pacuvio, que tomó Siria mediante ocupación, acostumbraba a celebrar sus propios funerales con vino y con fúnebres banquetes, y era trasladado del festín al lecho entre los aplausos de sus alegres compañeros, cantando al son de acompañamiento musical: «¡La vida ha terminado! ¡La vida ha terminado!». No pasó día ninguno sin que celebrase su propio entierro. Eso que él hacía con mala conciencia hagámoslo nosotros con buena intención, y al ir a dormir digamos cada día alegres y gozosos: «He vivido y he consumado la carrera que la Fortuna me asignó». Si Dios añadiera el día de mañana, recibámoslo con alborozo. Es feliz sobre toda consideración y goza del señorío de sí mismo quien sin ansia espera el día siguiente. Cualquiera que ha dicho «He vivido», madruga cada día para obtener una ganancia nueva.

Pero ya debo concluir esta carta. «¿Así —dices— me llegará, sin ningún obsequio?». No temas; alguno trae consigo. ¿Por qué he escrito alguno? Mucho. ¿Qué hay más excelente que esta sentencia que le entrego para que te la lleve? «Malo es vivir en necesidad; pero no hay necesidad alguna de vivir en ella». ¿Por qué había de haberla? Abiertos están los caminos para la libertad, muchos, cortos, fáciles. Demos gracias a Dios porque nadie puede ser obligado a detenerse en esta vida; hollar las propias necesidades es cosa lícita. «Esto lo dijo Epicuro —me dices tú—; ¿qué tienes que ver con un extranjero?». Lo que es verdadero es mío: seguiré con Epicuro a fin de que aquellos que juran con las fórmulas del maestro y no estiman las sentencias, sino a quien las formula, sepan que las mejores pertenecen a todos. Ten salud.

Del amor a nuestro cuerpo

Confieso que hay en nosotros un amor innato hacia nuestro cuerpo; confieso que nos ha sido confiado en tutela. No niego que se le ha de tratar bien, pero sí niego que se le haya de servir, porque a muchos servirá quien al cuerpo sirve y por él teme en exceso y a él refiere todas sus cosas. Nosotros hemos de comportarnos no como si tuviéramos que vivir para el cuerpo, sino como quien no puede vivir sin él, cuyo amor en exceso nos inquieta con temores, nos agobia de afanes, nos expone a asperezas. Es vil la honestidad para quien ama demasiado el cuerpo. Tengamos con él el cuidado más exquisito, pero de tal manera que cuando la razón lo requiera, o la lealtad o el deber, lo lancemos decididamente a las llamas. No obstante, evitemos cuanto nos sea posible no solo los peligros, sino también las incomodidades, y pongámonos en un lugar seguro pensando de qué manera pueden alejarse nuestros temores, los cuales, si no me engaño, son de tres clases: se teme la miseria, se teme la enfermedad y se teme la opresión que puede venirnos del lado de los poderosos. De estas tres, la que nos provoca mayor miedo es la violencia del poderoso porque acostumbra a venir con gran ruido y tumulto. Los males naturales a los que he hecho mención: la miseria y las enfermedades, penetran silenciosamente, y ni a los ojos ni a los oídos traen nada de espanto; mas la entrada del otro mal se hace con toda pompa y aparato; tiene a mano hierro y fuego y cadenas y una manada de bestias feroces dispuestas a hurgar en las vísceras humanas. Imagínate ahora cárceles y cruces y potros de tortura y garfios, y el palo que atraviesa al hombre y le sale por la boca; los miembros descuartizados por carros llevados en dirección distinta, y aquella túnica impregnada y tejida de materias inflamables, y cualquier otro tormento, aparte de estos, que haya inventado la crueldad humana. No debería sorprender, pues, que produzca un terror máximo este mal cuya variedad es inagotable y pavoroso su aparejo. Así como el verdugo espanta más cuanto más numerosos son los instrumentos de dolor que muestra, pues la fiera exhibición vence al hombre que no hubiera domado la tortura, así también entre las cosas que subyugan y someten las más eficaces son las que ofrecen mayor espectáculo. Otros azotes no son menos pesados, el hambre quiero decir, y la sed y las úlceras y la fiebre que abrasará las entrañas; pero se solapan, no meten ruido alguno, ningún cortejo los precede; pero esos otros males, como las grandes guerras, vencieron ya con su sola presencia y fiereza. Pongamos, pues, el cuidado más diligente en abstenernos de toda ofensa. A veces es el pueblo a quien debemos temer; a veces, si el sistema de gobierno es tal que la mayoría de los asuntos pasan por el Senado, a quien debemos temer es a los que en él gozan de mayor favor; a veces, una sola personalidad investida del poder por el pueblo sobre el pueblo. Tener a todos estos por amigos es complicado; bastante es con no tenerlos por enemigos. Así que el sabio jamás provocará la saña de los poderosos, sino que la ladeará, como hace el mareante en la tempestad. Cuando fuiste a Sicilia, atravesaste el estrecho. El piloto temerario menospreciará las amenazas del austro, pues este es el viento que embravece el mar Sículo y promueve peligrosos remolinos, y, en vez de virar hacia la ribera izquierda, se dirigirá hacia aquella otra donde la proximidad de Caribdis revuelve los mares mezclados. En cambio, más precavido, otro piloto preguntará a los conocedores del lugar qué es ese bullicio tan grande, qué señales ofrecen las nubes, y tomará otro rumbo muy alejado de aquella región tristemente famosa por sus vórtices. Esto mismo hará el sabio: esquiva un poder que podría dañarlo, cuidando ante todo que no parezca que lo rehúye. Una parte de la seguridad es no pretenderla abiertamente, porque el hombre condena aquello que rehúye. Hay que vigilar también nuestra seguridad respecto al vulgo. En primer lugar, no ambicionemos lo que el vulgo ambiciona: entre competidores anda la riña. En segundo lugar, no tengamos nada que pueda arrebatársenos con mucha ganancia del intrigante; que tu persona ofrezca la menor cantidad posible de espolios. Más son los que echan cuentas que los que odian; pasa de largo el ladrón por delante del desnudo y, aun en el camino infestado de salteadores, el pobre encuentra paz. Tres cosas hay que, según un viejo precepto, deben evitarse: el odio, la envidia y el desdén. Cómo se hará esto, solo la sabiduría ha de mostrárnoslo, porque es muy difícil el equilibrio en este punto, y es necesario superar el temor a la envidia, no nos haga caer en el desdén, que, no queriendo pisotear, parezca que podemos ser pisoteados. A muchos dio motivo de temer la posibilidad de infundir temor en otros. Asegurémonos por todas partes; no es menos peligroso ser despreciado que ser envidiado. Refugiémonos, pues, en la sabiduría; esta profesión, no ya entre los buenos, sino entre los medianamente malos, es como un orden sacerdotal. Porque la elocuencia judicial y todas las otras artes que sirven para mover al pueblo tienen contrarios; la filosofía, en cambio, es sosegada y toda consagrada a sí misma, no puede ser menospreciada, porque recibe la pleitesía de todas las demás profesiones, y aun de los hombres peores de cualquiera de ellas. Jamás la maldad llegará a tal poderío, nunca urdirá tales conjuras contra las virtudes, que el nombre de la filosofía no permanezca venerable y sagrado. Por lo demás, la filosofía ha de ser tratada con recogimiento y pacíficamente. «¿Entonces qué? —me dices—. ¿Te parece que rendía a la filosofía un culto recogido Marco Catón, que con su palabra reprimía la guerra civil? ¿Que irrumpió en medio de las armas de los capitanes enfurecidos? ¿Que, mientras unos atacaban a Pompeyo y otros a César, combatió él solo aguerridamente contra el uno y el otro?». Es discutible si en aquellas circunstancias el sabio había de encargarse de la dirección de la República. ¿Qué es lo que quieres, Marco Catón? Ya no se trata de la libertad; tiempo ha que ha sido hollada. Lo que se dirime es si ha de ser amo de la República César o Pompeyo. ¿Qué tienes tú que ver en esta contienda? Ninguno de esos dos partidos es el tuyo; lidian por tener un dueño. ¿Qué interés tienes en que venza uno u otro? Puede vencer el mejor, pero no puede dejar de ser el peor el que ha sido vencido. No he conocido más que los últimos hechos de Catón; pero tampoco los años precedentes fueron tales que permitiesen a un sabio participar en aquella República entregada al delito y a la rapiña. ¿Qué otra cosa hizo Catón sino vociferar y lanzar vanos alaridos cuando, arrebatado en manos del pueblo y cubierto de saliva, se le sacaba del foro y se le arrastraba del Senado a la cárcel? Pero luego veremos si el sabio ha de consagrar sus actividades a la cosa pública; mientras tanto te recomiendo a aquellos estoicos que, excluidos de los públicos negocios, se retiraron a cultivar su propia vida y a establecer leyes para el género humano, sin la menor ofensa de los poderosos. No alterará el sabio las costumbres admitidas ni atraerá sobre sí las miradas del pueblo por la singularidad de la vida. «¿Entonces qué? ¿Así vivirá seguro quien se imponga este propósito?». No me arriesgaría más a prometerte esto como a prometer una buena salud a un hombre sobrio, y eso que la sobriedad siempre fue causa de la buena salud. Algún navío naufraga en el puerto, pero ¿qué piensas que acaece cuando se encuentra embarcado en alta mar? ¿Cuánto más expuesto no estará a este peligro quien emprende muchas empresas y acciones, para quien ni aun el ocio es seguro? Perecen a veces los inocentes, ¿quién lo niega? Pero, con mayor frecuencia, los culpables. No deja de ser diestro esgrimidor quien fue herido en el pomo de la espada. Finalmente, el sabio, en todas las cosas, atiende a la razón de hacerlas, no a su resultado. En nuestras manos están los principios; el éxito lo decide la fortuna, cuya sentencia jamás aceptaré. «Pero reporta algún sufrimiento, alguna contrariedad». No porque el ladrón mate está ya condenado.

En este momento alargas la mano al estipendio de cada día; yo te la llenaré con una paga de oro, y, puesto que se ha hecho mención del oro, atiende a cómo su uso y su disfrute te pueden ser más agradables: «Quien goza más de las riquezas es quien menos siente su necesidad». «Indícame el autor», me dices. Para que veas lo bondadoso que soy, hice el propósito de alabar lo ajeno: es de Epicuro o de Metrodoro o de algún otro de aquella escuela. ¿Y qué importa quién lo dijo? Para todos lo dijo. Aquel que tiene necesidad de riquezas teme por ellas; nadie disfruta de un bien poseído con ansia, pues querrá acrecentarlo con algún otro aumento. Mientras piensa en su incremento, se olvida de su uso; recibe cuentas, hace carrera en el foro, registra su diario y de señor se convierte en administrador. Ten salud.

De la utilidad de la filosofía

Estoy seguro, mi querido Lucilio, de que es evidente para ti que nadie puede llevar una vida feliz, y ni siquiera soportable, sin la pasión de la sabiduría; y que la vida bienaventurada es fruto de la perfecta sabiduría; y que un poco de sabiduría nos proporciona una vida tolerable. Pero esta evidencia hay que afirmarla y arraigarla cada día más profundamente, pues es tarea más difícil llevar a la práctica los propósitos que concebirlos. Hay que tener perseverancia y acrecentar la firmeza con un trabajo asiduo hasta que la bondad del alma iguale la de la voluntad. Así que no es necesario que me lo certifiques con más palabras ni más luengas razones: conozco lo que has progresado, sé qué es lo que inspira tus escritos; lo que me dices no es ni fingido ni adornado. No obstante, he de decirte lo que siento; me inspiras esperanza, pero aún no confianza. Esto mismo quiero que hagas tú; no tienes por qué creer en ti con demasiada facilidad. Examínate tú mismo y obsérvate por todos los lados, y sobre todo mira si es en la filosofía donde progresaste o es en la vida. La filosofía no es un señuelo para deslumbrar al pueblo, ni sirve para la ostentación; no consiste en palabras, sino en obras. No tiene tampoco por objeto pasar el día con un grato entretenimiento para quitar su náusea a la ociosidad: la filosofía forma y modela el alma, ordena la vida, gobierna los actos;

muestra lo que debe hacerse y lo que debe omitirse, está sentada al timón, y dirige el rumbo entre las dudas y las fluctuaciones de la vida. Sin ella, nadie puede vivir exento de temores; nadie puede vivir con seguridad; a cada hora acaecen innumerables accidentes que reclaman un consejo que solo a ella debe pedirse. Alguno dirá: «¿De qué me sirve la filosofía si existe la fatalidad? ¿Qué provecho se saca de ella si Dios es el soberano gobernador? ¿Qué utilidad tiene si la casualidad es la que impera? Porque ni pueden cambiarse las cosas ciertas ni ninguna prevención puede tomarse contra las inciertas, porque, o Dios se anticipó a mi determinación y decretó lo que yo había de hacer, o la fortuna nada consiente a mi libre albedrío». Sea lo que fuere de estas dos opiniones, mi querido Lucilio, o incluso si son ciertas las dos, es necesario filosofar, ora los hados nos encadenen a su inexorable tiranía, ora Dios, árbitro del universo, disponga todas las cosas a su voluntad, ora la casualidad empuje sin orden y guíe a ciegas la vida humana; la filosofía debe ser nuestra defensa. Ella nos exhortará a obedecer a Dios de buen grado y a resistir a la fortuna con una férrea obstinación; ella te enseñará a que sigas a Dios, a que soportes el azar. Pero ahora no es momento de entrar a discutir lo que está en nuestro poder; si la providencia tiene el dominio de todo o si la sucesión de los hados nos tiene encadenados o si es lo repentino del azar lo que nos domina; ahora, volviendo a mi propósito, te aviso y te exhorto a que no permitas que se desmaye y se enfríe el ímpetu de tu alma. Sostenlo y afírmalo a fin de que lo que es el ímpetu de tu alma llegue a ser el hábito de tu alma.

Ya desde el principio de esta carta, si te conozco bien, habrás mirado sin duda curiosamente de qué presente eran portadoras estas letras mías: examínalas mejor y lo encontrarás. No te extrañe mi proceder; aun ahora soy generoso con la hacienda ajena. ¿Por qué he dicho «ajena»? Todo lo que alguien dijo bien, mío es. También este es un dicho de Epicuro: si vives según la naturaleza, nunca serás pobre; si vives según la opinión, nunca serás rico. La naturaleza desea muy poco; la opinión desea la inmensidad. Imagina que se acumula en ti todo lo que poseyeron muchos ricos; que te eleva la fortuna por encima del nivel de las riquezas privadas; que te cubre de oro, te viste de púrpura, te conduce a tal extremo de refinamientos y de opulencia que enloses con mármol el suelo; en una palabra, que no solamente puedas tener riquezas, sino que puedas hollarlas bajo tus pies. Añádele estatuas y pinturas y todo cuanto las artes labraron para el lujo. Todo ello te enseñará a codiciar más. Los deseos naturales tienen su tasa y su medida; mas los nacidos de falsa opinión no poseen límite; lo falso carece de término alguno. Quien sigue su camino llega a su final; mas el extravío es inmenso. Apártate, pues, de toda cosa vana, y, cuando quieras saber si lo que deseas viene de la naturaleza o de la ciega codicia, piensa si puede detenerse en algún punto. Si, habiendo avanzado mucho, queda todavía algo en lontananza, sabrás que eso no es natural. Ten salud.

Del bien de la pobreza

Arroja lejos de ti todas estas vanidades, si eres sabio, y más si trabajas por serlo. A zancadas y con todas tus fuerzas abalánzate hacia la cordura de la virtud; si algo te coarta, deshazte de ello o córtalo. «Me detiene —dices— la preocupación por mi patrimonio; quiero redondearlo de tal manera que pueda darme lo suficiente sin trabajar para que ni la pobreza me sea onerosa ni sea yo carga para nadie». Cuando dices esto me parece que no comprendes lo bastante la fuerza y el poder del bien sobre el que meditas; ves, seguramente, la parte somera de la cuestión, a saber: la gran utilidad de la filosofía; pero no comprendes aún los pormenores y no sabes todavía hasta qué punto recibimos ayuda en toda ocasión y cómo, para usar una frase de Cicerón, nos acoge en las mayores necesidades y desciende hasta las más pequeñas. Créeme a mí; pídele consejo; ella te convencerá de que no te sientes a echar cuentas. Lo que tú buscas y lo que quieres conseguir con estas dilaciones es no tener que sentir temor de la pobreza. Pero ¿y si ella fuera deseable? Para muchos, las riquezas fueron obstáculos para filosofar; la pobreza es libre y segura. Cuando suena el clarín, sabe que no es a ella a la que se acomete; cuando se tañe a fuego, no busca con atolondramiento qué se llevará consigo, sino por dónde hallará la salida. Si tiene que navegar, no alborota el puerto ni inquieta la ribera con el acompañamiento de un solo hombre; no la rodea la turba de esclavos para cuyo mantenimiento es necesaria toda la fertilidad de las posesiones de ultramar. Es fácil hartar pocos estómagos y bien acostumbrados que solo piden que se les llene. El hambre es barata; lo que sale caro es el hastío. La pobreza se contenta con satisfacer deseos apremiantes. ¿Por qué, pues, has de rehusarla en tu mesa cuando hasta los ricos imitan con cordura su conducta? Si quieres consagrarte al espíritu, tienes que ser pobre o semejante a pobre. El estudio de la propia salud no puede hacerse sin la práctica de la frugalidad; y la frugalidad es una pobreza voluntaria. Abandona, pues, estas excusas: «Todavía no tengo lo suficiente; así que en cuanto llegue a aquella suma me entregaré por entero a la filosofía». Pero lo primero que hay que preparar es eso que tú aplazas y dejas para lo último; por eso hay que empezar. «Quiero disponer —me dices— de recursos para poder vivir». Encamínate, pues, y aprende al mismo tiempo. Si algo te estorba para vivir bien, no te estorba para morir bien. No hay razón para que la pobreza nos aparte de la filosofía; ni siquiera la estrechez. Los que a ella apresuradamente se encaminan tendrán que tolerar el hambre; algunos la han tolerado en los asedios, y ¿qué otro era el premio de su resistencia que el de no caer bajo el señorío del vencedor? Cuánto más grande es la dádiva que se promete aquí: la libertad perpetua y el no tener temor de ningún hombre ni de ningún dios. Y a ello se ha de llegar, aun a cambio de padecer hambre. Penuria de todas las cosas soportaron ejércitos enteros, vivieron de raíces de hierbas y engañaron el hambre con alimentos hediondos de nombrar. Y, para que aumente aún más tu asombro, sufrieron todas esas penalidades por un reino ajeno; ¿vacilará alguien en sufrir pobreza para liberar de furores su espíritu? No hay, pues, por qué acaudalar antes; aun sin equipaje se puede llegar a la filosofía. ¿Es esto así? Cuando ya lo tengas todo, entonces ¿querrás tener la sabiduría por añadidura? ¿Será ese el último instrumento de la vida o, por decirlo así, su accesorio? Tú, al contrario, si ya tienes algo (¿pues cómo sabes tú que no tienes ya demasiado?), entrégate desde luego a la filosofía; y, si no tienes nada, búscala a ella antes que a cualquier otra cosa. «Pero me faltará lo necesario». En primer lugar, no es posible que te falte, pues la naturaleza pide el mínimo, y el sabio se acomoda a la naturaleza. Pero, si le asaltaran necesidades agobiantes, muy pronto abandonará la vida y dejará de ser molesto a sí mismo. Y, si fueren exiguos y angostos los medios con que pueda alargar la vida, la razón le valdrá por paga, y sin ninguna suerte de cuitas ni de ansias por lo que rebasa la estricta necesidad, satisfará su deuda de alimento al estómago y su deuda de abrigo a los hombros, y se reirá, alegre y seguro, de los atolondramientos y de la competencia de los ricos que corren alocados en persecución de las riquezas, y dirá: «¿Por qué demoras tanto tu bien? ¿Aguardas acaso las ganancias de la usura o los beneficios de una operación comercial o el testamento de un viejo rico, pudiendo hacerte rico todo de una vez? La sabiduría sustituye las riquezas porque las da a aquel para quien son inútiles». Eso atañe a los otros porque tú estás cercano a la opulencia. Cambia de siglo y te encontrarás con que tienes demasiado. En cambio, la suficiencia es igual para todos los siglos.

Aquí podría concluir mi epístola si no te tuviese mal acostumbrado. Nadie puede saludar a los reyes de los partos sin ofrecerles un don; de ti no se pueden despedir de balde. ¿Qué hacer, pues? Tomaré un préstamo de Epicuro: «Para muchos, haber afanado riquezas no fue el final, sino un cambio de miserias».

Y no me asombro; porque el vicio no está en las cosas, sino en nuestra alma. Aquello mismo que nos hizo pesada la pobreza nos hace las riquezas pesadas. Así como es indiferente que coloques a un enfermo en un lecho de madera o de oro, pues dondequiera que lo pongas trasladará consigo la dolencia, así no tiene importancia alguna que a un alma enferma se la sitúe en la riqueza o en la pobreza: su enfermedad la sigue. Ten salud.

De la inconstancia humana

Si tienes salud y te consideras digno de llegar algún día a ser dueño de ti mismo, estoy contento; gloria mía será haberte sacado de ese oleaje en que fluctúas sin esperanza de salir de él. Lo que te ruego, querido Lucilio, y a lo que te exhorto es a que ahondes en la filosofía hasta lo más profundo de tu ser, y obtengas la experiencia de tu progreso no de las palabras ni de los escritos, sino de la firmeza del alma y de la disminución de las pasiones: corrobora las palabras con hechos. Uno es el propósito de los declamadores, que solo buscan el aplauso de la turba, y otro muy diferente el de aquellos que encantan los oídos de los jóvenes y de los ociosos con la variedad y volubilidad de sus discursos. La filosofía enseña a practicar, no a hablar, y exige que todos vivan conforme a su ley, que la vida no difiera de la enseñanza ni se contradiga a sí misma, de manera que sus acciones tengan una misma impronta. El deber máximo de la sabiduría y, a la vez, su mejor indicio es la concordancia de las palabras y las obras, la igualdad constante del hombre consigo mismo. ¿Y eso quién lo hará? Pocos, pero algunos. Es difícil, lo sé; y no digo yo que el sabio caminará siempre al mismo paso, sino por el mismo sendero. Vigílate, pues; mira si acaso tu vestido no se corresponde con tu casa, si eres generoso contigo y mezquino con los otros, si cenas frugalmente y edificas suntuosamente. Adopta de una vez una norma a cuyo tenor vivas, y acomoda a ella e iguala toda tu vida. Algunos en su casa ahorran; pero fuera de ella se extralimitan y derrochan; esta desigualdad es vicio y síntoma de un alma vacilante que no encontró aún su tenor de vida. E incluso te diré de dónde nace esta inconstancia y desigualdad entre los actos y las intenciones: de que nadie se forma el propósito de lo que quiere y, si se lo ha formado, no persevera en él, sino que pasa a otra cosa y no precisamente por cambiar, sino por volver a aquello mismo que abandonó y maldijo. Así que, dejando a un lado las antiguas definiciones de la sabiduría y para abarcar toda la complejidad de la vida humana, me puedo contentar preguntando: ¿qué es la sabiduría? Querer siempre lo mismo y siempre no querer lo mismo. Lícito te es no añadir aquella breve condición de que sea recto lo que quieras, porque no es posible que la misma cosa plazca siempre al mismo hombre, sino la rectitud. No saben los hombres lo que quieren salvo en el momento en que lo quieren; en resumen, ninguno decidió querer o no querer. Varía cada día el juicio y se vuelve en sentido contrario, y la mayoría viven su vida como un juego. Persevera, pues, en la tarea comenzada y quizá te levantarás hasta la cumbre de la sabiduría o llegarás a tal altura que solo tú conocerás que no es la cumbre todavía. «¿Y qué va a ser —me preguntas— de esa multitud de miembros de mi familia sin patrimonio?». Esa multitud de familiares, cuando tú dejes de mantenerla, se mantendrá sola, y todo aquello que por ti mismo no podrás averiguar, te lo enseñará la pobreza; ella te conservará los amigos verdaderos y seguros, y alejará a los que no te seguían a ti, sino que perseguían alguna otra cosa. ¿Y no por eso solo debería ser amada la pobreza, por demostrarte quienes te amaban de veras? ¡Oh, cuán-

do llegará el día en que nadie mentirá para hacerte honor! Que
a eso se dirijan tus pensamientos, a eso debes cuidar, poniendo
todos tus otros deseos en manos de Dios: a contentarte contigo
mismo y con los bienes que nacen de ti mismo. ¿Qué felicidad
puede haber para ti más cercana que esta? Redúcete a una situación modesta de la cual no puedas caer; y, para que lo hagas
con mayor gusto, a ello se orientará el tributo de esta carta que
te entregaré en el acto.

Y, aunque te enfades, también hoy volverá Epicuro a pagar
por mí: «Más eficaces, créeme, serán tus enseñanzas si se pro-
nuncian desde un jergón y con harapos, porque ya no serán
palabras, sino pruebas». Por lo que a mí respecta, escucho de
otra manera lo que dice nuestro Demetrio cuando lo veo desnudo, tendido en algo bastante peor que una manta: entonces,
no solamente es preceptor, sino testigo de la verdad. «¿Entonces
qué? ¿No puede uno menospreciar las riquezas poseyéndolas?»
¿Por qué no ha de poder? También alberga un alma grande aquel
que, viéndolas a su alrededor, tras haberse admirado mucho y
por largo tiempo de que hayan llegado a él, se ríe, y aunque oye
decir que son suyas no lo experimenta. Gran cosa es no corrom-
perse en el contubernio de las riquezas; y verdaderamente grande es aquel que en las riquezas es pobre. «No sé —dices— cómo
soportará ese rico la pobreza si cayera en ella». Yo tampoco sé
si aquel pobre imitador de Epicuro menospreciaría las riquezas
si cayera en ellas. Así que en uno y en otro caso es el espíritu lo
que debe estimarse y mirar bien si aquel se complace con la
pobreza o si este no se complace con las riquezas; de otra manera, el jergón y los harapos son pruebas baladíes de la buena
voluntad, a menos que se vea que no es a la fuerza como sufre
aquellas cosas, sino por libre preferencia. Por otra parte, es

propio de un gran carácter no ir apresuradamente a estas cosas considerando que son las mejores, sino disponerse a ellas, como si fueran algo fácil. Y fáciles son, querido Lucilio; y cuando, tras haberlo meditado mucho, te acerques a ellas, te resultarán agradables y todo, pues entrañan aquello sin lo cual nada es agradable, a saber: la seguridad. Juzgo, pues, necesario aquello que ya te escribí que hicieron con frecuencia algunos grandes hombres: tomarse de tiempo en tiempo algunos días durante los que ejercitarse con una pobreza imaginaria en la pobreza real. Y tanto más hemos de hacerlo cuanto vivimos inmersos en delicias, y todo se nos antoja duro y difícil. Hay que despertar el alma dormida y pellizcarla y recordarle cómo son de llevaderas las necesidades que la naturaleza nos impuso. Nadie nace rico; todo el que llega a la vida se ve forzado a contentarse con leche y con pañales. ¡Y, con semejantes principios, nos vienen estrechos los reinos! Ten salud.

La filosofía, manantial de goces auténticos

¿Piensas que voy a escribirte sobre cuán benignamente este invierno nos trató, que fue templado y breve, qué maligna es la primavera, qué inoportuno el frío y otras nimiedades propias de la gente que busca pretextos para charlar? He de escribirte alguna cosa que a ti y a mí nos sea de provecho. ¿Y qué puede ser sino una exhortación a la cordura? ¿Me preguntas cuál es su fundamento? Que no goces con las cosas vanas. He dicho que este era el fundamento, pero, en realidad, es la cumbre. A la cumbre ha llegado el hombre que sabe de qué ha de gozarse, el que no ha puesto su felicidad en poder ajeno; en cambio, anda solícito y no está seguro de sí mismo aquel a quien acucia alguna esperanza, aunque la tenga al alcance de su mano, aunque no sea difícil de conseguir, aunque no le hayan decepcionado jamás las esperanzas anteriores. Haz esto ante todo, mi querido Lucilio: aprende a gozar. ¿Piensas que yo ahora voy a privarte de muchos placeres, que te quito los que te acarrea el azar, pues creo que deben evitarse las ilusiones de la esperanza, esos regalos tan dulces? Al contrario, yo quiero que nunca te falte alegría; yo quiero que ella nazca en tu casa, y nacerá siempre que se halle dentro de ti mismo. Los restantes goces no llenan el pecho; desarrugan el ceño, son efímeros, a no ser que creas que goza aquel que se ríe. El alma es la que debe estar alegre y confiada y elevada sobre todas las cosas. Créeme, el verdadero gozo es una cosa muy seria. ¿Es que tú crees que un hombre de aspecto desenvuelto y, como dicen aquellos melindrosos, de rostro jovial menosprecia a la muerte, abre generosamente su puerta a la pobreza, mantiene los deleites bajo freno, ejecuta la tolerancia del dolor? Quien se ejercita en esos sentimientos austeros disfruta de un gran gozo, pero poco atrayente. En la posesión de ese gozo quiero que tú estés. Nunca te faltará una vez que hayas dado con el manantial de donde brota. Las minas de los metales pobres son someras; sin embargo, son riquísimos aquellos metales cuya vena se esconde en la profundidad y recompensan más largamente el afán asiduo del minero. Estos otros goces en que se complace el vulgo brindan no más que un placer tenue y superficial; todo placer que viene de fuera carece de fundamento; esto de lo que te voy hablando, y a lo cual me esfuerzo por llevarte, es consistente y macizo y tiene en su interior su satisfacción más colmada. Haz, te lo ruego, queridísimo Lucilio, solo aquello que puede hacerte feliz; lanza y pon debajo de tus pies todo aquello que brilla por fuera, todo aquello que otro te prometió o que ha de venirte de otro. Aspira al bien verdadero y goza del tuyo. ¿Qué quiero decir con esto de «del tuyo»? De ti mismo y de la mejor parte de ti mismo. Al mismo cuerpo, aun cuando nada puede hacerse sin él, considéralo una cosa más necesaria que importante: sugiere deleites vanos, breves, seguidos de arrepentimiento y, si no se los templa con una suma moderación, degeneran en dolorosos. Así te lo digo: el placer es un deslizadero que resbala hacia el dolor si no se pone mesura en él. Pero poner en él mesura es difícil, porque crees que es algo bueno. El deseo del bien verdadero es seguro de todo punto. Me preguntas cuál es ese bien verdadero y de dónde emana. Te lo diré: de la buena conciencia, de las intenciones honestas, de las buenas acciones, del menosprecio de las cosas fortuitas, del tenor plácido y constante de la vida que recorre siempre el mismo camino. Pues aquellos que saltan de unos propósitos en otros, o ni siquiera saltan, sino que cualquier azar a ello los empuja, ¿cómo pueden tener, indecisos e inconstantes como son, nada permanente ni seguro? Contados son los que ordenan mediante la reflexión su vida y sus negocios; los demás, igual que los objetos que flotan en los ríos, no andan, sino que son llevados. A unos una onda más suave los retuvo y acunó suavemente; a otros una más brava los arrastró; a otros, una onda próxima a la ribera allí los depositó en su curso lánguido; a otros un impetuoso vórtice los arrojó en el mar. Por eso, hay que determinar lo que queremos y perseverar en ello.

Esta es la hora de pagar con dinero ajeno, puesto que puedo remitirte una sentencia de Epicuro y franquear esta carta: «Es cosa molesta comenzar siempre a vivir». O si puede expresarse mejor el sentido de otra manera: «Mal viven los que comienzan siempre». «¿Por qué?», me preguntas. Esta sentencia exige una explicación. La vida de tales personas es siempre imperfecta. No puede estar preparado para la muerte quien apenas comienza a vivir. Hay que obrar de manera que siempre hayamos vivido lo bastante: no piensa esto ciertamente quien inaugura su vida a cada momento. No vayas a creer que esos son pocos; son casi todos. Algunos comienzan cuando es hora de acabar. Si ello te extraña, añadiré una cosa que te extrañará más: los hay que dejan de vivir antes de comenzar. Ten salud.

Elogio de la ancianidad

Te decía hace poco que yo me hallaba en los arrabales de la senectud; ahora ya me temo haberla dejado atrás. Otra es la palabra que conviene a mis años y sin duda alguna a mi cuerpo, porque senectud es el nombre de la edad cansada, no de la edad quebrantada: cuéntame entre los decrépitos y los que tocan a su fin. Pero, con todo, yo me felicito de ello ante ti: no siento en mi espíritu la mella de la edad, aunque la sienta en el cuerpo. Solo envejecieron en mí los vicios y los órganos de los vicios; el alma está en todo su vigor y goza de no tener demasiados tratos con el cuerpo; por fin dejó una buena parte de su cargamento. Se alboroza y desmiente mi presunta senectud; donosamente me dice que aquella es su esplendor. Démosle crédito; dejémosle gozar de su bien. Ella me exhorta a reflexionar y dilucidar qué parte de esta tranquilidad y moderación de costumbres debo a la sabiduría y qué parte a la edad, y a examinar con diligencia qué no puedo hacer y qué no quiero hacer de provechoso a la hora de emprender el viaje. Por otra parte, si alguna cosa no quiero, me alegro de no poder hacerlo; pues ¿qué queja, qué incomodidad hay en que se haya consumido todo lo que debía acabar? «¿Es una gran lástima —dices— disminuir y agotarse, o, para hablar más propiamente, diluirse? Pues no recibimos súbitamente el empujón que nos derriba; nos marchitamos y nos quitan algo cada uno de los días que pasan». ¿Y qué salida hay mejor que ir resbalando hasta el fin por el suave deslizadero que nos brinda la naturaleza? No digo que sea algo malo el golpe que corta la vida de súbito, sino que el ir declinando insensiblemente es un camino más suave. Yo, por cierto, como si ya estuviese próxima la prueba y a punto de llegar aquel día en que se ha de pronunciar sentencia de todos mis años, me analizo y me hablo así: «Nada vale hasta ahora aquello de lo que hemos dado prueba con actos o con palabras. Livianas son y falaces prendas del espíritu, envueltas en muchos engaños lisonjeros; acerca de mi aprovechamiento, he de fiarme de la muerte, que dirá la última palabra. Así es que sin miedo ninguno me voy preparando para aquel día en que habré de juzgarme a mí mismo sin trampa ni cartón: si enseño el valor o si lo siento y si eran simulación y comedia todas las cosas contundentes que dije contra la fortuna. No hagas caso de la opinión de los hombres; es dudosa siempre y se divide. No hagas caso de los estudios a los que consagraste la totalidad de la vida; será la muerte la que dará juicio de ti. Te digo con toda seguridad que ni las discusiones filosóficas ni las conversaciones literarias ni las sentencias extraídas de los preceptos de los sabios ni la disertación culta demuestran la auténtica fortaleza del espíritu; porque la palabra es audaz aun en los más tímidos. Lo que hayas hecho se mostrará cuando rindas el espíritu. Acepto el acuerdo; no me espanta el juicio». Así hablo conmigo mismo, pero pienso que lo hablo contigo también. Eres más joven, pero ¿qué importa? Los años no cuentan. Incierto es el lugar donde te espera la muerte; espérala tú, pues, en todas partes.

Ya quería terminar y mi mano iba a cerrar la carta, pero hay que observar el rito y dar peaje a la carta para que haga su camino. Figúrate que no te digo de dónde voy a tomar el préstamo; pero tú ya sabes cuál es el arca a la que acudo. Aguárdame un poco y te pagaré con caudal mío; mientras tanto nos lo prestará Epicuro, que dice: «Medita sobre la muerte». O si te parece mejor esta expresión: «Medita sobre el tránsito a los dioses». El sentido es obvio: es importante aprender a morir. Acaso se antoja superfluo aprender un arte que solo ha de practicarse una vez. Precisamente por eso hemos de meditar sobre él, porque siempre hay que aprender aquello que no podemos experimentar si lo sabemos. ¡Medita sobre la muerte! Quien esto nos dice nos dice que meditemos sobre la libertad. Quien aprende de vivir se olvida de servir; se alza por encima de todo poder; al menos, fuera de todo poder. ¿Qué le hacen a él la cárcel, las guardas, el encerramiento? Tiene libre la puerta. Una sola es la cadena que nos tiene atados: el amor a la vida, el cual, aunque no tenga que rechazarse, se ha de rebajar a tal punto que, si alguna vez se impone la exigencia, no nos detenga nada ni nos impida estar dispuestos a hacer en el acto lo que tendríamos que hacer más pronto o más tarde. Ten salud.

De la virtud proviene la verdadera bienaventuranza

«¿Tú me amonestas? —dices—. ¿Ya te amonestaste a ti mismo? ¿Ya te enmendaste y ahora te ocupas de la enmienda ajena?». No soy tan procaz para, estando enfermo, meterme a hacer curaciones; sino que, hospitalizado como tú en el mismo sanatorio, hablo contigo de la dolencia que nos aqueja a ambos y te comunico los remedios. Así que escúchame como si hablase conmigo mismo. Te admito en mis secretos y en presencia tuya hago mi examen. A gritos me digo a mí mismo: cuenta tus años y te avergonzarás de querer las mismas cosas que quisiste cuando eras niño, y de abrigar los mismos proyectos. Hazte, al fin, este servicio a ti mismo cerca del día de tu muerte: mueran los vicios antes que tú. Abandona esos turbios deleites de tan costosa expiación; no dañan solamente los venideros, sino también los pasados. Así como no desaparece el remordimiento con los crímenes, aunque no fueran sorprendidos mientras se cometían, así también los placeres culpables tienen su escarmiento aun después de pasados. No son constantes, no son fieles; incluso cuando no perjudiquen, son huidizos. Busca más fácilmente a tu alrededor algún bien que permanezca; y no hay otro sino el que el alma halla dentro de sí misma. Sola la virtud proporciona un gozo perpetuo, seguro. Por más que se interponga algún obstáculo, este interviene a manera de las nubes que se mueven en capas bajas y no consiguen impedir la claridad. ¿Cuándo conseguirás este gozo? Cierto es que no te detuviste todavía, pero es menester que te apresures. Queda mucha obra en la cual es preciso que pongas tus vigilias y tus trabajos, si quieres llegar a ser perfecto; esa tarea no admite delegación. En otros géneros literarios, la colaboración es posible. Calvisio Sabino, tal como lo recuerdo, fue un hombre rico que poseía el patrimonio de un liberto y también el carácter. Nunca he visto un rico más repugnante. Tenía tan mala memoria que unas veces se le olvidaba el nombre de Ulises, otras el de Aquiles, otras el de Príamo, tan conocidos de él como nuestros maestros lo son de nosotros. Ningún nomenclátor viejo de los que no repiten los nombres, sino que se los inventan, ha destrozado tan horriblemente los nombres de sus clientes como él los de los troyanos y los aqueos; y con todo quería parecer un erudito. Encontró este medio expeditivo y gastó grandes caudales en la compra de esclavos, uno que supiese de memoria a Homero; otro que realzase a Hesíodo, y designó uno para cada uno de los nueve poetas líricos. No te asombres si le costaron muy caros; no habiéndolos encontrado, hizo que les enseñaran. Cuando se hubo proporcionado aquella familia, empezó a importunar a sus convidados. Tenía a sus pies a estos esclavos y, pidiéndoles con frecuencia versos para repetirlos, muchas veces se perdía en medio de una frase. Le aconsejó Satelio Cuadrato, parásito de ricos fatuos y, por consiguiente, su adulador, y, lo que va junto con estas cualidades, su bufón, que se procurase gramáticos que compilaran vocablos. Al responderle Sabino que cada uno de los esclavos le costaba cien mil sestercios, replicó: «Por menos hubieras podido comprar otros tantos manuscritos». Pero él estaba muy convencido de saber todo lo que en su casa sabía cada uno. El mismo Satelio empezó a aconsejarle que se dedicase a las luchas, él, enfermo, pálido, enclenque: «¿Y cómo puedo, si vivo apenas?», replicó Sabino, a quien contestó: «Por mi vida, no digas eso: ¿no ves cuántos esclavos robustísimos tienes?». La cordura no se presta ni se compra, y pienso que, si fuera venal, no tendría comprador. En el cambio, la insensatez se compra cada día.

Recibe ya lo que te debo, y adiós: «La pobreza que se ajusta a la ley de la naturaleza, riqueza es». Esto mismo dice Epicuro de una u otra forma. Pero nunca se dice demasiado lo que nunca se aprende demasiado. A algunos basta con mostrarles los remedios; a otros hay que imponérselos a viva fuerza. Ten salud.

Los viajes no curan el espíritu

¿Crees que a ti solo te ha acontecido y te sorprende, como una cosa insólita, que en un viaje tan largo y con tanta variación de países no hayas disipado la tristeza y las sombras de tu alma? Es el alma lo que debes cambiar, y no el clima. Aunque atravesaras el espacioso mar; aunque, como dice nuestro Virgilio, «tierras y ciudades se alejan de tu vista», los vicios irán en pos de ti adondequiera que vayas. A uno que le preguntaba esto mismo, le dijo Sócrates: «¿Por qué te asombras de que los viajes de nada te sirvan, si te llevas siempre a ti mismo? Te agobia la misma causa que te impulsó a salir». ¿En qué te puede servir la novedad de las tierras? ¿En qué el conocimiento de ciudades y países? Vano es todo ese ajetreo. ¿Preguntas por qué no te alivia esa huida? Huyes contigo mismo; hay que descargar el peso del alma; mientras no hagas eso, no te contentará lugar alguno. Piensa que tu situación es como en la que nuestro Virgilio presenta a aquella profetisa excitada y enloquecida con un espíritu que no era el suyo: «La fiera vidente se revuelve como una bacante en su antro por si pudiera lanzar de su pecho al gran dios...». Andas de aquí para allá para sacudirte la pesadumbre que te causa agobio y que en la misma agitación se hace más incómoda, del mismo modo que en la nave el cargamento que no se menea desequilibra menos; mas, agitado de manera diferente, se inclina y sumerge aquella parte en la que hace sentir su peso. Todo lo que haces, contra ti lo haces, y con el movimiento mismo te dañas; importunas a un enfermo. Mas, cuando te hayas librado de ese mal, cualquier mudanza de lugar te será grata; relegado a las tierras más alejadas; situado en cualquier ángulo de los países extranjeros, cualquier morada te será hospitalaria. Lo que importa no es el sitio adonde vas, sino quién eres tú, que vas, y por eso no hemos de aficionar nuestro corazón a ningún país. Hay que vivir con esta persuasión: «Yo no he nacido para un rincón; mi patria es todo este mundo». Si tuvieras esto bien claro, no te extrañarías de no hallar reposo en la diversidad de los países a los cuales acabas de llegar aburrido de aquellos donde antes vivías, pues te habría gustado la primera tierra si la sintieras toda tuya. Ahora no viajas, sino que en realidad andas errante, llevado de aquí para allá, mudando un lugar por otro, siendo así que aquello que buscas, a saber, vivir bien, en todo lugar se encuentra. ¿Puede haber acaso lugar más agitado que el foro? Pues aun allí se puede vivir con quietud, si es menester. Pero, si yo puedo arreglarme libremente, huiré lejos de la vista y de la vecindad del foro; pues, así como los parajes malsanos atacan la salud más firme, también hay lugares de escasa salubridad para el alma convaleciente, que todavía no ha llegado a la perfección. Disiento de aquellos que se lanzan al alboroto de las olas y encariñados con la vida tumultuosa luchan cada día vigorosamente con todo género de dificultades. El sabio las soportará, pero no las elegirá, y preferirá vivir en paz que en pugna. No sirve de mucho haber echado de sí todos los vicios si hay que reñir con los ajenos. «Treinta tiranos —dices— sitiaron a Sócrates y no pudieron quebrantar su espíritu». ¿Qué importa cuántos dueños sean? La esclavitud no es más que una; aquel que la desprecia es libre, por numerosos que sean los que lo tiranizan.

Ya es tiempo de acabar, pero antes te pagaré el portazgo. «El principio de la salud es tener conciencia del pecado». Me parece admirable este dicho de Epicuro; pues quien ignora que peca no quiere ser corregido; es preciso que te descubras culpable antes de que te enmiendes. Algunos se jactan de sus vicios; ¿piensas tú que se preocupan del remedio quienes cuentan sus males por virtudes? Por eso mismo, repréndete a ti mismo tanto como puedas; investiga sobre ti; cumple primero el oficio de acusador, luego el de juez y finalmente el de defensor; y sanciónate alguna que otra vez. Ten salud.

Desdén de la opinión del vulgo

Reconozco a mi Lucilio; empieza a mostrarse como se prometió. Prosigue en aquel ímpetu del ánimo con el cual, pisando los bienes vulgares, caminabas hacia los bienes superiores. No te deseo nada mayor ni mejor de lo que tú aspirabas a ser. Tus cimientos ocupaban mucho espacio; termina todo cuanto te esforzaste en empezar y pon en obra todos los designios de tu alma. A la postre serás sabio si cierras los oídos, para lo cual no basta la cera, sino que es necesario un tapón más duro que el que nos cuentan que usó Ulises con sus compañeros. Aquella voz que él temía era seductora, pero no llegaba desde todos lados; pero esta, que tienes que temer, no suena desde un escollo, sino desde todas las partes de la tierra. Pasa de largo, pues, no solo por un lugar sospechoso por las amenazas de los deleites, sino por todas las ciudades. Muéstrate sordo a los que más amas. Con buena intención te desean el mal. Si quieres ser dichoso, ruega a los dioses que no te acontezca algo de lo que tus amigos te desean. No son bienes los que estos quieren acumular en ti; solo un bien hay, que es causa y fundamento de la vida bienaventurada: la confianza en sí mismo. Esto no puede alcanzarse a menos de menospreciar la fatiga y teniéndola en el rango de aquellas cosas que no son ni buenas ni malas. No puede ser que una cosa sea ahora buena y ahora mala, ahora blanda y llevadera, ahora insufrible y temerosa. La fatiga no es un bien. ¿Qué es, pues, el bien? El desdén de la fatiga. Por lo cual, en vano culparé a los fatigados; cuanto más se afanen y menos permitan ser vencidos y que les permitan tomar aliento, yo los aprobaré y los aclamaré: «¡Tanto mejor, levántate y respira, y si puedes asciende este cerro de una vez!». El trabajo alimenta los ánimos generosos. No hay cosa que debas escoger del voto antiguo de tus padres, ni querer que te suceda, ni que puedas desear; y no es apropiado que un varón perfecto canse a los dioses. ¿Qué necesidad tienes de ruegos? Lo conseguirás si entiendes que son bienes aquellos con los que la virtud está mezclada y males aquellos con los que va aliada la malicia. De la misma manera que sin la mezcla de la luz nada es resplandeciente, ni nada oscuro que no contenga tinieblas o atraiga alguna sombra, y de la misma forma que sin intervención del fuego nada es cálido, y nada hay frío sin aire, así hace lo honesto y lo torpe la compañía de la virtud o de la maldad. ¿Qué es, pues, el bien? La ciencia de las cosas. ¿Qué es el mal? La ignorancia de ellas. El varón prudente y sagaz conocerá la sazón en que ha de elegirlas o apartarlas; pero ni teme lo que repele ni admira lo que escoge, si ya tiene el ánimo grande e invencible. Te prohíbo el desfallecimiento y la depresión; poco es no recusar el trabajo; exígele. «¿Entonces qué? —dices—. ¿El trabajo frívolo y sin fruto, y el inspirado por causas innobles, no es malo?». No es más malo que el que se emplea en cosas nobles, porque siempre es igual la paciencia del alma que se exhorta a lo duro y a lo áspero, y dice: «¿Por qué cejas?». No es de varón fuerte temer el sudor. Lléguese a lo uno y a lo otro para que la virtud sea perfecta y la medida y el compás de la vida igualmente se armonicen en todo, lo cual no puede ser si no concurren ciencia y arte, que dan a conocer las cosas humanas y divinas. Este es el bien supremo, el cual, si lo alcanzases, empezarías a ser compañero de los dioses, no pedigüeño suyo. «¿Cómo se llega a eso?», me preguntas. No por la montaña Penina o Grayana ni por los desiertos de Caudavia, ni has de pasar las Sirtes ni Escila o Caribdis, cuyos peligros atravesaste al precio de un modesto empleo de procurador. Camino es seguro y agradable aquel para el cual la naturaleza te dispuso. Te dio ella aquello con lo que, si no lo descuidas, te elevarás a la misma altura que Dios. Pero igual a Dios no te hará el dinero; Dios ninguno tiene. Ni la excusa pomposa: Dios está desnudo. Ni la fama ni su propia ostentación ni la noticia de tu nombre derramada por los pueblos; nadie conoce a Dios, muchos piensan mal de Él, impunemente, por cierto. Ni la multitud de los criados que llevan tu litera por las calles de la ciudad y los caminos peregrinos; Dios, grande y poderosísimo, Él mismo lleva todo. Ni la hermosura ni las fuerzas te pueden hacer bienaventurado; ninguna cosa de estas deja de padecer vejez. Has de buscar lo que cada día no se haga peor; que no pueda topar con obstáculo. ¿Qué es esto? El alma; pero el alma recta, buena, grande, la cual ¿cómo la llamarás sino diciendo que es Dios, huésped en cuerpo humano? Esta alma puede habitar en un caballero romano, en un liberto, en un esclavo. Porque ¿qué es un caballero romano, un liberto, un esclavo? Nada más que nombres nacidos de la ambición o de la injusticia. Puede ascenderse al cielo desde un rincón. ¡Arriba, pues, y «hazte a ti mismo digno de Dios»! Te harás digno de Él no con oro ni con plata. No se puede con esos materiales hacer imagen semejante a Dios. Acuérdate de que, cuando los dioses nos eran propicios, eran de barro. Ten salud.

Ventajas de la quietud y menosprecio de la muerte

Exhorta a tu amigo a desoír valerosamente a aquellos que lo calumnian por haber buscado la sombra y el reposo, por haber renunciado a su dignidad y porque, habiendo podido conseguir más, amó el retiro sobre todas las cosas, y muéstrales cada día con cuánto provecho ha llevado su propósito. Los personajes envidiados no dejarán de pasar; unos serán aplastados, otros caerán. Es cosa inquietante la prosperidad; se atormenta ella misma; trastorna el entendimiento y no de una única manera; excita en cada uno diversas pasiones; en unos la ambición del poder, en otros la lujuria; hincha a los unos, deshincha a los otros y a todos los enerva. «Pero hay quien la lleva bien». Sí, como el vino. Así que no hay razón para que te dejes persuadir por aquellos que dicen que es feliz quien sufre el asedio de muchos: acuden a él como a un estanque para agotarlo y enturbiarlo. «Lo llaman frívolo y perezoso». Ya sabes que hay algunos que hablan al revés y dicen lo contrario de lo que quieren decir. Feliz, lo llamaban; pero ¿lo era? Tampoco me preocupa que a algunos parezca un espíritu demasiado adusto y ceñudo. Aristón decía que él prefería a un adolescente melancólico que a uno alegre y afable con la multitud; que añejándose se hacía bueno el vino, que cuando era nuevo parecía desabrido y áspero; que no soporta la bodega el caldo que ya agradó en la cuba. Deja que lo llamen triste y enemigo de sus propias conveniencias. Esa tristeza le sentará bien cuando sea viejo, mientras persevere en cultivar la virtud, en empaparse de estudios liberales, no de aquellos con los que solo basta un leve barniz, sino con aquellos otros en que es menester que se macere el espíritu. Este es el tiempo de aprender. «¿Entonces qué? ¿Hay algo que no deba aprenderse?». De ninguna manera; pero, así como es honesto estudiar a cualquier edad, no lo es ser enseñado en todas. Es torpe y ridículo un viejo aprendiendo las primeras letras. Hay que adquirir la habilidad de joven para practicar de viejo. Harías, pues, algo muy beneficioso para ti si te convirtieras en el mejor posible. Los mejores beneficios así por hacer como por desear, los que indudablemente son de primer orden, son aquellos que tanto aprovecha darlos como recibirlos. En suma, a ese joven ya no le queda ninguna libertad; dio su palabra y es menos vergonzoso fallar a un acreedor que a una promesa de virtud. Para pagar una deuda metálica, el comerciante necesita una navegación próspera; el labrador, la fertilidad del suelo que cultiva y el favor del cielo; y nuestro amigo, en cambio, puede satisfacer su deuda nada más que con su voluntad. La fortuna no tiene derecho sobre la vida moral. Ordene él de tal manera sus costumbres, a fin de que con la mayor de las tranquilidades llegue a la perfección su alma, pero manteniendo la misma disposición en cualquier emergencia. Si en ella se amontonan los bienes vulgares, por encima de todos ellos emerge; y, si el hado le quita uno de ellos o todos, no sufre por ese menoscabo. Si él hubiera nacido en la Partia, desde niño tenderá el arco; si en la Germania, su brazo infantil blandirá la lanza; si hubiese vivido en el tiempo de nuestros abuelos, habría aprendido a cabalgar y a cargar de cerca contra el enemigo. Esto aconseja e impone a cada uno el sistema educativo de su propia nación. ¿Qué es, pues, lo que él ha de estudiar? Aquello que defiende contra todo género de proyectiles, contra toda clase de enemigos, a saber: el desprecio de la muerte, que nadie duda que tiene algo de terrible, que repugna al amor de sí mismo en que la naturaleza formó a nuestras almas; porque no sería necesario entonces prepararnos y animarnos para un trance al cual iríamos por una suerte de instinto, semejante al que lleva a todos a la propia conservación. Nadie aprende, por si el día de mañana fuera preciso, a resignarse a dormir en un lecho de rosas, sino que se endurece y curte para no rendir su lealtad ante los tormentos, y, si fuera menester, para vigilar de pie y herido en la trinchera y no apoyarse ni siquiera en una lanza, porque el sueño acostumbra a invadir a los que se apoyan en algún soporte. La muerte no trae consigo ninguna molestia, puesto que es preciso existir para sentir alguna. Y, si tanto es tu anhelo de una vida larga, piensa que ninguna de aquellas cosas que desaparecen de los ojos y retornan al seno de la naturaleza de donde salieron y de donde volverán a salir se consume del todo; dejan de ser esas cosas, pero no perecen, y la muerte, que tanto tememos y rehusamos, interrumpe la vida, no la quita. Volverá el día que nos restituirá a la luz, que muchos rehusarían, si no devolviese a desmemoriados. Más tarde explicaré con mayor detenimiento cómo todo lo que parece morir no hace sino cambiar. Debe partir con buen ánimo quien tiene que regresar. Observa el giro de las cosas que recomienzan el camino andado. Nada verás en este mundo que se extinga, sino que todo sucesivamente se abate y se incorpora. El verano se fue, pero otro año lo devolverá; cayó el invierno, pero nos lo restituirán sus meses propios; la noche abruma al sol, pero muy pronto el día la ahuyentará. La procesión de los astros vuelve a pasar por los mismos lugares por donde discurrió; incesantemente, una parte del cielo se eleva y otra se sumerge. Acabaré, por fin, añadiendo esta única observación, a saber: que ni los niños ni los locos temen la muerte, y es algo muy feo que la razón no nos preste esa seguridad a la que conduce la estupidez. Ten salud.

Ventajas de la medianía

Los comentarios que deseas, ordenados con diligencia y reducidos a poco espacio, yo los compondré; pero date cuenta de que no es más provechoso el sistema que ahora vulgarmente se llama breviario y que antaño, cuando hablábamos latín, se llamaba sumario. El primer sistema es más indicado para el que aprende; el segundo, para el que ya sabe, pues aquel enseña y este recuerda. Mas ambos te los proporcionaré; pero tú no me preguntes por el autor de esto o de aquello; quien necesita presentación es un desconocido. Escribiré, pues, lo que quieres, pero a mi modo; entretanto, tienes muchos autores cuyos escritos no sé si están convenientemente ordenados. Toma en tu mano el catálogo de los filósofos; eso te hará despertar al ver cómo muchos fueron los que trabajaron por ti. Desearás tú también ser uno de ellos, porque el generoso pecho tiene esa cualidad óptima de apasionarse por las cosas honestas; el aspecto de las cosas grandes le atrae y le exalta. Así como la llama se yergue toda derecha y no se puede abatir ni deprimir ni mantenerse quieta, así nuestra alma está siempre en movimiento, tanto más movible y activa cuanto más vehemente. Feliz es quien tomó tal ímpetu hacia lo mejor. Se colocará fuera de la jurisdicción y del dominio de la fortuna; templará las prosperidades, quebrantará las adversidades y menospreciará aquellas cosas que son admirables para los otros. Es propio de un alma grande despreciar lo grande y preferir la suerte mediana a la excesiva. La medianía es útil y práctica; mas la demasía en los bienes es nociva en su superficialidad. Así las espigas demasiado prietas doblan el tallo; así las ramas se quiebran bajo el peso de los frutos; así no llega a sazón la madurez excesiva. Esto mismo acontece a las almas a quienes rompe una prosperidad desmesurada que usan no tanto en perjuicio ajeno como en el propio. ¿Qué enemigo hubo jamás tan dañino como lo son para algunos sus deleites? Su destemplanza y su antojo insano no tienen más disculpa, sino que expían lo mismo que hicieron. Y no sin razón les perjudica esta furia, porque la codicia que excede la medida natural no puede menos de tener exorbitantes exigencias. El comedimiento posee su límite; los deseos quiméricos que son hijos de la pasión no tienen freno. La necesidad se gradúa por la utilidad; la superficialidad, ¿a qué la reducirías? Así es que se sumergen en los deleites, de los cuales, convertidos en costumbre, no pueden carecer, y por eso son los más miserables del mundo, por haber llegado a tener por necesarias aquellas cosas que antes les fueron superfluas. Son esclavos de los placeres; no los gozan y aman su propia desdicha, que es el último y mayor de los males. Y ciertamente el colmo de la infelicidad es no solo deleitarse en las cosas vergonzosas, sino complacerse en ellas; y cuando los que fueron vicios son ya costumbres no queda lugar para el remedio. Ten salud.

El dios interior

Es bueno y para ti saludable si, como me escribes, perseveras en ir camino de la cordura, que fuera necedad pedirla pudiendo alcanzarla por ti mismo. No se han de levantar las manos al cielo ni rogar al custodio del templo que nos admita para hablar al oído de una estatua como si pudiéramos ser escuchados mejor. Dios está cerca de ti, está contigo, está dentro de ti. Sí, Lucilio; un sagrado espíritu habita dentro de nosotros, observador de nuestros males y guardián de nuestros bienes, el cual nos trata así como lo tratamos nosotros. No hay hombre bueno sin Dios. ¿Por ventura puede alguno elevarse sobre la fortuna si Él ni lo ayudara? Él da consejos magníficos y rectos; en cualquiera de los hombres buenos habita Dios: qué Dios, es cosa incierta. Si se atraviesa en tu camino un bosque poblado de árboles añejos, cuyas copas se elevan excesivamente sobre la altura ordinaria, y con la densidad de sus ramas enmarañadas esconde a tu vista el cielo, aquella grandeza de la selva, lo arcano del lugar y la admiración de la sombra tan densa y continua en pleno día, testifica a tus ojos alguna divinidad. Y, si alguna sima con peñascos completamente erosionados por el tiempo suspende en su concavidad un antro montañoso, no hecho por la mano del hombre, sino excavado por agentes naturales en una bóveda gigantesca, impresionará tu ánimo con una suerte de religioso presentimiento. Veneramos las fuentes iniciales de los grandes ríos; el súbito nacimiento de un vasto manantial que emerge de misteriosas profundidades es honrado con aras; se reverencian las fuentes de agua caliente, y a ciertas lagunas las hizo sagradas su tenebrosa opacidad y su profundidad inmensa. Si ves a un hombre intrépido en los peligros, entre los apetitos intacto, entre las adversidades feliz, entre las tempestades apacible, que contempla a los hombres desde un lugar superior y desde un lugar igual al de los dioses, ¿no sentirás impulso de venerarlo? ¿No dirás: tal espíritu es mayor y excelso para que pueda considerárselo proporcionado respecto al cuerpo que lo alberga? Fuerza divina bajó a él; un poder divino mueve a esa alma excelente, moderada, que pasa por todo con desprecio, que se ríe de aquello que tememos y de lo que deseamos. No puede algo tan grande mantenerse sin asistencia soberana; por lo cual la mayor parte de él radica allá de donde vino. No de otra suerte que los rayos del sol tocan la tierra, ciertamente, pero se quedan allí desde donde son enviados; así el alma grande y sagrada, enviada acá abajo para que conociésemos más de cerca algunas cosas divinas, cierto es que conversa con nosotros, pero se mantiene adherida a su origen; de allí pende, allí mira y se afirma, y, como un ser que es mejor, interviene en nuestras cosas. ¿Cuál es, pues, esta alma? La que no se funda sino en el bien propio. ¿Qué hay más necio que alabar en el hombre lo ajeno? ¿Quién hay más loco que el que admira bienes que en un momento pueden pasar a otro? No hace mejor al caballo el freno de oro. No salta de igual manera en el circo el león de greña dorada, domado y acostumbrado a la molestia de las guarniciones, que el león salvaje, con todo el vigor de su instinto virgen. Este, con el ímpetu formidable, como quiso la naturaleza

que fuese, hermoso de puro fiero, de quien el horror es decoro, que sin temor no puede mirarse, es preferible al lánguido y
enjoyado. Nadie se ha de gloriar sino de sus cosas propias. Ala-
bamos la vid si carga de fruto los sarmientos; si con el peso de
los racimos que produjo derriba las estacas que la sustentan.
¿Acaso alguien preferirá una vid de la cual colgasen uvas de oro
y pámpanos de oro? En la vid, la fertilidad es su propia virtud;
de la misma manera en el hombre debe alabarse lo que es suyo.
Tiene hermosa familia y casa magnífica; siembra mucho, acarrea
mucho; nada de eso está en él mismo, sino cerca de él. Alaba
en él lo que no se le puede quitar ni se le puede dar, aquello que
es propio del hombre. ¿Preguntas qué es? El alma, y, en el alma,
la perfecta razón. Animal racional es el hombre y, por ende, el
bien suyo llega a la perfección cuando cumple aquello para lo
que nació. ¿Qué es, pues, lo que esta razón le pide? Algo muy
fácil: vivir según su naturaleza. Pero la locura común lo torna
difícil. Unos a otros nos empujamos en los vicios. ¿Y cómo
pueden restituir la salud aquellos a los que nadie detiene y el
pueblo empuja? Ten salud.

Hay que vivir a la vista de todo el mundo

¿Preguntas cómo me llegó esta noticia? ¿Quién me dijo que pensabas lo que a nadie dijiste? Ese sabelotodo, el rumor. «¿Entonces qué? —dirás—. ¿Tan importante soy que puedo alimentar un rumor?». No es razonable que te midas mirando a esta ciudad, sino aquella en la que habitas. Quien sobresale entre sus vecinos grande es entre ellos. La grandeza no tiene medida fija; la comparación la alza o la rebaja. El batel que es grande en el río es chico en el mar; el timón que es grande en un navío es pequeño en otro. Tú, ahora en la provincia, aunque te desprecies a ti mismo, grande eres; se pregunta y se sabe qué haces, cómo cenas, cómo duermes; por eso has de vivir con más cuidado. Considérate dichoso cuando puedas vivir en público; cuando tus paredes te alberguen, pero no te escondan, de las cuales pensamos hartas veces que nos encierran no por vivir más enmendados, sino para pecar más ocultos. Una cosa te diré por la cual podrás juzgar nuestras costumbres: apenas hallarás alguno que pueda vivir con la puerta abierta. Ha sido nuestra conciencia y no nuestra soberbia la que puso porteros; de tal manera vivimos que ser sorprendidos es hallarnos cogidos en falta. ¿Cómo beneficia esconderse y evitar los ojos y las orejas de los hombres? La buena conciencia apela a la gente; la mala, aun en la soledad, se muestra acongojada y solícita. Si es honesto lo que haces, que todos lo sepan; si es torpe, ¿de qué sirve que no lo sepa alguno si tú lo sabes? ¡Oh, miserable, si desprecias este testigo! Ten salud.

La auténtica nobleza es la virtud

Otra vez te haces de menos y dices que primero se mostró maligna contigo la naturaleza, después la fortuna, siendo así que puedes substraerte del vulgo y elevarte a la máxima felicidad posible para un hombre. Si alguna otra cosa hay buena en la filosofía es que no atiende a genealogías. Todos los hombres, si se considera su primer origen, descienden de Dios. Eres caballero romano; y a esta jerarquía te promovió tu talento; mas, a fe mía, para muchos están cerradas sus filas. No a todos admite el Senado; la milicia escoge escrupulosamente a los que ha de enrolar para la fatiga y el peligro. La sabiduría, en cambio, está patente en todos; ante ella, todos somos nobles. No rechaza a ninguno la filosofía ni lo escoge; para todos resplandece. Sócrates no fue patricio; Cleantes fue aguador y alquiló sus manos para regar un huerto; la filosofía hizo noble a Platón, no lo recibió noble. ¿Por qué razón desesperas de poder igualarte con estos? Todos ellos son tus antepasados si te haces digno de que lo sean; y te harás digno si te persuades desde luego de que nadie te aventaja en nobleza. Igual es el número de los que a todos nos preceden; de nadie absolutamente narra la memoria el primer origen. Afirma Platón que ningún rey deja de ser descendiente de esclavos, y ningún esclavo, de reyes. Larga variación mezcló todo eso y la fortuna barajó lo de arriba con lo de abajo.

¿Quién es el noble? El que recibió de la naturaleza una buena disposición para la virtud. Esto es solo lo que ha de atenderse; de otra manera, si a la antigüedad de todos ha de atenderse, data de aquel tiempo antes del cual nada hay. Desde el primer origen del mundo hasta hoy hemos discurrido alternativamente por generaciones ilustres y viles. No es el atrio, poblado de bustos ennegrecidos, lo que hace noble; nadie vivió para nuestra gloria, y lo que antes de nosotros fue no es nuestro. El alma es la que hace noble; ella puede alzarse sobre la fortuna desde cualquier condición. Imagina, pues, que no eres un caballero romano, sino un liberto simplemente; puedes conseguir ser tú solo libre de hecho entre los libres de nacimiento. Dirás: «¿De qué manera?». Si disciernes el bien del mal, y no al dictado del pueblo. No ha de mirarse de las gentes de dónde vienen, sino adónde van. Si hay algo que pueda hacer la vida bienaventurada, aquello por sí mismo es bueno porque no puede depravarse y degenerar en malo. ¿Qué es, pues, aquello en lo que yerran los hombres si todos desean la vida bienaventurada? En que toman por ella misma los medios para lograrla y mientras la buscan se les escapa. Porque, como la suma de la vida bienaventurada es la seguridad absoluta y la confianza inquebrantable, buscan causas de desasosiego y por el insidioso camino de la vida no solo llevan la carga, sino que la arrastran. Y por esto siempre se apartan del mismo objetivo que buscan y, cuanto mayor esfuerzo hacen, tanto más se entorpecen y vuelven atrás. Lo mismo acontece a los ansiosos que recorren un laberinto: la propia velocidad los desvía. Ten salud.

Hay que tratar a los esclavos con humanidad

Con sumo agrado he sido informado, por los que vienen de donde vives tú, de que convives familiarmente con tus esclavos: esto concuerda con tu prudencia; esto, con tu cultura. «Son esclavos». Pero también hombres. «Son esclavos». Pero viven bajo el mismo techo. «Son esclavos». Pero también humildes amigos. «Son esclavos». Son siervos como nosotros, si consideras que igual poder que en ellos tiene sobre nosotros la fortuna. Por eso me río de aquellos que consideran humillante cenar con su esclavo. ¿Y por qué, sino porque una orgullosísima costumbre impuso que en torno a la mesa del dueño se mantuviese de pie una gran multitud de esclavos? Fulano come más de lo que puede ingerir, y con avidez insaciable apesadumbra su vientre distendido y olvidado ya del oficio propio del vientre, para vomitar después los manjares con mayor trabajo que con el que los ingirió. Y, en cambio, a los infelices esclavos ni siquiera les está permitido menear los labios aunque sea para hablar. La vara reprime todo murmullo, y ni siquiera están exentos de azotaina los ruidos reflejos como la tos, el estornudo, el hipo; con sanción rigurosa se castiga la interrupción del silencio por sonido alguno; toda la noche la pasan en ayuno y mudos. Así resulta que hablan del dueño aquellos a quienes está vedado hablar en presencia del dueño. Aquellos, en cambio, que no solo hablaban delante del dueño, sino que hablaban con el dueño, aquellos a quienes no cosían la boca, estaban dispuestos a ofrecer su cuello por el señor y a desviar sobre su propia cabeza un peligro inminente; hablaban en la mesa, pero callaban en el cadalso. Además de esto, existe un proverbio dictado por esa misma arrogancia que dice que tantos son los enemigos cuantos son los esclavos. No, no los tenemos a los tales como enemigos; nos los hacemos. Dejo a un lado otras crueldades, otros tratamientos inhumanos como el abusar de ellos no ya como hombres, sino como bestias; como también el que, cuando nos reclinamos para cenar, el uno limpie los esputos, el otro recoja de debajo la mesa el vómito de los borrachos. El otro trincha las aves de gran precio; por las pechugas y por los muslos, con seguro corte, lleva su diestra mano experta; los parte en porciones, hombre desventurado que solo sirve para ese único cometido de cortar las aves con destreza, si es que no es más sinventura quien enseña ese oficio por avidez de placer que el que lo aprende por necesidad. El otro, escanciador del vino, ambiguamente vestido de mujer, lucha contra su edad; no puede salir de la niñez; se le retiene en ella a la fuerza y, llegado ya a la talla militar, lampiño por obra de la navaja o por radical depilación, pasa la noche de claro en claro, entre la embriaguez y la lascivia del señor, para ser varón en la cama y adolescente en el convite. Otro a quien está encargada la censura de los convidados se mantiene en pie, el infeliz, y observa a quienes la adulación o la intemperancia de la gula o de la lengua les permitirá ser convidados al otro día. Añade a estos los proveedores, finos conocedores del paladar del señor, que saben qué sabor le excita el apetito, qué vistas le deleitan, con qué novedad puede entonar su desgana, qué es lo que lo hastía de pura saciedad, qué es lo que apetece aquel día. Cenar con estos no lo resiste y cree que disminuye su autoridad si se acerca a la mesa con su esclavo. ¡Oh, los dioses nos asistan! ¡A cuántos de estos los tiene por señores! Yo vi de pie, ante el dintel de Calisto, a su antiguo dueño; yo lo vi, y el que le hizo poner el rótulo de vendible, el que lo había lanzado entre los esclavos de desecho, mientras otros entraban, era excluido; así le devolvió el trato aquel esclavo relegado a la primera decuria en la cual el pregonero pone a prueba su voz; ahora le tocaba a él su vez rehusarlo y considerarlo indigno de su casa. El dueño vendió a Calisto; pero cuántas cosas no hizo pagar Calisto al dueño. Anímate a pensar que este a quien llamas tu esclavo ha nacido de la misma semilla que tú, goza del mismo cielo, respira de la misma forma, vive y muere como tú. Tanto puedes tú verlo libre a él como él a ti verte esclavo. Cuando tuvo lugar la derrota de Mario, la fortuna derrocó a muchos a quienes la dignidad militar hacía augurar la senatorial; y a uno lo hizo pastor y a otro guardián de una cabaña; desprecia ahora tú al hombre de aquella condición a la cual puedes pasar mientras lo desprecias. No me quiero extender demasiado y disertar sobre el uso de los esclavos para con los cuales somos muy soberbios, muy crueles, muy ofensivos. Con todo, aquí tienes el resumen de mi doctrina: vive de tal manera con el inferior como quisieras que el superior viviera contigo. Siempre que te venga a la mente lo que puedes hacer con tu esclavo, que te venga a la mente también que otro tanto puede hacer tu señor contigo. «Pero yo —dices— no tengo ningún señor». Estás en una edad buena; acaso lo tendrás. ¿No sabes tal vez a qué edad comenzó Hécuba a servir, a qué edad

Creso, a qué edad la madre de Darío, a qué edad Platón, a qué
edad Diógenes? Vive con el esclavo con clemencia, hasta con
afabilidad; admítelo en la conversación, en el consejo, en la
mesa. En este punto protestará a voz en grito toda la turba de
los melindrosos relamidos: «Nada tan bajo como esto, nada
más vergonzoso». A esos mismos yo los sorprenderé besando
a sus esclavos. ¿Y no veis siquiera que nuestros mayores qui-
taron toda odiosidad al dominio, todo deshonor a la esclavitud? Al señor lo llamaron padre de familia; a los esclavos los
llamaron familiares, cosa que aún pervive en las representaciones mímicas. Instituyeron un día de fiesta que no fuese el
único, pero sí señalado, entre aquellos en que los señores co-
miesen con los esclavos; les permitieron disfrutar de honores
dentro de la casa, administrar en ella la justicia, y consideraron
la casa como una pequeña república. «¿Entonces qué? ¿Aceptaré a todos mis esclavos a mi mesa?». Igual que a todos los
hombres libres. Yerras si piensas que voy a rechazar a algunos
de oficio más sórdido, como son el acemilero y el vaquerizo;
no los apreciaré por el oficio, sino por las costumbres. Cada
cual se da a sí las costumbres; las tareas las distribuye el azar.
Cenen algunos contigo, porque lo merecen; algunos, para que
lo merezcan; porque, si de algún fallo servil los contaminó la
convivencia con gente grosera, lo borrará el comercio con la gente más noble. No es razonable, querido Lucilio, que vayas a
buscar a tu amigo solamente en el foro y en el Senado; si atentamente lo consideras, también los hallarás en tu casa. A menudo un buen material se pierde por falta de artista que lo
trabaje; inténtalo y prueba. Así como es necio quien teniendo
que comprar un caballo no examina el caballo, sino los jaeces
y los frenos, así es necio sobre toda consideración el que esti-

ma al hombre por el vestido o por la condición social que a guisa de vestido llevamos encima. «Es esclavo». Pero acaso libre de espíritu. «Es esclavo». ¿Eso le va a perjudicar? Muéstrame un hombre que no lo sea. El uno sirve a la lujuria, el otro a la avaricia, el otro a la ambición y todos a una al miedo. Yo te enseñaré a un varón consular esclavo de una vieja; yo te presentaré a un hombre rico sirviendo a una criada; yo te mostraré jóvenes del más alto abolengo esclavizados por criados de pantomima. No hay servidumbre peor que la voluntaria. Por ende, no hay razón alguna para que estos melindrosos te retraigan de mostrarte risueño con los criados y no superior y soberbio. Que te respeten y que no te teman. Alguien dirá que ahora estoy haciendo un llamamiento a los esclavos para que recobren su libertad y derrocando a los señores de su encumbramiento porque he dicho que respeten al señor y que no lo teman. «¿Así pues, es menester que lo respeten como clientes o como visitantes?», dirá. Quien esto diga olvida que no es poco para los señores lo que a Dios es suficiente. Quien es respetado también es amado; amor y temor no pueden mezclarse. Juzgo, pues, que haces muy bien en no querer ser temido por tus esclavos; en no usar más castigo que la amonestación. Solo se enmienda con azotes a las bestias. No todo lo que nos ofende nos daña; pero nuestras costumbres voluptuosas nos empujan a la ira de tal manera que lo que no se aviene con nuestra voluntad despierta la cólera. Llevamos un rey dentro del cuerpo; pues los reyes, olvidándose tanto de sus fuerzas como de la flaqueza ajena, se encienden hasta tal punto, hasta tal punto se encrudecen, como si realmente hubiesen recibido una injuria, siendo así que su grandeza los guarda con seguridad de todo peligro. Y no es que lo ignoren, sino que en su queja buscan la ocasión de dañar: insisten en que recibieron injuria con tal de provocarla. No quiero entretenerte más, pues no tienes necesidad de exhortación. Las buenas costumbres, entre otras, tienen esta ventaja: la de su propia complacencia y de su perseverancia; tornadiza es la malicia y cambia con frecuencia, no por mejorar, sino por mudar. Ten salud.

Deberes de la amistad

A la carta que me escribiste yendo de viaje, tan larga como el mismo viaje, contestaré más tarde; debo retirarme y pensar muy bien lo que he de aconsejarte; pues tú mismo, que me consultas, pensaste mucho tiempo si debías hacerlo; cuánto más lo debo hacer yo, pues se necesita un tiempo más largo para resolver una consulta que para formularla. Y mayormente siendo tu conveniencia diferente de la mía. ¿Estoy hablando otra vez como epicúreo? Mi interés y el tuyo son el mismo, porque yo no sería amigo tuyo si todo lo que a ti te atañe no fuese mío a la vez. La amistad crea entre nosotros una comunidad de bienes; ninguna adversidad ni prosperidad afecta por separado a cada uno de nosotros, puesto que vivimos en común. No es posible que nadie viva feliz si no se mira más que a sí mismo y lo refiere todo a su propia utilidad; si quieres vivir para ti es necesario que vivas para otro. La observancia diligente y fiel de este compañerismo que a nosotros, hombres, nos relaciona con los otros hombres y establece un derecho común en el género humano contribuye en gran manera a fomentar la íntima asociación de amistad de la que te hablaba, pues todas las cosas tendrá comunes con el amigo quien tiene muchas con el hombre. Esto, ¡oh, Lucilio!, el mejor de los hombres, quisiera que me enseñaran esos maestros sutiles, a saber: mis deberes para con el amigo, para con el hombre, y no en cuántos sentidos se emplea la palabra «amigo» y cuántos significados tiene la voz «hombre». La sabiduría y la necedad siguen caminos divergentes; ¿a cuál me acercaré? ¿A qué partido me mandas que vaya? Para el uno, hombre equivale a amigo; para el otro, amigo no es equivalente a hombre; aquel toma el amigo para sí; el otro se acomoda al amigo. Tú, mientras tanto, vas retorciendo el sentido de las palabras y descoyuntando sílabas. A menos que ideara premisas capciosas y, mediante deducciones falsas, les añadiera una falacia que surja de la verdad, no podría distinguir las cosas deseables de las que se deben evitar. Me causa apuro que en algo tan serio los ancianos juguemos todavía. «*Mur* es una sílaba; pero el *mur* roe el queso; luego la sílaba muerde el queso». Imagínate que yo no puedo resolver este sofisma: ¿qué peligro me amenaza por esta ignorancia? ¿Qué perjuicio? Tendré que andar con tiento para no atrapar sílabas en la ratonera, o, si me descuido, que el libro se me coma el queso. A menos que no sea más sutil este otro silogismo: «*Mur* es una sílaba; es así que la sílaba no roe el queso, luego el *mur* no roe el queso». ¡Oh, bagatelas infantiles! ¿Para eso fruncimos el ceño? ¿Para eso nos dejamos crecer la barba? ¿Es esto lo que enseñamos, pálidos y huraños? ¿Quieres saber lo que la filosofía promete al género humano? El consejo. Al uno le reclama la muerte, al otro la pobreza lo consume, las riquezas propias o ajenas atormentan a un tercero; a aquel le horroriza el infortunio; este se quiere sustraer a la prosperidad; este se halla en desgracia con los hombres; este otro, con los dioses. ¿Qué tengo yo que ver con estas naderías? No es hora de donaires; los miserables te reclaman. Prometiste llevar socorro a los náufragos, a los presos, a los enfermos, a los menesterosos, a los que tendieron su cuello al hacha levantada; ¿por dónde te escabulles?, ¿qué haces? Ese con quien te diviertes vive con temor; socórrelo, y quítale la soga que lleva en torno al cuello. De todos lados tienden sus manos hacia ti todos cuyas vidas han sido destrozadas o están en riesgo de hacerlo, e imploran de ti algún auxilio; en ti tienen su esperanza y su valimiento. Te ruegan que los saques de tan gran inquietud; dispersos y errantes piden que les muestres la clara lumbre de la verdad. Diles qué es lo que la naturaleza hizo necesario y qué cosa hizo superflua, cuán fáciles son las leyes que dictó, cuán agradable es la vida y cuán libre para aquellos que siguen estas leyes y cuán amarga y complicada para quienes creyeron más en la opinión que en la naturaleza. Consideraría tus juegos de lógica de cierta utilidad para aliviar los males de los hombres si primero me demostraras qué parte de sus males aliviarán. ¿Qué hay que disminuya sus codicias? ¿Qué las templa? Deleitara al cielo que vuestros sofismas solo fuesen inútiles. Es que son perjudiciales. Yo, cuando tú quieras, te demostraré hasta la evidencia que el talento más generoso, entregándose a estas argucias, mengua y se extenúa. Vergüenza da decir qué armas proporcionan y cómo preparan a los que han de luchar contra la fortuna. ¿Por aquí se va al bien supremo? ¿Por esta cavilación del «si sí o si no» y por las argucias viles e infames aun para los expositores de los edictos? ¿Qué otra cosa hacéis cuando a sabiendas lleváis a engaño a aquel a quien interrogáis para dar a entender que se perdió por defecto de forma? Pero, así como el pretor devuelve a aquellos a la integridad de su situación, a estos lo hace la filosofía. ¿Por qué os desentendéis de vuestras promesas magníficas y, después de haberos comprometido con palabras grandiosas a que ni el brillo del oro ni de la espada deslumbraría mis ojos, que con gran firmeza y constancia hollaría aquello que todos desean y aquello que todos temen, os rebajáis a los elementos gramaticales? ¿Qué decís? «¿Así se sube a los astros?» Eso es, efectivamente, lo que me promete la filosofía: hacerme igual a Dios; a eso fui invitado, a ello vine; filosofía, ¡cumple lo prometido! Desembarázate; pues, de estas objeciones y prescripciones de los filósofos; las cosas abiertas y simples convienen a la bondad. Aunque tuviéramos una gran reserva de edad, debiéramos administrarla con economía, para que cubriese las necesarias. ¿Qué locura es aprender cosas superfluas con tal estrechez de tiempo? Ten salud.

La vida es breve

Sin duda, querido Lucilio, es hombre indolente y olvidadizo aquel a quien la vista de algún país lo lleva al recuerdo de un amigo; y, con todo, los lugares que nos fueron familiares con él despiertan la añoranza adormilada en nuestro ánimo y no dejan que su memoria se extinga, sino que la avivan si estaba mortecina, bien así como el duelo por un difunto, aunque mitigado por el tiempo, lo renuevan su esclavo favorito o su vestido o su casa. He aquí cómo la Campania y, sobre todo, la vista de Nápoles o de tu Pompeya me han renovado increíblemente y refrescado la añoranza de ti; todo tú estás delante de mis ojos. Más que nada evoco la despedida; te veo arrasado en lágrimas e impotente para resistir la emoción que estalla al intentar en vano reprimirla. Me parece que te he perdido ahora mismo, pues ¿qué cosa no se verifica ahora mismo, en el momento que la recuerdas? Ahora mismo asistía, de niño, a la escuela del filósofo Sotión; ahora mismo empezaba a llevar pleitos; ahora mismo desistí de llevarlos. Infinita es la velocidad del tiempo, más visible aún para los que miran hacia atrás. Engaña a los que lo miran presente; hasta tal punto es imperceptible el paso de su fuga precipitada. ¿Me preguntas la causa de ello? Todo el tiempo que pasó está en el mismo lugar; se le ve todo unido; yace todo de una vez; todo él cayó en el mismo abismo. Además, no pueden ser largos los intervalos en una cosa que es toda breve. Un punto es el tiempo en que vivimos, y todavía menos que un punto, y aun de esta cosa mínima la naturaleza se burló con la apariencia de un largo espacio; de un pedazo hizo la infancia; de otro, la niñez; de otro, la juventud; de otro, el declive que va de la juventud a la vejez; del último, la misma vejez. A un espacio tan breve, ¡cuántos grados le puso! No hace mucho que te despedía, y no obstante este «no hace mucho» es una buena parte de nuestra vida, cuya brevedad pensamos que ha de terminar algún día. No solía parecerme tan veloz el tiempo, que me resulta ahora de una fugacidad increíble, sea porque siento que se me acerca la recta final, sea porque he comenzado a darme cuenta de mis pérdidas y a contarlas. Y por eso me indigno tanto más de que algunos malgasten en cosas superfluas la mayor parte de un tiempo que aun ahorrado con la mayor usura no puede bastar para las cosas necesarias. Dice Cicerón que, aunque se le doblase la duración de la vida, no tendría tiempo para leer a los poetas líricos; en la misma cuenta pon a los dialécticos, que son más ignorantes. Aquellos desatinan deliberadamente; estos creen que están haciendo algo. Yo no digo que no se les haya de tener en consideración, pero nada más que mirar y saludarlos desde el umbral con el único objeto de que no nos engañen y creamos que existe en ellos algún gran y secreto tesoro. ¿Por qué te torturas y reflexionas tanto en un problema que es más sensato desdeñar que resolver? Propio del que anda seguro y viaja cómodamente es ir en busca de naderías; pero, cuando el enemigo empuja y el soldado tiene orden de avanzar, la necesidad desbarata todo lo que había acarreado una paz ociosa. No tengo tiempo de cazar anfibologías y ejercitar en ellas mi agudeza:

«Mira cómo los pueblos se juntan y cómo los encerrados dentro de murallas aguzan sus armas en las puertas el hierro».

Con grandeza de alma debe ser oído este estrépito de guerra que resuena en torno a mí. Por loco me tomarían todos, y con razón, si mientras ancianos y mujeres amontonasen bloques para fortificar los muros; mientras la juventud armada puertas adentro, esperase o pidiese la orden de salir; si, mientras los dardos hostiles se hincaran vibrando en las puertas y retumbara el suelo, por perforaciones de minas y de pasadizos subterráneos, yo estuviera sentado ociosamente y plantease problemas minúsculos como este: «Lo que no perdiste lo tienes; es así que no perdiste los cuernos», luego tienes cuernos, y otras delirantes agudezas de este mismo estilo. Por eso debo de parecerte igualmente loco si a ello dedico ahora mi trabajo; también ahora estoy sitiado. No obstante, entonces los riesgos del asedio me amenazarían desde fuera y una muralla me separaría del enemigo. Pero ahora todo lo mortífero está dentro de mí. No tengo tiempo para estas tonterías: un gran negocio llevo entre manos. ¿Qué haré? La muerte me acecha; la vida huye de mí. Enséñame algo contra estos males. Haz que yo no huya de la muerte y que la vida no me huya. Anímame contra las dificultades; ármame de ecuanimidad contra los males que son inevitables; ensancha los límites de mi tiempo. Enséñame que el bien de la vida no consiste en su extensión sino en su uso; que puede suceder, más aún, que sucede con muchísima frecuencia, que quien largamente vivió haya vivido poco. Dime cuando voy a dormir: «Puede que no despiertes». Dime cuando me haya despertado: «Es posible que no duermas más». Dime cuando salga: «Puede que no vuelvas». Dime cuando vuelva: «Puede que no salgas». Te equivocas si piensas que solo al ir embarcado es cuando hay una diferencia mínima entre la vida y la muerte; en todo lugar es igualmente mínima la distancia. No siempre la muerte se evidencia tan próxima; pero en todas partes está cercana igualmente. Disipa estas tinieblas y me enseñarás más fácilmente las lecciones para las que estoy preparado. La naturaleza nos dio capacidad de aprender y una razón imperfecta pero capaz de perfeccionarse. Diserta conmigo acerca de la justicia, de la piedad, de la frugalidad, de ambas castidades, tanto de la que se abstiene del cuerpo ajeno como de la que respeta el propio. Si no quieres conducirme por desvíos, llegaré más fácilmente al término que pretendo. Porque, como dice aquel trágico: «La palabra de la verdad es simple» y por eso es menester no complicarla, porque no hay nada que menos convenga a las almas consagradas a un alto empeño como esa sutil astucia. Ten salud.

No conocemos nuestros defectos

He recibido tu carta muchos meses después de que me la enviaste; así que he creído inútil preguntar a quien me la trajo qué hacías. Buena memoria tendrá si se acuerda, aunque confío en que ya vives de tal manera que dondequiera que estés sé lo que haces. Porque ¿qué otra cosa haces sino mejorarte cada día, enmendar alguno de tus errores e ir comprendiendo que son tuyos los defectos que imputas a las cosas? Porque a veces atribuimos a las circunstancias de lugar y de tiempo algunos de aquellos defectos que adondequiera que vayamos nos han de seguir. Ya sabes que en mi casa quedó como carga hereditaria Harpaste, la sirvienta lela que tenía mi mujer. Yo siento una profunda aversión a esa clase de engendros; si alguna vez quiero divertirme con un bobo no tengo que ir a buscarlo muy lejos: me río de mí mismo. Esa mujer, inesperadamente, ha perdido la vista; te cuento algo increíble pero verdadero: ignora que esté ciega, y continuamente ruega a su lazarillo que la cambie de aposento porque dice que la casa está oscura. Eso que en ella nos hace reír, no dudes que nos sucede a todos nosotros: nadie se persuade de que es avaro, de que es codicioso. Como todos los ciegos buscan quien los guíe, nosotros, sin guía, andamos a tientas y decimos: «No, yo no soy ambicioso, pero en Roma nadie puede vivir de otra manera; yo no soy derrochador, pero la ciudad exige grandes gastos. No es culpa mía si soy irascible y si todavía llevo una vida disoluta: es cosa de la juventud». ¿Por qué nos engañamos? No es extrínseco nuestro mal; está dentro de nosotros; en las mismas entrañas reside, y por eso con dificultad llegamos a la salud, porque ignoramos nuestra dolencia. Si en este momento empezáramos a curarnos, ¿cuándo nos sacudiríamos la virulencia de tantas enfermedades? Pero ahora ni siquiera buscamos al médico, quien tendría menos trabajo si se aplicase a un mal reciente; y las almas tiernas e inexpertas lo seguirían al mostrar él cuál es el recto camino. Nadie vuelve a la naturaleza con dificultad, sino el que se desvió de ella, porque nos avergonzamos de aprender a ser virtuosos. Pero, a fe mía, si es algo vergonzoso buscar maestro en este propósito, no hay que esperar que este bien nos venga llovido del cielo; en ello hemos de trabajar, y, para decir la verdad, el trabajo no es demasiado siempre que, como ya dije, empezamos a formar y a corregir nuestra alma antes de que se endurezca en la maldad. Pero ni aun en caso difícil desespero; nada hay que no conquiste un trabajo pertinaz e intenso y un incansable celo. Los robles más torcidos se pueden enderezar; el calor rectificará las vigas que se encorvaron y las cosas que inicialmente tienen otra forma toman la que conviene a nuestra utilidad; cuánto más fácilmente se plegará a una nueva forma el alma que es flexible y más dócil que fluido alguno. Porque ¿qué otra cosa es el alma si no un estado determinado del aire? Y tú ya ves que el aire es más dúctil que cualquier otra materia cuanto mayor es su delgadez. No ha de impedirte, querido Lucilio, que tengas una buena esperanza en nosotros el hecho de que ya nos tenga cogidos la malicia y que ya hace tiempo que nos haya poseído. No hay nadie que posea la virtud antes que el vicio. El mal de todos nos hizo suyos por anticipado: aprender las virtudes es desaprender los vicios. Y con tanta mayor grandeza de ánimo hemos de aplicarnos a nuestra corrección, cuanto que el bien, una vez adquirido, se posee perpetuamente y la virtud no se olvida nunca. Las cosas contrarias arraigan mal en un sujeto extraño a ellas; y por eso pueden ser repelidas y expulsadas; y en cambio se asientan firmemente las que caen en el lugar apropiado. La virtud es conforme a la naturaleza; los vicios le son enemigos y funestos. Pero, así como las virtudes adquiridas no pueden irse y es fácil su custodia, así será arduo el comienzo del camino que a ellas conduce porque es propio de un alma débil y enferma tener miedo de aquello a los que no estamos acostumbrados; por tanto, hay que forzarla para que empiece. Por otra parte, no es una medicina amarga; pues desde el momento en que se cura ya deleita. Los otros remedios causan placer después de la salud recobrada; mas la filosofía es a la vez saludable y dulce. Ten salud.

De la morada digna del sabio

Cada cual hace lo que puede, mi querido Lucilio: tú tienes ahí el Etna, esa alta y nobilísima montaña de Sicilia, que no me explico por qué Mesala o Valgio, pues lo he leído en ambos, la llamaron «única» siendo muchos los lugares que vomitan fuego; no ya los elevados exclusivamente, cosa que acontece con mayor frecuencia, puesto que el fuego tiende a lo alto; sino también lugares llanos; nosotros, hasta el punto que podemos, nos contentamos con Bayas, que abandoné al día siguiente de haber llegado, lugar que ha de evitarse porque, aunque posee ciertas ventajas naturales, la lujuria lo escogió para sus fiestas. «¿Entonces qué? ¿Hay que declarar la guerra a algún lugar?». De ninguna manera; pero, así como un vestido determinado conviene más que otro a un varón sabio y honesto, y a pesar de que no odia ningún color, pero considera que alguno no es el más indicado para quien profesa frugalidad, así también hay países de los cuales se apartará el varón sabio o aspirante a la sabiduría, al ser incompatibles con las buenas costumbres. Por tanto, si piensa en un lugar retirado, jamás escogerá Canopo, aunque Canopo a nadie impida ser sabio, y tampoco Bayas; pues ambos han empezado a ser hostal y albergue de vicios. Allí la lujuria se permite mucho, y, como si fuera algo que conviene al lugar, se le da rienda suelta. Debemos elegir un sitio saludable no solo para el cuerpo, sino también para las costumbres; así como no quisiera habitar entre verdugos, tampoco lo querría entre tabernas. ¿Qué necesidad hay de ver gente beoda tambaleándose por las playas, y las comilonas de los navegantes y el estanque que retumba de conciertos y otros desórdenes que la lujuria, como al margen de toda ley, no solamente comete, sino que pregona? Hemos de hacer todo lo posible para apartarnos lo máximo de todo cuanto promueva nuestros vicios; hay que endurecer el espíritu y alejarlo mucho de las seducciones del placer. Un solo invierno debilitó a Aníbal; y a quien no habían domado las nieves ni los Alpes lo enervaron las delicias de Campania; vencedor por las armas, fue vencido por los vicios. También nosotros tenemos que luchar y por cierto que en un género de milicia en el cual nunca hay reposo y tampoco ocio; hay que abatir en primer lugar los placeres que, como ves, se llevaron consigo incluso a los más recios espíritus. Quien pondere la grandeza del trabajo que emprendió, verá que no se ha de permitir ninguna delicadeza ni debilidad. ¿Qué tengo yo que ver con esos estanques de aguas cálidas? ¿Qué con estos sudatorios, en los cuales se introduce el aire seco que agota el cuerpo? Todo sudor sea fruto del trabajo. Si hiciéramos lo que hizo Aníbal; si, interrumpiendo el curso de las cosas y dejando aparte la guerra, nos consagrásemos al cuidado del cuerpo, no habría quien no reprendiese, y con razón, como peligrosa la desidia, intempestiva después de la victoria, pero imperdonable en el curso de la pelea. Nos conviene menos a nosotros que a los seguidores de las banderas púnicas; mayor peligro tienen los que ceden; mayor trabajo que los que no cejan en su empeño. La fortuna lidia conmigo; yo no he de hacer lo que ella me mande; no acepto su yugo o, mejor, lo que requiere mayor esfuerzo, yo me lo sacudo. No hay que ablandar el espíritu; si cediera al placer, tendría que ceder al dolor, tendría que ceder al trabajo, tendría que ceder a la pobreza; la ambición y la ira me dominarán; entre tantas pasiones sería extorsionado o, mejor, sería despedazado. La libertad se nos propone como galardón; por él se trabaja. ¿Preguntas qué es la libertad? No ser esclavo de ninguna cosa, de ninguna necesidad, de ningún azar; reducir la fortuna a términos de equidad; el día que yo entienda que puedo más que ella, no podrá nada. ¿Y la soportaré entonces, teniendo la muerte en mi mano? A quien estas consideraciones preocupen le conviene elegir un lugar serio y honesto. Afemina el espíritu el exceso de amenidad, y no hay duda de que el país contribuye más o menos a aflojar el vigor. Resisten cualquier camino los animales cuya pezuña se endureció por sendas ásperas; las que engordaron en dehesas suaves y palustres, muy pronto las tienen gastadas. El soldado más fuerte procede de lugares montañosos; flojo es el nacido y criado en Roma. Labor ninguna rehúsan las manos que del arado pasan a las armas; mas al primer choque desfallece el perfumado y el acicalado. Un ambiente severo confiere firmeza al carácter, y lo torna apto para los grandes empeños. Con mayor dignidad estaba Escipión desterrado en Literno que en Bayas; a su caída no convenía un sitio tan afeminado. Incluso aquellos a quienes la fortuna dio primero el poder público del pueblo de Roma, como Cayo Mario, Gneo Pompeyo y César, construyeron quintas en la región de Bayas, pero las colocaron en los picos de las montañas: les parecía más militar contemplar desde un alto mirador el espacio de sus anchos dominios. Repara en qué sitio eligieron y qué construcciones elevaron, y verás que más que quintas eran castillos. ¿Crees tú que Catón habría habitado bajo techos resplandecientes para contar desde allí a las parejas adúlteras que se han embarcado y toda clase de barcas pintadas de diversos colores, y el estanque moteado de pétalos de rosa; para oír los conciertos nocturnos de los cantantes? ¿Acaso no hubiera preferido permanecer en una empalizada que hubiese levantado con sus propias manos para usarla una sola noche. ¿Quién que fuese hombre no preferirá que su sueño sea roto por un clarín que por una sinfonía? Pero ya hemos litigado lo bastante contra Bayas, aunque no contra los vicios, por lo que yo te ruego, Lucilio mío, que prosigas la contienda sin medida y sin término, puesto que estos tampoco tienen término ni medida. Echa todas aquellas cosas que destrozan tu corazón, y, si de otra manera no pueden arrancarse, arráncate con ellas el corazón y todo. Destierra principalmente los deleites y profésales un odio mortal; al modo de los ladrones que los egipcios llaman *filetas*, si nos abrazan es para estrangularnos. Ten salud.

Séneca sufre un ataque de disnea

Una tregua larga me había dado mi mala salud; pero volvió a embestirme de repente. «¿Con qué clase de enfermedad?», me preguntas. Y no sin razón lo haces, puesto que ninguna de ellas me es desconocida. Sin embargo, a una nací casi destinado, la cual no sé por qué he de nombrarla con su apelativo griego, pues con bastante precisión se puede llamar *suspiro* (asma). Su ataque es breve y semejante a una brusca tempestad; dura su crisis una hora; ¿quién tarda más en expirar? Todas las incomodidades del cuerpo y todos sus peligros han pasado por mí; ninguno me parece tan molesto. ¿Por qué? Lo demás, fuere lo que fuese, es enfermar; esto es entregar el alma. Por eso los médicos llaman a este accidente «preparación para la muerte», porque finalmente el asma llega a hacer lo que intentó tantas veces. ¿Crees que te escribo esto alegre porque lo superé? Si me deleitara con ello como si tuviera buena salud, obraría tan ridículamente como aquel que piensa que ganó porque aplazó el día señalado para el pleito. Mas yo en la misma falta de respiración no cesé de aquietarme con pensamientos alegres y fuertes. «¿Qué es esto? —me decía—. ¿Por qué la muerte me pone a prueba tantas veces?». Puede hacerlo, porque yo también tiempo hace que la experimento. «¿Cuándo?», me preguntas. Antes de que naciera. No ser es la muerte. En qué consiste eso ya lo sé; después de mí será lo que antes de mí fue. Si en ello hubiera algo de tormento, seguramente también lo habría antes de que naciésemos a esta luz; y, de verdad, entonces ninguna vejación sentimos. Te ruego que me digas si no tendrías por muy necio al que creyera que a una lámpara le va peor después de apagada que antes de encendida. Nosotros así nos encendemos y apagamos; padecemos algo en el intermedio, pero en ambos extremos se halla una profunda impasibilidad. En esto erramos, si no me engaño, mi querido Lucilio, cuando pensamos que la muerte viene a continuación, siendo así que la precedió y que la seguirá. Todo lo que fue antes de nosotros es muerte. ¿Qué diferencia hay entre no empezar y dejar de ser, cuando el efecto de una cosa y otra es no ser? Con estas y otras exhortaciones mudas, puesto que no había lugar para las palabras, no dejé de hablarme a mí mismo. Después poco a poco aquel *suspiro*, que ya había empezado a ser jadeo, tuvo lugar a mayores intervalos y se retardó y se detuvo. Ni aun ahora que me ha dejado la respiración me sale natural, pues siento algún impedimento y lentitud. Sea como quiera, mientras la angustia no me salga del alma. Acepta de mí esta seguridad: no temblaré en mi hora última; preparado estoy ya; no cuento ni con un día entero. Tú admira y alaba a quien no le duele el morir, cuando le es útil la vida. ¿Qué valor tiene salir cuando te arrojan? Y, con todo, en mí hay valor. Me echan, es verdad; mas salgo como si yo me fuera por mi propio gusto. Por eso al sabio nunca se le echa, porque echar a alguien es expulsarlo de aquel lugar de donde se aparta a su pesar. El sabio nada hace a su pesar. Él escapa a la necesidad porque quiere lo mismo que ella lo forzará a hacer. Ten salud.

Penuria de la lengua filosófica latina

Nunca había tenido la evidencia hasta hoy de cuánta es la pobreza de nuestra lengua o, mejor, de cuánta es su penuria. Se me han ocurrido mil cosas, hablando incidentalmente de Platón, que necesitaban de nombre y no lo tenían; y otras que, habiéndolo tenido, lo perdieron por desgana nuestra. ¿Quién tolerará desgana en la penuria? Aquella mosca que llamaron «estro» los griegos, que acosa a las manadas y las dispersa por dehesas y sotos, la llamaron los nuestros «asilo». Tienes que creerlo, leyendo a Virgilio: «Hay cerca de los bosques del Sílaro y del Alburno verdeante de carrascas, copiosísimo, un incesto alado, cuyo nombre romano es "asilo", y traduciéndolo los griegos lo han llamado "estro". Es cruel y vuela con sordo zumbido y de él huyen con espanto los rebaños».

Creo que claramente se da a entender que este vocablo se ha perdido. Por no entretenerte demasiado, estuvieron en uso ciertas expresiones breves, como «resolver con el hierro una querella» (*cernere ferro inter se*). Te lo demuestra el mismo Virgilio: «Héroes gigantescos nacidos en distintas regiones del mundo chocaban entre sí y se combatían a hierro».

Ahora decimos *decernere*; se ha perdido el uso del verbo simple. Decían los antiguos *si iusso*, esto es, *si iussero*. En este punto no quiero que me des crédito a mí, sino a Virgilio:

«El otro pelotón lleve las armas adonde yo mandaré (*qua iusso*)».

No multiplico estas citas con la intención de demostrarte cuánto tiempo se me ha ido con el gramático, sino porque por ellas entiendas cuántas voces herrumbrosas hay en Ennio y en Accio, cuando en Virgilio, que cada día es estudiado, hallamos algunas ya sustraídas del uso corriente. «¿Qué significa —me preguntas— este preludio? ¿Adónde va a parar?». No te lo ocultaré; deseo, si es posible, con perdón de tus oídos, decir la palabra «esencia»; de todas maneras, la diré aun cuando ellos se irriten. Admito, como autoridad de este vocablo, a Cicerón, que es tan rico, según pienso; si buscas a un autor más reciente; ahí está Fabiano, elocuente y elegante, de brillante estilo, aun para nuestro gusto fatigado. Porque ¿qué se puede hacer, mi querido Lucilio? ¿Cómo se dirá *ousia*, a saber, la cosa necesaria, la naturaleza que contiene el fundamento de toda cosa? Te ruego, por tanto, que me permitas usar este vocablo. No obstante, me esforzaré por usar el derecho que me has concedido con suma moderación; acaso me contente con la sola licencia de usarlo. ¿De qué me servirá tu fácil concesión no pudiendo de ningún modo expresar esta idea en latín, por cuya penuria hice reproches a esta lengua? Condenarás más aún esta escasez romana cuando sepas que hay una sílaba que no puedo traducir. «¿Cuál es ella?», me preguntas. *Tò on*. Te debo de parecer lerdo de ingenio, pues todo el mundo sabe que puede traducirse diciendo «aquello que es». Pero yo creo que hay una gran diferencia; me veo obligado a poner un verbo por un nombre; pero, si no hay otro recurso, pondré «aquello que es». Un amigo nuestro, hombre de mucha erudición, decía hoy que Platón dividía «aquello que es» en seis clases; todas te las expondré cuando te explique que una cosa es

el género y otra la especie. Ahora buscamos aquel primer género del cual dependen las otras especies, del cual nace toda división y en el cual la universalidad de las cosas está comprendida.
Y daremos con él si comenzamos a retroceder y a buscar en él
su ser primitivo; así, retrocediendo, llegaremos al primero.
Hombre es especie, como dice Aristóteles; caballo es especie,
perro es especie. Luego hay que buscar un vínculo común que
los abarque a todos y los incluya. ¿Y ese cuál es? El animal. He
aquí, pues, que animal ha comenzado a ser el género de todas
aquellas especies que hace poco menté: hombre, caballo, perro.
Pero existen ciertas cosas que tienen alma y no son animales.
Admitida opinión es que en las plantas y en los arbustos hay
alma, y por ello decimos que viven y que mueren. Por tanto, los
seres animados ocuparán un lugar superior, puesto que en esta
categoría entran los animales y los vegetales. Pero hay ciertas
cosas que carecen de alma, como las piedras; habrá, pues, algo
más antiguo que los seres animados, a saber, el cuerpo. Lo di-
vidiré diciendo que todos los cuerpos son animados o inanima-
dos. Todavía hay una relación anterior a la corporal, puesto que
decimos que hay seres corpóreos y seres incorpóreos. ¿Cuál
será, pues, el género de donde se derivan? Aquel al cual acaba-
mos de imponer un nombre no muy apropiado: «aquello que
es». Y así se le dividirá en especies, y diremos: «aquello que es»,
o es corporal o es incorporal. Este es, pues, el género primero y
más antiguo y, por decirlo así, general; los otros géneros son
géneros ciertamente, pero especiales de la manera en que hombre es género. Porque el hombre incluye las especies de pueblos
griegos, romanos, partos; los diferentes colores, blancos, negros,
rubios; las individualidades, Catón, Cicerón, Lucrecio. Así que,
en tanto que contiene muchas cosas, es género; en tanto que es

contenido en uno, es especie. El género universal: aquello que es, nada tiene encima de sí; es el principio de todas las cosas; todas dependen de él. Los estoicos le quieren añadir por encima todavía otro género más principal, del que hablaré después, tras haber demostrado que aquel género del que hablaba con razón se pone como el primero, porque todas las cosas contiene en su capacidad. «Aquello que es» se divide en las especies en corpóreo e incorpóreo: no hay tercero. ¿Cómo se divide el cuerpo? Diciendo: animado o inanimado. Además de esto, ¿cómo divido el género animado? Diciendo: algunos tienen alma, otros no tienen más que vida; o también así: algunos tienen movimiento espontáneo; caminan, van de un lado para otro; otros están fijos en el suelo por las raíces que los alimentan y los hacen crecer. Más aún, ¿en qué especies divido los animales? O son mortales, o son inmortales. Algunos estoicos opinan que el primer género es *quid* (algo); aclararé por qué opinan así. «En la naturaleza —dicen—, algunas cosas son, algunas otras no son; y, aun a estas que no son, las abarca la naturaleza, acuden a nuestro pensamiento, como los centauros, los gigantes y todos los engendros de una falsa fantasía, que adquirieron alguna forma, aunque no tengan sustancia». Vuelvo ahora a lo que te prometí, a saber, de qué manera Platón divide todo lo existente en seis clases. La primera es «aquello que es», que no es perceptible ni por la vista, ni por el tacto, ni por ningún otro sentido: solo intelectualmente. Aquello que es de una manera general, como el hombre genérico, no cae bajo el dominio de los ojos; pero sí lo especial, como Cicerón, como Catón. El animal no se ve, se imagina. Lo que se ve son especies suyas, como el caballo, el perro. La segunda clase de las cosas que existen, dice Platón, es lo que domina y puja sobre todas las cosas: esto que dice él existe por excelencia. «Poeta» es una denominación común, pues es privativa de todos los que hacen versos; pero entre los griegos se aplica a uno solo: cuando oigas decir «poeta», entiende Homero. ¿Cuál es este ser por excelencia? Es Dios, más grande y poderoso que todos. La tercera clase es la de aquellos seres que existen propiamente, los cuales son innumerables, pero están situados fuera de nuestro horizonte visible. «¿Cuáles son?», me preguntas. Estos son propiedad particular de Platón: llámalas «ideas», de las cuales están hechas todas las cosas que vemos y a cuya imagen se forman todas. Ellas son inmortales, inmutables, inviolables. Escucha lo que es la idea, o lo que le parece a Platón que es: «La idea es el ejemplar eterno de las cosas que hace la naturaleza». Añadiré a la definición la interpretación para que lo tengas más claro. Si yo quiero hacer tu retrato, dispongo de ti como modelo para la pintura; así nuestro espíritu toma los rasgos para ponerlos en su obra; por tanto, el rostro que me enseña e instruye, del cual saco la copia, es la idea. Tales ejemplares los tiene la naturaleza en número infinito en hombres, peces, árboles, según los cuales son formados todos los seres que ella ha de crear. El cuarto lugar lo ocupa el *idos*. ¿Qué es el *idos*? Es necesario que atiendas con suma atención y atribuyas a Platón, no a mí, la dificultad de entenderlo; mas sin dificultad no hay sutileza. Poco antes utilizaba la imagen del pintor; este, queriendo trasladar a Virgilio al lienzo y expresarlo en colores, lo miraba de hito en hito. El rostro de Virgilio era la idea, el tema de la obra futura. Lo que el artista saca de ella y pone en la obra es el *idos*. ¿Me preguntarás en qué se diferencia la idea del *idos*? La una es el ejemplar, el otro es la forma sacada del ejemplar e impuesta en la obra; la una es imitada y el otro es la realización del artista. Una estatua tiene cierta figura: esta es el *idos*. El mismo ejemplar tiene cierta figura a cuya contemplación el artista modeló la obra: esa es la idea. Si todavía deseas otra distinción, el *idos* está en la obra; la idea, fuera de la obra, y no tan solo fuera de la obra, sino que es anterior a la obra. La quinta clase es la de aquellos seres que tienen una existencia común; estos comienzan a pertenecernos a nosotros; aquí están todos: hombres, animales, cosas. La sexta clase es la de aquellos seres que casi existen, por ejemplo, el vacío, el tiempo. Todas las cosas que vemos y tocamos, Platón no las cuenta entre las cosas que él cree que propiamente existen; porque están fluctuando constantemente y experimentan siempre disminución y aumento. Ninguno de nosotros es igual en la vejez de como fue en la juventud; ninguno de nosotros es igual el día de mañana que el día de ayer. Nuestros cuerpos son llevados a manera de los ríos. Todo lo que ves corre con el tiempo; ninguna de las cosas que vemos permanece; yo mismo, mientras voy diciendo que estas cosas cambian, ya he cambiado. Es aquello que dice Heráclito: «Bajamos dos veces al mismo río, pero ya no es el mismo». Permanece el mismo nombre del río, pero el agua ya se fue. Esto en un río es más visible que en el hombre, pero no es menos rápida la corriente que nos arrebata, y por ello no me canso de nuestra locura de amar tanto esa cosa tan fugaz que es el tiempo, y de temer que algún día nos muramos, siendo así que todo momento que pasa es la muerte de nuestra condición anterior. No temas, pues, que suceda una vez lo que tiene lugar cada día. Al hombre me he referido, materia deleznable y caduca y expuesta a toda suerte de contingencias; hasta el mismo mundo, cosa eterna e invencible, cambia y no permanece siempre igual. Porque, aunque contenga todas las cosas, las que tuvo ahora las tiene de otra manera a como las poseyó; cambia su orden. «¿De qué se servirá esta sutileza?», me preguntas. Puesto que me lo preguntas te diré que de nada; pero, así como el cincelador aparta y distrae la vista que tras largo tiempo está atenta y fatigada, y, como suele decirse, la recrea, así también nosotros debemos relajar de tanto en tanto el espíritu y rehacerlo con determinadas distracciones y pasatiempos. Pero que estos mismos pasatiempos sean obras de las cuales; si bien lo miras, podrás obtener algún efecto saludable. Esto es, querido Lucilio, lo que yo suelo hacer; de todo conocimiento, por más apartado que esté de la filosofía, me esfuerzo en sacar algún provecho y hacerlo útil. ¿Qué hay más lejos de la reforma de las costumbres que estas cosas de que hemos tratado? ¿Cómo pueden hacerme mejor las ideas platónicas? ¿Qué obtendré de ellas que reprima mis pasiones? Al menos esto, a saber: que todas estas cosas que sirven a los sentidos, que nos encienden y nos irritan, sean al menos del número de las que existen de verdad. Son, pues, imaginarias y temporalmente presentan alguna apariencia; pero nada hay en ellas que sea permanente y sólido; no obstante, nosotros las deseamos como si siempre hubiesen de durar o las hubiéramos de poseer siempre. Flojos y perecederos como somos, nos detenemos en bienes huidizos; elevemos el espíritu hacia aquellas cosas que son eternas. Admiremos volando por las alturas las formas de todas las cosas y a Dios moviéndose entre ellas y haciendo con su providencia que aquellas cosas que no pudo crear inmortales, porque la materia no lo consentía, se libren de la muerte, venciendo con la razón la deficiencia del cuerpo. Perduran todas las cosas no porque sean eternas, sino porque las defiende la vigilancia de quien las gobierna. Si fueran inmortales, no tendrían necesidad de defensa. Las conserva su hacedor, venciendo con su fuerza la fragilidad de la materia. Menospreciemos aquellas cosas que no solamente carecen de valor, sino que aun es dudoso que existan. Y meditemos simultáneamente que, si la providencia exime de peligros a este mundo, que es no menos mortal que nosotros, también con nuestras previsiones podemos por algún tiempo más prolongar la duración de este miserable cuerpo, si conseguimos moderar y reprimir los placeres, por los que perece la mayoría de los hombres. El mismo Platón prorrogó su vida hasta la senectud con gran diligencia. Cierto es que tuvo la suerte de poseer un cuerpo robusto y fuerte y le dio nombre la anchura de su tórax, mas los viajes marítimos y los peligros habían quebrantado mucho sus fuerzas. No obstante, su sobriedad y la mesura y el comedimiento al alimentarse lo llevaron a la vejez, a pesar de las muchas causas que obraban en contra. Porque pienso que ya sabes que Platón, gracias a su diligencia, acertó a morir el día de su natalicio, tras haber cumplido ochenta y un años, sin un día menos. Por eso unos magos que por azar se encontraban en Atenas ofrecieron sacrificios al difunto, entendiendo que era de una condición más que humana, porque había consumado el número perfectísimo producido por el nueve multiplicado nueve veces. Yo no dudo de que estaba dispuesto a restar algunos días de esta suma y a hacer de balde el sacrificio. Puede la frugalidad prolongar la vejez, la cual, aunque no la creo apetecible, tampoco la creo rehusable. Es agradable estar consigo mismo el mayor tiempo posible, cuando uno se ha hecho una compañía digna de que gozar; por eso ahora decidiremos si conviene desdeñar los últimos años de la vejez y no esperar su natural desenlace o adelantarse por su propia mano. Muy cercano está del que teme la muerte el que la espera cobardemente, así como es sin mesura aficionado al vino quien agota el ánfora, apurando el sedimento. Sin embargo, averiguaremos si la última vejez es el sedimento o bien la parte más vaporosa y pura, si el alma no está dañada ni el cuerpo lisiado ni muerto antes de hora, pues es de gran importancia saber si uno prolonga la vida o la muerte. Y, si el cuerpo es incapaz de hacer sus funciones, ¿por qué no se ha de librar al alma de agobios? Y aun acaso tendrá que hacerse antes de lo debido, no sea que cuando debas hacerlo no puedas. Y, siendo mayor el peligro de vivir mal que de morir pronto, necio es quien por el exiguo precio de unos pocos días no se exime del riesgo. La vejez muy avanzada lleva a muy pocos a la muerte sin achaques; muchos yacen yertos en una vida baldía sin haber hecho uso de sí mismos; ¿cuánto más cruel no juzgas haber perdido un poco de vida que el derecho de acabarla? No te pese oírme, como si ya te afectase este consejo, y considera lo que digo: no repudiaré la vejez si me reserva íntegro para mí, intacto en mi parte mejor; pero, si empieza a perturbar mi entendimiento, a arrancarme pedazos de él, si no me deja la vida, sino solo la respiración, saltaré de este edificio podrido y ruinoso. No huiré con la muerte de una enfermedad mientras sea curable y no dañe a mi espíritu; no me violentaré con las manos a causa del dolor; morir así es ser vencido. Pero, si conociese que lo he de sufrir perpetuamente, me iré, no por él, sino porque sería un estorbo para todo aquello para lo cual vale la pena vivir la vida. Débil y cobarde es quien muere porque sufre; necio quien vive para sufrir. Pero ya me estoy extendiendo demasiado; a este tema podría dedicarle un día entero. ¿Y cómo podría poner fin a su vida quien no se lo puede poner a una carta? Ten salud, pues; despedida que leerás con más gusto que mis reflexiones fúnebres. Ten salud.

Moderación en el duelo

Me pesa que haya muerto tu amigo Flaco, pero no quiero que tú sientas más dolor de lo debido. Apenas osaré exigirte que no sientas dolor, por más que sé que sería mejor. Pero ¿a quién corresponderá esta firmeza de espíritu sino a quien ya está muy elevado por encima de la fortuna? También a él esta pena le punzará, pero solo le punzará. Mas a nosotros se nos puede perdonar cuando prorrumpimos en llanto, si no corrieron demasiado las lágrimas, si las reprimimos. En la pérdida del amigo que no estén secos nuestros ojos y tampoco que inunden de lágrimas el suelo: tenemos que lagrimear, no llorar. ¿Te parece que te impongo una ley dura, cuando el máximo poeta griego concedió el derecho de llorar limitándolo a un día, diciendo que aun la misma Níobe pensó en alimentarse? «¿De dónde vienen —me preguntas— las lamentaciones, de dónde los llantos inmoderados?». De que tomamos las lágrimas por demostraciones del sentimiento y no vamos resignados detrás del duelo, sino que hacemos ostentación de él. Nadie está triste para sí solo. ¡Oh, necedad infeliz! También el duelo tiene su vanidad. «¿Entonces qué? —me preguntas—. ¿Me olvidaré del amigo?». Breve recuerdo le prometes si ha de durar lo que dure tu dolor. Cualquier circunstancia del azar volverá risueña esta cara triste. No me refiero a un tiempo largo que dulcifique toda añoranza y calme los duelos más difíciles. Tan pronto como dejes de observarte, desaparecerá ese fantasma de la tristeza; ahora tú mismo eres el custodio de tu dolor; pero aun para el mismo que lo guarda se calma también; y ello tanto más pronto cuanto más vivo sea. Esforcémonos para que el recuerdo de los seres que perdimos se nos vuelva apacible y alegre. Nadie vuelve con gusto a aquello que no ha de pensar sin congoja; no, no puede ser que oigamos el nombre de los seres queridos que perdimos sin sentir una mordedura en el corazón; pero también esta mordedura tiene su miel. Pues como acostumbraba a decir nuestro Átalo, «la memoria de nuestros amigos difuntos es agradable, a la manera en que ciertas manzanas tienen una sabrosa acidez; o como en el vino muy añejo la misma aspereza es agradable; mas, cuando pasó algún tiempo, toda angustia se extingue y el placer inmaterial hace en nosotros su morada». Si le creemos, «pensar en los amigos vivos es saborear miel y buñuelos; mas la evocación de los que fueron mezcla en su dulzura cierta acritud». Y ¿quién negará que estas cosas agrias y que tienen algún desabrimiento estimulan el estómago? Yo no soy de ese parecer; a mí el pensamiento de mis amigos difuntos me resulta dulce y florido; pues los tuve como quien los ha de perder; los perdí como si todavía los tuviese. Haz, pues, mi querido Lucilio, lo que conviene a tu ecuanimidad; acaba de interpretar injustamente el beneficio de la fortuna; es cierto que te lo quitó; pero antes te lo había dado. Por tanto, gocemos intensamente de los amigos, porque no sabemos por cuánto tiempo hemos de tener esta suerte. Pensemos cuántas veces los despedimos porque debíamos hacer un largo viaje; y con cuánta frecuencia, morando en el mismo lugar, dejamos de verlos, y nos daremos cuenta de que con los amigos vivos también perdimos la mayor parte del tiempo. ¿Soportarías a esos hombres que, habiéndose portado con los amigos con suma negligencia, los lloran desesperadamente y no aman a nadie sino después de haberlo perdido? Por eso entonces lloran más profusamente, porque temen que se dude de si los amaron de veras: póstumas muestras buscan de su afecto. Si tenemos otros amigos los ofendemos y subestimamos su cariño puesto que nos sirven poco para consolarnos de la muerte de uno; si no los tenemos, ofensa mayor nos infligimos a nosotros mismos que la que nos infligió la fortuna: esta nos quitó a uno y nosotros perdimos a todos aquellos amigos que no nos ganamos. Por otra parte, no amó a un amigo demasiado quien no pudo amar a más de uno. ¿No te parecería necio de remate aquel que, habiendo perdido la túnica, prefiriese lamentarse inútilmente a pensar cómo puede evitar el frío y hallar algún trapo con que cubrir sus hombros? Enterraste a quien amabas; busca a quien ames. Más vale sustituir al amigo que llorarle. Sé que lo que voy a decir es cosa trillada, pero, no porque todos lo digan, dejaré de decirlo yo: el fin del luto, quien no lo ha logrado con su voluntad, lo hallará con el tiempo. Pero es vergonzoso para el hombre prudente que el remedio del duelo sea el cansancio del duelo. Nuestros mayores fijaron un año de luto a las mujeres; no porque llorasen todo aquel tiempo, sino porque no llorasen más; pero para los varones no hay fecha señalada por la ley, porque no hay plazo alguno que sea decoroso. ¿Y a cuál de aquellas damas lloronas me nombrarás, apenas separadas de la pira, apenas arrancadas del cadáver, cuyas lágrimas durasen un mes entero? Nada hay que tan rápidamente se vuelva repulsivo como el dolor, el cual, siendo reciente, encuentra quien lo conforte y se rodea de un cortejo de afligidos; mas, cuando es crónico, provoca las burlas y con razón, pues o es fingido o es necio. Y soy yo quien te escribo esto, yo, que lloré tan inmoderadamente a mi entrañabilísimo Anneo Sereno, que, pese a que es lo que menos pretendía, pude ser ejemplo de aquellos que fueron anonadados por el dolor. Mas ahora repruebo mi conducta y comprendo que la causa principal de haberle llorado así fue el no haber pensado nunca que pudiera morir antes que yo. Solo eso se me ocurría: que era más joven que yo, mucho más joven, como si los hados respetasen la edad. Meditemos, pues, a menudo, tanto sobre nuestra mortalidad como sobre la de todos aquellos a quienes amamos. Entonces debí decirme: «Mi Sereno es más joven que yo; pero ello ¿qué importa? Debe morir después de mí, pero puede que lo haga antes». Porque no tuve esa precaución, el golpe súbito me pilló desprevenido. Ahora pienso que todo es mortal, y mortal sin ley fija. Puede ocurrir hoy lo que puede ocurrir cualquier otro día. Pensemos, pues, mi queridísimo Lucilio, que pronto vamos a llegar allí donde deploramos que él haya llegado. Y, por ventura, si es verdadera la opinión divulgada por los sabios, y existe un lugar que nos acoja, aquel al que pensamos haber perdido se nos adelantó en salud.

Semblanza del filósofo Clarano

Vi a Clarano, condiscípulo mío, después de muchos años; pienso que no esperas que añada que es viejo, pero a fe mía que lo es; está lozano de espíritu y animoso, en asidua lucha con la ruina de su cuerpo. Injustamente se portó la naturaleza con él y colocó mal un alma como la suya; o acaso nos quiso enseñar que un espíritu denodado y feliz cabe dentro de cualquier piel y puede ocultarse bajo cualquier apariencia. Él, no obstante, supera todas las dificultades y del menosprecio de sí mismo ha llegado al desdén de todas las cosas. Opino que erró quien dijo: «Más grata es la virtud si viene en un cuerpo bello».

La virtud no necesita afeite ni atavío; ella es su propia hermosura; ella es la consagración de su propio cuerpo. De todas maneras, comencé a mirar a nuestro Clarano con otros ojos; me parece bello y con tanta apostura de cuerpo como de alma. Puede de una cabaña salir un gran hombre, y de un cuerpo deforme y feo, un alma hermosa y grande. Opino que la naturaleza produce algunos de estos engendros para demostrar que la virtud logra nacer en cualquier sitio. Si pudiera crear almas desnudas, lo haría; pero en este caso ha hecho más, creando algunas impedidas de sus cuerpos, pero que de todas maneras superan todos los obstáculos. Clarano ha nacido como muestra y ejemplo para que pudiésemos saber que el alma no se mancilla por la deformidad del cuerpo, sino que es el cuerpo el que se embellece con la hermosura del alma. Aunque estuvimos juntos poquísimos días, fueron muchas, no obstante, las conversaciones; fueron muchas, y las voy a poner por escrito y te las remitiré. El tema que se planteó el primer día fue este: cómo pueden ser iguales los bienes si son de tres clases. Algunos, a nosotros, los estoicos, nos parecen de primer orden, como el gozo, la paz, la salud de la patria; algunos de segundo, hijos de circunstancias desgraciadas como la paciencia en los tormentos y el dominio propio en una grave enfermedad; aquellos bienes los desearemos a todo trance; estos, si surgiese la necesidad. Existe, además, un tercer orden de bienes, como andar con modestia y un semblante compuesto y honesto y una apostura que sea propia de un varón prudente. ¿Cómo pueden ser iguales entre ellas estas cosas, si son deseables las unas y las otras desdeñables? Si queremos poner distinción entre ellas, volvamos al primer bien y consideremos en qué consiste: un alma que contempla la verdad, bien instruida acerca de lo que ha de evitar y de lo que ha de buscar, que aprecia las cosas no según la opinión, sino según la naturaleza, que penetra en todo el mundo y lleva su contemplación a todos sus fenómenos, que vigila sus pensamientos lo mismo que sus actos, igual en nobleza y energía, invencible por las asperezas y por los halagos, no sometida a ninguna suerte de fortuna, despuntando sobre todo lo contingente y lo accidental, bellísima, ordenadísima así en gracia como en fuerza, sana y musculosa, imperturbable, intrépida, que no puede quebrantar ninguna fuerza, que los azares no abatan ni depriman; un alma así es la virtud personificada. Esta es su faz si se viese de un golpe de vista y se mostrase toda de una vez; por lo demás, tiene muchos aspectos, los cuales se despliegan según los diversos estados y acciones de la vida sin que sea menor ni mayor de lo que es en sí misma; pues el bien supremo no puede disminuir ni la virtud puede retroceder, sino que se presenta ora bajo una calidad, ora bajo otra, adaptándose a las cosas que ha de hacer. Todo lo que ella toca lo atrae a su semejanza y lo tiñe de su color: acciones, amistades, y a veces, en familias enteras donde entró para poner orden las compone y realza; todo lo que ella cuida lo vuelve amable, conspicuo, admirable. Por eso su fuerza y su grandeza no pueden elevarse a mayor altura, pues lo que es máximo no puede tener incremento; nada hallarás más recto que la rectitud, ni más verdadero que la verdad, ni más templado que la templanza. Toda virtud consiste en una moderación, la cual es cierta medida; la constancia no puede mejorar, como tampoco la confianza, la verdad, la lealtad. ¿Qué puede añadirse a lo perfecto? Nada; de otra suerte no era perfecto aquello a lo cual algo se añadió; ni a la virtud tampoco, pues, si algo se le puede añadir, es que ello le faltaba. Tampoco lo honesto puede recibir alguna añadidura, puesto que es honesto por esas virtudes que he dicho. ¿Y qué más? ¿No crees que lo bello, lo justo, lo legítimo tienen la misma ley y quedan comprendidos en los mismos términos? La posibilidad de crecer es indicio de cosa imperfecta. Todo bien cae debajo de las mismas leyes; juntas van la utilidad privada y la pública, tan inseparablemente, a fe mía, como lo loable y lo deseable. Luego las virtudes son todas iguales, como las obras de virtud y todos los hombres que las poseen. Mas las virtudes de las plantas y de los animales, puesto que son mortales, son frágiles, caducas e inciertas; se elevan y decrecen, y por eso no son estimadas al mismo precio. Pero una sola es la regla que se aplica a las virtudes humanas; una sola es la recta y simple razón;

nada hay más divino que lo divino, más celeste que lo celeste. Las cosas mortales se robustecen y decaen, se desgastan y crecen, se agotan y se hinchan. Así que, en tan incierta suerte, presentan desigualdad, y en cambio las cosas divinas tienen siempre la misma naturaleza. La razón no es otra que una parte del espíritu divino que está dentro del cuerpo del hombre. Y, si la razón es divina y sin la razón no hay algún bien, todo bien es divino. Pero entre las cosas divinas no hay alguna diferencia, pues tampoco la hay entre los bienes. Iguales son, por tanto, el gozo y la fuerte y obstinada pasión de los tormentos; pues en una y otra cosa hay la misma grandeza de alma, en la una apacible y suave; en la otra, intensa y combativa. ¿Es que no crees tú igual la virtud de quien ataca duramente las fortalezas enemigas y la de aquel otro que con gran resistencia sostiene el asedio? Grande es Escipión sitiando a Numancia y estrechando su cerco, y obligando a sus defensores invencibles a volver sus manos contra su propia vida; grande también el alma de aquellos sitiados que saben que no hay nada cerrado para el hombre que tiene libre el paso de la muerte y que expira en los brazos de la libertad. Asimismo, son iguales entre sí todas las restantes virtudes, la tranquilidad, la simplicidad, la liberalidad, la constancia, la ecuanimidad, la resistencia, puesto que debajo de ellas hay una sola virtud que mantiene el alma recta e inflexible. «¿Entonces qué? ¿No hay diferencia entre el gozo y la inquebrantable entereza ante el dolor?». No por lo que atañe a las virtudes mismas; pero mucha en lo que afecta a aquellos casos en que una y otra virtud se manifiestan. Porque en la una hay una distensión y un aflojamiento natural del espíritu, y en la otra, un dolor contrario a la naturaleza. Estas son circunstancias que admiten un gran margen de variación: la virtud es igual en todas ellas. La materia no cambia la virtud; y no la hace peor una vida dura y difícil, ni la hace mejor una alegre y gozosa; es necesario, pues, que sea igual. En ambos casos aquello que se hace se lleva a cabo con la misma rectitud, con análoga prudencia, con idéntica honradez; por ende, son dos bienes iguales, más allá de los cuales ni el uno puede portarse mejor dentro del gozo ni el otro dentro de los tormentos; y dos cosas, si nada puede darse mejor que ellas, son iguales. Porque, si aquello que está fuera de la virtud puede disminuirla o aumentarla, lo honesto deja de ser el bien único. Y, si admites esto, toda honestidad perece. ¿Por qué? Te lo diré. Porque ninguna cosa honesta se hace con pesar ni a la fuerza. Toda cosa honesta es voluntaria. Añádele la pereza, la queja, la tardanza, el miedo, y habrá perdido lo mejor que tiene, a saber: la satisfacción de sí misma. No puede ser honesto lo que no es libre, porque temor es servidumbre. Toda honestidad es segura, es tranquila; si algo rehúsa, si deplora algo, si juzga a algo como un mal, se debe a un trastorno y se debate en gran confusión. Por un lado, le atrae la apariencia del bien; por el otro le disuade la sospecha del mal. Así que el que tiene que hacer honestamente algo, sea lo que quiera lo que se le oponga, aunque lo crea molesto, no lo crea un mal; lo quiere y lo hace con gusto. Toda honestidad es espontánea y limpia de coacción, sincera y sin ninguna aleación de mal. Sé lo que aquí se me puede responder: «¿Te esfuerzas en persuadirme de que no hay ninguna diferencia entre gozar plenamente o estar tendido en el potro cansando al propio torturador?». Yo podría responder que también Epicuro dice que el sabio, aunque se abrase en el toro de Falaris, exclamará: «Dulce es y nada me atañe». ¿Por qué te admiras si declaro que es igual el bien de quien está en el goce y de quien se mantiene en pie, con entereza suma, en medio de los tormentos, siendo así que Epicuro dice que es un gusto ser abrasado, lo cual ya es más increíble? Con todo, te respondo que hay una gran diferencia entre el gozo y el dolor; si se me da opción, yo tomaré el uno y dejaré el otro, puesto que aquel es conforme a la naturaleza y este le es contrario. Mientras se los considere así, grande es el espacio que los separa; mas cuando se llega a la virtud, ambas son iguales, tanto la que avanza entre alegrías como la que camina entre tristezas. Ninguna importancia tienen la vejación y el dolor ni cualquier otra incomodidad, puesto que la virtud anula sus diferencias. De la misma manera que la claridad del sol oscurece las pequeñas lumbres, así también la virtud con su grandeza borra y aplasta dolores, molestias, injurias, y, donde quiera que brilló, allí se extingue todo lo que aparece sin ella; y no tienen mayor efecto las contrariedades que se abatieron sobre la virtud que en el mar una nube. Para que compruebes que esto es así, date cuenta de cómo el hombre honesto corre sin vacilar a cualquier hermosa acción; esté allí el verdugo, esté allí el torturador y el fuego, él se mantendrá y mirará no lo que ha de padecer, sino lo que ha de hacer, y se entregará en manos de la honestidad como en las de un varón honorable, y la creerá útil, segura, próspera. La misma consideración hará de una situación honesta, pero triste y difícil, que de un hombre honesto, desterrado y pálido. Figúrate por una parte a un hombre bueno, abundante de riquezas, y por la otra a uno que nada tiene, pero que lo tiene todo en sí. Uno y otro serán buenos por naturaleza, aunque dispongan de desigual fortuna. Igual criterio vale, como dijimos, en las cosas y en los hombres; igualmente loable es la virtud puesta en un cuerpo robusto y libre como en un cuerpo enfermo y limitado. Por ende, tú no alabarás más tu virtud, si la fortuna te dio un cuerpo íntegro, que si te lo dio mutilado de algún miembro o acaso con enfermedades; lo contrario sería juzgar al señor por el aspecto de los esclavos. Porque todas estas cosas en que el azar ejerce su dominio son ruines, débiles, perecederas, mortales, de posesión insegura, como el dinero, el cuerpo, los honores; y, en cambio, las obras virtuosas son libres e invictas, y no han de ser más deseadas porque reciban de la fortuna un trato más benigno, ni han de serlo menos porque la adversidad haga sentir en ellas su agobio. Lo que es la amistad en los hombres es el deseo en las cosas. No creo yo que ames más al hombre bueno rico que al pobre, ni al vigoroso y nervudo más que al débil y raquítico, pues tampoco desearás más una situación gozosa y amable que otra trabajosa e inquietante. Si haces esto, de dos hombres con una bondad igual preferirías al brillante y perfumado que al polvoriento y rústico. Por ese camino llegarías al punto de amar más al ileso e íntegro de miembros que al lisiado o ciego. Poco a poco tu desdén llegaría al punto de que de dos hombres igualmente justos y sabios preferirías al de rizada y hermosa cabellera. Donde la virtud es igual por ambos lados, no cuenta la desigualdad en otras cosas, porque estas no son partes esenciales, sino añadiduras. ¿Quién hay que haga una estimación tan injusta de los suyos, que ame más al hijo sano que al enfermo; al esbelto y de estatura elevada que al de mediana estatura o bajo? Las fieras no hacen distinción entre sus cachorros, y para darles de mamar se tienden igualmente; las aves parten por igual sus bocados. Ulises se acerca a las rocas de su Ítaca con la misma prisa y alborozo que Agamenón a los nobles muros de Micenas; porque nadie ama a su patria por grande, sino por suya. ¿A qué viene todo esto? A que sepas que la virtud contempla todas sus obras con los mismos ojos, que las ama a todas por un igual, con una marcada predilección por los que sufren, porque también el amor de los padres se pronuncia más en favor de aquellos hijos que les merecen compasión. Así también la virtud no ama más aquellas obras suyas que se ven atacadas y oprimidas, sino que, como hacen los buenos padres, las rodea de mayor cuidado y protección. ¿Por qué no hay ningún bien mejor que otro? Porque no hay nada que sea más apto que lo apto ni nada más llano que lo llano. No puedes decir que una cosa sea más igual a otra que lo es a sí misma; luego no hay nada más honesto que lo honesto. Si es, pues, igual la naturaleza de todas las virtudes iguales, lo son los tres géneros de bienes. Me explico: igual virtud es moderarse en el gozo que moderarse en el dolor. Aquella alegría no vence aquella entereza espiritual que devora sus propios gemidos en medio de la tortura; aquello es un bien deseable y esto es un bien admirable, iguales ambos a pesar de todo, porque todas sus molestias desaparecen ante un bien mucho mayor. Quien los juzga desiguales aparta los ojos de las virtudes mismas y los fija en las circunstancias externas. Los bienes verdaderos tienen el mismo peso, la misma extensión; los bienes falsos tienen mucha oquedad. Por ello, apareciendo vistosos y grandes a simple vista, cuando se les reduce a peso dejan ver el engaño. Así es, querido Lucilio; todo aquello que la razón aprueba es sólido y perdurable, confirma el espíritu y lo levanta a la altura en la que siempre ha de morar; mas aquello que con sinrazón se alaba y es bueno en opinión del vulgo hincha de hueca alegría. Y, por el contrario, aquello que es temido como mal infunde el miedo en los espíritus y los agita, igual que el peligro aparente a los seres irracionales. Una cosa y otra, pues, distienden el alma sin motivo y la acucian; ni la una es digna de gozo, ni la otra de temor. Sola la razón es inmutable y firme en su juicio, puesto que no es esclava de los sentidos, sino su señora. La razón es igual a la razón, como la rectitud a la rectitud; luego también la virtud lo es a la virtud, pues la virtud no es otra cosa que la recta razón. Todas las virtudes son racionales; son racionales si son rectas; si son rectas, son todas iguales. Como es la razón, tales son sus obras, pues todas son iguales, ya que siendo semejantes a la razón son semejantes entre sí. Digo yo que son iguales entre sí las acciones en cuanto que son honestas y rectas; por lo demás, grande será su diferencia al variar la materia, que unas veces es más amplia, otras más estricta, ora es ilustre, ora es innoble, ora pertenece a muchos, ora a pocos. No obstante, en todos estos casos, aquello que es óptimo permanece igual: su honestidad. De igual manera los hombres buenos son iguales en cuanto que son buenos, pero ofrecen diferencias en la edad: el uno es más viejo y el otro es más joven; y también en cuanto al cuerpo: el uno es apuesto y el otro es deforme; y en lo que respecta a la fortuna: aquel es rico y este es pobre; el uno es influyente, poderoso, conocido en las ciudades y los pueblos, y este, desconocido e ignorado por la mayoría; pero en aquello en que son buenos son iguales. De los bienes y los males no juzgan los sentidos; ignoran lo que es útil y lo que es inútil; no pueden pronunciar sentencia si no están presentes los objetos; no previenen el futuro ni se acuerdan del pasado y desconocen las consecuencias de los actos. Y precisamente, a partir de esto se enlaza el orden y la serie de los acontecimientos y la coherencia de la vida que ha de andar por camino recto. La razón, pues, es árbitro de los bienes y los males; tiene por cosas viles todas las que le son ajenas y exteriores, y aquellas otras que no son ni buenas ni malas las considera accesorios de escaso valor, pues para la razón todo el bien radica en el alma. Por otra parte, existen determinados bienes que estima de primera clase y a propósito va en su busca, como la victoria, los hijos buenos, la salud de la patria; a otros los estima secundarios, los que no se manifiestan sino en las adversidades, como la conformidad en el padecer una grave enfermedad, el destierro; a otros, por fin, los considera indiferentes, pues no son más según la naturaleza que contra ella, como caminar discretamente o sentarse con compostura. Ya que no es menos, según la naturaleza, sentarse que estar de pie o andar. Aquellas dos primeras clases de bienes son distintos, pues los primeros son conformes a la naturaleza, como gozarse con el amor de los hijos, de la seguridad de la patria; los segundos son contra la naturaleza, por ejemplo, la obstinada resistencia ante los tormentos, soportar la sed mientras la enfermedad abrasa las entrañas. ¿Entonces es que hay algún bien contrario a la naturaleza? De ninguna manera; pero alguna vez va contra la naturaleza aquello en que un bien radica; pues ser herido y consumirse en la hoguera y sufrir la aflicción de una mala salud es contraria a la naturaleza, mas, en medio de esas tribulaciones, conservar el alma intacta es conforme a la naturaleza. Para expresar en breves palabras lo que quiero decirte: la materia del bien algunas veces es contraria a la naturaleza; el bien, nunca, porque no hay bien sin razón, y la razón va en pos de la naturaleza. ¿Qué es, pues, la razón? La imitación de la naturaleza. ¿Qué es el bien supremo del hombre? Acomodarse a la voluntad de la naturaleza. No hay duda, se dice, que es más feliz la paz que no fue hostigada que la que fue restablecida con mucho derramamiento de sangre. No hay duda, se dice, de que es más venturosa una salud intacta que la que se recuperó y se mantuvo a través de graves achaques y amagos de muerte, con meticuloso cuidado y paciencia. De la misma manera, no hay duda de que es mayor bien el gozo que no un alma que se siente con bríos para soportar la tortura de las heridas y del fuego. En modo alguno, pues aquellas cosas que provienen del azar son las que admiten las máximas diferencias, puesto que son estimadas según la utilidad de los que las reciben. El propósito único de los bienes es acomodarse a la naturaleza, y ello es igual en todos. Cuando en el Senado aceptamos la opinión de alguien, no se puede decir que uno asienta más que el otro. Todos convienen en la misma opinión. Lo mismo digo de las virtudes; todas concuerdan con la naturaleza. El uno muere en la adolescencia; el otro, en la ancianidad; el tercero, en la infancia, a quien tocó en suerte nada más que asomarse a la vida; todos estos fueron mortales igualmente, aunque la muerte permitiese vivir más la vida a los unos, cortase la de los otros en la flor de su juventud, truncase en los últimos su mismo comenzar. El uno falleció en un banquete; en otro la muerte fue la continuación de su sueño; un tercero se extinguió en el coito. Sitúa frente a estos los que murieron pasados a cuchillo o fenecieron por la mordedura de las serpientes o en las ruinas de un derrumbamiento o torturados minuciosamente por una prolongada contracción de nervios. El final de unos puede calificarse de mejor; el de otros, de peor; pero la muerte es igual para todos. Distintos son los caminos por donde llega; pero su término es el mismo. No hay muerte mayor ni menor, pues en todos sigue la misma norma: acabar con la vida. Lo mismo te digo de los bienes; hay un bien que no se encuentra más que entre deleites, y no falta el que se halla entre tristezas y amarguras; aquel se ganó el favor de la fortuna, este domó su violencia; ambos son bienes, aunque aquel anduvo por la senda llana y blanda y este por el camino escarpado. Uno mismo es el fin de todas las cosas: todos son buenos, son loables, acompañan la virtud y la razón; la virtud equipara todo lo que reconoce suyo. Y no te maravilles de hallar esta doctrina entre nosotros. Para Epicuro los bienes son dos, que componen la suma bienaventuranza: la ausencia de dolor en el cuerpo y de perturbación en el espíritu. Estos bienes no crecen si están colmados pues ¿cómo crecerá lo que está ya pleno? Carece el cuerpo de dolor: ¿qué puede añadirse a esta ausencia de sufrimiento? El alma está en paz consigo misma y goza de serenidad: ¿a esta tranquilidad qué más puede añadirse? Así como la serenidad del cielo no recibe claridad mayor cuando brilla sin nube, así es perfecto el estado del hombre que tiene cuidado del cuerpo y del alma, y del temple de ambos confecciona su bienestar y alcanza la culminación de sus deseos, si su alma no tiene inquietud ni tiene dolor su cuerpo. Si del exterior le llegan algunos halagos, no acrecientan su bien supremo, sino que, por decirlo así, lo aliñan y lo sazonan, porque el bien supremo de la naturaleza humana se contenta con la paz del alma y del cuerpo. Te voy a mostrar todavía en Epicuro una división de los bienes muy semejante a la nuestra. Unos son los bienes que él preferiría que en él recayesen, como el descanso del cuerpo libre de toda molestia y el reposo del alma gozándose en la contemplación de sus bienes; y hay otros que, aun cuando quiere que no le sobrevengan, no obstante los alaba y aprueba, por ejemplo, la falta de salud y el sufrimiento de dolores gravísimos, en la cual se encontró Epicuro en el último y más afortunado día de su vida. Porque dice él mismo que sufre tales torturas de la vejiga y de su estómago ulcerado que su dolor no puede empeorar más y, con todo, aquel día es para él siempre un día dichoso. No puede disfrutar de un día dichoso sino quien está en posesión del bien supremo. En Epicuro, pues, también se dan aquellos bienes que preferirías no experimentar, pero, puesto que la suerte lo quiso así, no hay más remedio que abrazarlos, alabarlos e igualarlos a los más elevados. No puede decirse que no sea un bien igualable con los mayores el que puso término a una vida bienaventurada, al cual Epicuro agradeció con su irrevocable voz de moribundo. Permíteme, oh, Lucilio, el mejor de los hombres, decirte algo más con mayor osadía; si ningún bien puede ser mayor que los otros, yo antepondría esos que parecen tristes a aquellos otros, suaves y delicados, y los proclamaría mayores; más meritorio es superar las dificultades que moderar las alegrías. Sé que es la misma razón la que nos lleva a soportar la fortuna con seso y la calamidad con fortaleza. Igualmente fuerte puede ser quien monta su guardia, con seguridad, delante de su campamento, sin que el enemigo intente ningún ataque, y el que, cortadas las corvas, se hinca de rodillas y no abandona las armas; mas los vítores y las aclamaciones se dedican solo a los que regresan del combate ensangrentados. ¿Por eso aplaudiré yo esas virtudes ejercitadas y fuertes y que están tan reñidas con la fortuna? ¿Vacilaré en alabar aquella mano de Mucio mutilada y abrasada al fuego con mayor encarecimiento que la mano de cualquier soldado valiente que quedó intacta? Menospreciando a los enemigos y a la hoguera, se mantuvo en pie, contemplando cómo su mano se derretía sobre el brasero enemigo, hasta que Porsena, por cuyo antojo sufría, le envidió la gloria y, a pesar suyo, retiró el fuego. ¿Cómo no he de contar este bien entre los mayores y considerarlo superior a los bienes seguros y no expuestos a la fortuna, siendo algo insólito vencer al enemigo con la mano

perdida que con la mano armada? «¿Entonces qué? —me dices—. ¿Deseas para ti este bien?». ¿Por qué no? ¡Si solo quien
puede hacerlo puede desearlo! ¿Acaso preferiré ofrecer mis
miembros a mis esclavos para que en ellos les den un masaje,
o que un varón degenerado en mujercita me desentumeciese
las articulaciones de los dedos? ¿Por qué no he de tener por más
feliz a Mucio, que metió la mano en el fuego con tanta calma
como si se la tendiera a un masajista? Subsanó por entero su
error; manco e inerme hizo su guerra, y con su mano mutilada
venció a los reyes. Ten salud.

La muerte apetecible

Después de un largo intervalo, he vuelto a ver tu Pompeya, y me he encontrado de nuevo cara a cara con mi juventud. Todo lo que allí hice de joven me parecía que aún podía volver a hacerlo y que lo había hecho poco tiempo antes. Hemos navegado, Lucilio, a lo largo de la vida y de la misma manera que en el mar, como dice nuestro Virgilio, «las tierras y las ciudades se alejan», así también en esta carrera del tiempo rapidísima, en primer lugar vemos alejarse la niñez, la adolescencia luego y después aquella edad, llámese como se llame, que media entre la juventud y la vejez, puesta en la frontera de ambas, y más tarde los mejores años de nuestra vejez, y por último comienza a mostrarse el fin, común a la raza humana. En nuestro desatino, lo tomamos como escollo; siendo así que es el puerto, del cual algún día debemos salir y que jamás hemos de esquivar, al cual, si alguno llega en los primeros años, no tiene más motivos de queja que el navegante que aceleró la travesía. Pues, como ya sabes, el uno es llevado como por juego y entretenido por los vientos flojos hasta cansarlo con su indolente y enojosa calma; y al otro se lo lleva arrebatado con gran velocidad un soplo persistente. Piensa que esto mismo nos acontece a nosotros: la vida se lleva a los unos rapidísimamente al punto adonde habrían de llegar por más que se retrasasen; a los otros fue consumiéndolos poco a poco. Esta vida, como sabes, no ha de conservarse siempre, pues lo bueno no es vivir, sino vivir bien. Por eso el sabio vivirá tanto como debe, no tanto como pueda; él decidirá dónde ha de vivir, con quiénes, cómo y qué ha de hacer. Él piensa a todas horas cuál es la vida, no cuánta; si se le presentan muchas molestias y estorbos que perturben su tranquilidad, abandona su puesto. Y no lo hace como último recurso, sino que tan pronto como empieza a serle recelosa la fortuna, reflexiona con toda diligencia si ha de acabar de una vez. Juzga que ninguna importancia tiene para él si ha de cansarse o ha de esperar su propio fin, si ha de ser más temprano o más tarde; y no lo teme como a una gran pérdida. Nadie puede perder mucho en aquello que se le escurre gota a gota. Morir más tarde o más pronto carece de importancia; lo que importa es morir bien o mal. Y morir bien es sustraerse al peligro de vivir mal. Por eso considero sumamente afeminada la expresión de aquel hombre de Rodas, quien habiendo sido echado por un tirano en una cueva y alimentado como una bestia salvaje, a uno que le aconsejaba que se abstuviera de comer, le respondió: «Un hombre, mientras viva, puede tener esperanza». Aun cuando eso fuera verdad, la vida no ha de comprarse a cualquier precio. Algunas cosas, aunque grandes, aunque ciertas, no las buscaré a costa de una confesión vergonzosa. ¿Pensaré yo que en aquel que vive lo puede todo la fortuna, y no que en el que sabe morir la fortuna no puede hacer nada? Con todo, algunas veces, aunque se sepa que es inminente y cierta la muerte y esté aparejado el suplicio, el sabio no prestará su mano a infligirse la pena, sino a soportarla. Necedad es morir por miedo de la muerte; llegará ya quien te mate; aguárdalo. ¿Por qué te adelantas? ¿Por qué te haces agente de la crueldad ajena? ¿Envidias a tu verdugo o lo dispensas del trabajo? Sócrates pudo acabar su vida por la abstinencia y morir de hambre más que de veneno; no obstante, pasó treinta días en la cárcel, y a la espera de la muerte, no con la idea que podían ocurrir muchos cambios y que un tiempo tan largo era susceptible de muchas esperanzas, sino por someterse a las leyes y por dar a sus amigos a gozar los postreros días de Sócrates. ¿Qué cosa más necia que menospreciar la muerte, temer el veneno? Escribonia, matrona enérgica, era tía de Druso Libón, un joven tan noble como estúpido, lleno de esperanzas mayores que las que aquel siglo podía colmar, y él en ninguno. Cuando fue sacado enfermo del Senado en su litera, no ciertamente acompañado de lucido cortejo, porque todos los parientes y amigos lo habían abandonado impíamente, no como acusado, sino ya como cadáver, comenzó a deliberar si se había de dar muerte o esperarla. Y Escribonia le dijo: «¿Por qué te complaces en despachar un asunto que llevará a cabo otro?». No lo convenció Escribonia; se quitó la vida a sí mismo, y no sin razón, porque habiendo de morir al cabo de tres o cuatro días, al arbitrio del enemigo, si seguía con vida, llevaría a cabo el cometido de otro. Así que no puede decidirse de manera general si hay que anticiparse o esperar la muerte, cuando una violencia exterior nos la anuncia, pues hay muchas circunstancias que pueden determinarte en un sentido u otro. Si la opción es entre una muerte atormentada o una muerte sencilla y fácil, ¿por qué no echar mano de esta última? Así como cuando haya de embarcarme buscaré una nave, y me procuraré casa que habitar, así me escogeré la muerte al tener que salir de la vida. Además, así como no siempre es mejor una vida más larga, así siempre es peor una muerte larga. En ninguna otra cosa como en la muerte debemos obrar más al gusto de nuestra inclinación. Salga el alma por donde la guía el ímpetu; ora apetezca el hierro, ora el lazo o alguna poción que penetre en las venas, vaya adelante y rompa las cadenas de la servidumbre. El hombre ha de hacer su vida aceptable a los otros, su muerte aceptable a sí mismo; la mejor es la que más nos agrada. Necios son estos pensamientos: «Dirán que obré con poco valor, que obré temerariamente, que hay otra clase de muertes que exigía mayor esfuerzo». Lo que has de pensar tú es que tienes en tus manos una determinación en que no ha de influir la opinión ajena. Sea tu pensamiento único el librarte de la fortuna con la máxima celeridad; si así no lo haces, no faltará quien interprete mal tu proceder. Hallarás también hombres sabios que sostienen que el hombre no puede atentar contra su vida, y consideran pecado matarse a uno mismo, pues hay que esperar la salida que la naturaleza decretó. Quien esto dice no ve que se obstruye el camino de la libertad. Nada hizo mejor la ley eterna que, después de darnos una sola entrada para la vida, darnos también muchas salidas de ella. ¿Y tengo yo que esperar la crueldad de la enfermedad o del hombre, pudiéndome abrir paso a través de los tormentos y apartar de mí todos los obstáculos? Solo por eso, no podemos quejarnos de la vida; a nadie tiene obligado. Es buena la situación de la vida humana, porque nadie es infeliz, sino por culpa suya. ¿Te agrada? Vive. ¿No te agrada? Puedes volver allí de donde viniste. Para aliviar tu dolor de cabeza, muchas veces te hiciste sangrar; para atenuar el cuerpo, te has pinchado una vena; no cabe rasgarse las entrañas con una herida vasta; con una simple lanceta se abre el camino para esa gran libertad y la seguridad depende de un pinchazo. ¿Qué es, pues, lo que nos hace perezosos y cobardes? Ninguno de nosotros piensa que pronto o tarde tendrá que salir de esta morada; como a los viejos inquilinos, nos retiene el amor a la casa y la costumbre, que desafía todas las incomodidades. ¿Quieres mantenerte libre en tu cuerpo? Mora en él como quien de él ha de emigrar. Piensa que algún día tendrás que dejar ese alojamiento y te sentirás más fuerte ante la previsión de tu salida forzosa. Pero ¿cómo van a pensar en su final quienes no ponen límites a sus deseos? Para ninguna otra cosa es tan necesaria la preparación, porque puede ocurrir que en las otras nuestros ensayos sean inútiles. Preparado está el espíritu para la pobreza, y las riquezas no nos han dejado; nos hemos armado para el menosprecio del dolor, y he aquí que el bienestar del cuerpo íntegro y sano no nos exigirá nunca la práctica de esta virtud. Nos impusimos el deber de soportar con fortaleza la soledad de los seres amados que perdimos y la fortuna ha conservado incólumes a todos los que amábamos. Solo de la ciencia del morir llegará inexorablemente el día en que tendrá que ser aplicada. No vayas a creer que solamente los grandes caracteres tuvieron esa fuerza para romper las barreras de la servidumbre humana; no vayas a creer que eso solo puede hacerlo Catón, que arrancó con su propia mano el alma que no pudo extraer con el hierro. Hombres de condición muy vil, con ímpetu grande, se evadieron para lograr el lugar seguro, y, no pudiendo morir a su gusto, ni elegir a su albedrío los instrumentos de la muerte, arrebataron cualquier objeto a su alcance y, aquellos que por su naturaleza eran inofensivos con su fuerza los convirtieron en dardos mortales. No hace mucho, en un entrenamiento para gladiadores de fieras, un germano que se preparaba para el espectáculo matinal se apartó para aliviar el vientre, el único sitio donde se le permitía ir sin guardias que lo siguieran; y una vez en el retrete, tomando el palo que tiene adherida la esponja para limpiarse, se lo hundió en la garganta, y de esta manera, obstruyéndose las fauces, exhaló el alma. Esto fue inferir una afrenta a la muerte, pero así fue; de manera poco delicada y decorosa, pero ¿hay algo más necio que tener melindres con la muerte? ¡Oh, varón fuerte, oh, varón digno, digno de la opción de escoger su destino! ¡Con qué valentía hubiera utilizado la espada; con qué ánimo se hubiese lanzado a las profundidades del mar o se precipitara por un barranco! Privado de todo medio halló manera de no deber más que a sí mismo la muerte y su instrumento, porque para morir nada nos detiene, sino la voluntad. Juzgue cada cual como le apetezca el hecho de este hombre decidido, mientras quede bien sentado que más vale una muerte inmunda que una servidumbre acicalada. Puesto que comencé a aducir ejemplos de gente humilde, insistiré, pues cada cual será más exigente consigo si viere que la muerte puede ser menospreciada aun por los hombres de más ruin condición. Pensamos que están más allá del alcance de toda imitación los Catones, los Escipiones y otros que estamos acostumbrados a oír nombrar con admiración; y yo demostraré que de esa virtud contamos con tantos ejemplos entre los que combaten en el circo de las fieras como entre los protagonistas de la guerra civil. Siendo llevado entre guardias uno que estaba destinado al espectáculo matinal, bajó la cabeza como vencido por el sueño, hasta ponerla entre los rayos de la rueda, y se mantuvo firme en su asiento hasta que el andar de la rueda le segó el cuello; en el vehículo mismo que lo conducía a la pena, se escapó de ella. No hay obstáculo que valga para quien desee romper lazos y salir: la naturaleza nos custodia en campo abierto. Aquel a quien su necesidad se lo permite, que mire alrededor en busca de una salida fácil; quien tiene a mano muchas oportunidades de libe-

rarse, que haga su elección y vea cuál lo llevará a la libertad con
mayor ventaja; mas aquel para quien la ocasión sea difícil que
eche mano como de la mejor, de la más próxima, por insólita
que sea o sin precedentes. No faltarán maneras para morir a
quien no falte valentía. ¿Ves cómo los esclavos más viles, cuando
el dolor los acucia, avivan el seso y burlan la vigilancia más estrecha? Gran hombre es aquel que no solo se impuso la muerte,
sino que supo encontrarla. Te prometí muchos ejemplos de
esta categoría. En el segundo espectáculo de la naumaquia, uno
de los bárbaros hundió en su garganta la lanza que había recibido para luchar contra sus adversarios: «¿Por qué, por qué —se
dijo— no huyo ya de tanto tormento y de tamaño escarnio?
¿Por qué, armado como estoy, espero la muerte con apatía?».
Fue este un espectáculo tanto más bello cuanto con mayor honra aprenden los hombres a morir que a matar. ¿Entonces qué?
¿Lo que tienen los corazones degradados y dañinos no lo van a
tener aquellos a quien adiestró para estos casos una preparación
madura y la razón, maestra de todas las cosas? Esta nos enseña
que son varios los caminos de la muerte, que al fin es solo una,
y que nada importa por dónde comienza aquello que nos llega.
La misma razón te exhorta a morir de la manera que puedas y
que utilices lo que más a mano tengas para inferirte violencia.
Es cosa indigna vivir del robo; pero morir gracias a un robo es
cosa sublime. Ten salud.

El bien único es lo honesto

Con frecuencia me consultas sobre minuciosos asuntos, olvidándote que nos separa el ancho mar. Como una gran parte de la eficacia del consejo consiste en su oportunidad, forzosamente sucede que mi opinión sobre determinadas cosas llega a ti cuando ya la opinión contraria es preferible. Los consejos se adaptan a las situaciones y nuestras situaciones van río abajo; o, mejor, río abajo ruedan; el consejo, pues, tiene que ser dado en el momento preciso. Y aun este es demasiado lento; debe darse, como se suele decir, mano a mano. Voy a mostrarte cómo se puede hallar. Siempre que quieras saber aquello de lo que debes huir o lo que debes desear, atiende al bien supremo como objeto de toda tu vida. Con él ha de armonizar todo lo que hagamos, pues no podrá ordenar cada una de sus obras sino aquel que ya propuso un fin último a su vida. Ningún pintor, por más que tenga preparados los colores, sacará el parecido si no tiene bien resuelto lo que quiere pintar. Aquí fallamos, porque todos deliberamos sobre partes de la vida, pero sobre la vida en su totalidad no delibera nadie. Debe saber a lo que apunta quien quiere disparar una saeta y entonces dirigir y gobernar el tiro con su mano; nuestras decisiones fallan porque no saben adónde apuntan. Ningún viento es bueno para quien no sabe adónde se encamina. A algunos les ocurre que ignoran que saben ciertas cosas; así como con harta frecuencia buscamos a aquellos con quienes estamos, así muchas veces ignoramos que el bien supremo se halla cerca de nosotros. Ni con muchas palabras ni por largos rodeos podrás saber cuál es el bien supremo; puede señalársele con el dedo, por decirlo así, sin dividirlo en muchas partes. ¿Qué provecho se saca de dividirlo en partes, si puedes decir: «El bien supremo es aquello que es honesto», e incluso esto, que te admirará más: «El único bien es aquello que es honesto; todos los bienes restantes son falsos y adulterados»? Si te persuades de esto y te apasionas por la virtud —puesto que amarla es poca cosa—, todo lo que te acontezca por causa de ella te será próspero y feliz, independientemente de lo que le parezca a los otros: aun la tortura, si te tendieres en el potro con más seguridad que el torturador; aun la enfermedad, si no maldijeres a la fortuna ni cedieres al sufrimiento, y todas las cosas que a los otros les parecen males se mitigarán y se convertirán en bienes si te sobrepones a ellos. Quede esto claro, a saber: que no hay otro bien que lo que es honesto y que todas las calamidades legítimamente se llamarán bienes, siempre que la virtud las cohoneste. A muchos les parece que prometemos cosas tan altas que desbordan la capacidad de la condición humana; y no sin razón, porque solo atienden al cuerpo. Vuelvan los ojos al alma y juzgarán al hombre con la medida de Dios. Arriba, arriba, Lucilio, oh, el mejor de los hombres, y deja este juego de palabras de los filósofos, que reducen a sílabas el más magnífico de los asuntos, que enseñando nimiedades deprimen el ánimo y lo pulverizan. De esta manera te harás semejante a los que inventaron estos preceptos, no a los que los enseñan, y consiguen solo que la filosofía más grande parezca difícil. Sócrates, que redujo toda la filosofía a las costumbres y definió que la suprema sabiduría se cifraba en distinguir los bienes de los males, dice: «Si tengo alguna autoridad sobre ti, sigue a estos hombres, para ser bienaventurado, y deja que alguien te tenga por necio. Deja que quien quiera haga escarnio de ti y te injurie; tú, en cambio, nada padecerás por ello si verdaderamente la virtud hizo en ti morada. Si quieres ser feliz, si quieres ser bueno de veras, permite que algunos te desprecien». No será capaz de ello sino quien antes habrá menospreciado todas las cosas, quien habrá puesto en el mismo nivel todos los bienes, porque no hay bien sin honestidad y la honestidad en todos los bienes es idéntica. ¿Entonces qué? ¿No hay diferencia entre la pretura de Catón y su repulsa? ¿Importa lo mismo que Catón sea vencido o que venza en la batalla de Farsalia? Este bien suyo de quedar invicto en medio de sus huestes vencidas, ¿era igual al bien de tornar vencedor a su patria y ordenar la paz?». ¿Y por qué no había de ser igual? Es la misma virtud la que vence a la mala fortuna y a la buena, y la virtud no puede ser mayor o menor: tiene una única medida. «Pero Gneo Pompeyo perderá el ejército; pero aquel hermosísisimo patriciado de la República, aquellos optimates, y las fuerzas de choque del partido de Pompeyo, y el Senado empuñando las armas, serán aniquilados en una sola batalla y el derrumbamiento de un poder tan grande repercutirá en todo el orbe; una parte caerá en Egipto, otra en África, otra en Hispania. Y la desventurada República no tendrá la suerte de desplomarse de una vez». Todos los infortunios son posibles: que no ayude a Juba en nada el conocimiento del terreno en su propio reino, ni el firmísimo tesón de su pueblo en defensa de su rey; que desfallezca quebrantada por los reveses hasta la fidelidad de los uticenses y en la propia África Escipión se sienta desposeído de la fortuna de su nombre. En cambio, hace tiempo que Catón se previno porque no le alcanzase penuria ninguna. «Con todo, fue vencido». Añade este percance entre las repulsas de Catón: con igual grandeza de alma sobrellevará los obstáculos de la victoria como de la pretura. El día que fue rechazado lo pasó jugando; la noche en que había de morir la pasó leyendo; el mismo rango hizo de la pretura que de la vida; firme tenía en sí mismo la persuasión de que había de sufrir cuantos males le sobreviniesen. ¿Y cómo no había de soportar con ánimo entero e igual la caída de la República? ¿Qué cosa hay exenta del peligro de cambio? Ni la tierra ni el cielo, ni esta ensambladura total del universo, aunque se mueva por la acción de Dios, conservará siempre el orden actual, sino que llegará un día que se desviará de esta carrera ordenada. Todas las cosas van paso a paso al compás del tiempo; deben nacer, crecer, extinguirse. Todos estos astros que ves discurrir por encima de nuestras cabezas, y toda esta tierra en la que nos asentamos y a la que nos aferramos, serán pulverizados y dejarán de ser: no hay cosa que no tenga su vejez. A distintos intervalos, la naturaleza las llevará al común destino; todo lo que es no será, no porque perezca, sino porque se disolverá. Para mí, disolverse y morir es uno y lo mismo; pues solo miramos lo que está cerca de nosotros; el alma, obtusa y obtusa al cuerpo, no atiende a las cosas últimas; si así no fuera, con mayor constancia soportaría su propio fin y el de los suyos esperando que, del mismo modo que las otras cosas del universo, así también la vida y la muerte van alternando, y que los cuerpos compuestos se disuelven, que los cuerpos disueltos se componen y que en esta transformación se emplea la sabiduría de Dios, que en todo pone templanza. Y así dirá, como Marco Catón, recorriendo con su imaginación los siglos: «Todo el linaje humano, el que es y el que será, está condenado a la muerte; de todas las ciudades que en cualquier país se hayan alzado con el imperio, como de las que fueron esplendor de imperios extranjeros, llegará el día en que se buscará el lugar de su asiento, porque todas serán arrasadas por diverso género de catástrofes; unas las destruirán las guerras, otras las corroerán la desidia y la paz degenerada en ociosidad y el lujo, que es la carcoma de las grandes opulencias. Todos estos campos fértiles serán anegados por una súbita inundación del mar o engullidos por una repentina caverna formada por un hundimiento del suelo. ¿Qué razón hay, pues, de indignarme o de dolerme si por un momento me anticipo a la catástrofe universal? Obedezca a Dios el alma grande y aguante sin titubeos todo aquello que disponga la ley del universo; pues, o bien es llevada a una vida mejor, a morar más luminosa y tranquila entre los dioses, o bien, al menos, sin ninguna molestia volverá a mezclarse con la naturaleza y retornará de nuevo al gran todo. No es, pues, un bien más grande de Marco Catón una vida honesta que una honesta muerte, porque la virtud no puede crecer. Sócrates decía que la verdad y la virtud son una misma cosa. Así como la verdad no crece, tampoco lo hace la virtud; tiene toda su dimensión, tiene toda su plenitud. No hay razón, pues, porque te maravilles de que todos los bienes sean iguales, tanto los que el hombre ha de tomar voluntariamente como los que ha de soportar si las circunstancias lo imponen. Porque, si admites la desigualdad de contar la fortaleza en los tormentos entre los bienes menores, la contarás también entre los males y llamarás infeliz a Sócrates en la cárcel y llamarás infeliz a Catón mientras reabre sus heridas con más ánimo que el que mostró la vez primera, y llamarás a Régulo el más desventurado de los hombres, al expiar la pena de haber guardado lealtad aun a sus enemigos. Y con todo, nadie, ni aun entre los más afeminados, se atrevió a decir tanto; pues niegan que sea feliz; y, no obstante, niegan también que sea desgraciado. Los antiguos académicos reconocen que el hombre es bienaventurado incluso en medio de estos tormentos, pero no con toda perfección y plenitud; cosa que de ninguna manera puede admitirse, porque, si no se es bienaventurado, no se puede estar dentro del bien supremo. Este bien no supremo tiene ningún grado encima de él, si en él está la virtud, si las adversidades no la disminuyen, si permanece intacta hasta cuando el cuerpo queda mutilado, e intacta se mantiene. Yo entiendo que la virtud es valerosa y excelsa, y a la que estimula todo aquello que la hostiga. Ese espíritu de generosidad que revisten con frecuencia los jóvenes de índole excelente, afectados por la hermosura de alguna cosa honesta, hasta el punto de que por ella menosprecian todos los azares, es ciertamente la sabiduría quien lo infunde y lo transmite; esta persuade de que solo lo honesto es bueno y que lo honesto no puede acortarse ni alargarse, como tampoco se tuerce la regla con la cual se miden las líneas rectas. Todo lo que de ella mudes es una injuria de la rectitud. Eso mismo diremos de la virtud; también ella es recta y no admite flexión alguna; puede hacerse más rígida, pero ¿cómo puede ser más extensa? La virtud juzga todas las cosas; pero no es juzgada por ninguna. Si ella no puede volverse más recta, tampoco sus acciones son más rectas unas que las otras, porque es menester que se adapten a ella; así resultan iguales. «¿Entonces qué? —dirás—.

¿Es igual sentarse en un convite que arrastrarse debajo de la mesa con retortijones?». ¿Eso te extraña? Todavía más debería extrañarte esto otro: estar recostado en un banquete es un mal, estar tendido en un potro es un bien si aquello se hace deshonestamente y esto honestamente. No es la materia, sino la virtud, lo que hace estas cosas buenas o malas; dondequiera que se muestre la virtud, todas las cosas tienen la misma medida y el mismo precio. Contra mis ojos dirige sus puños aquel que por su propio espíritu evalúa el espíritu ajeno, porque afirmo que, para quien tiene rectitud y serenidad de juicio, igual es el bien de quien triunfa que el de quien va delante de su carro, si va con ánimo invicto. Él está persuadido de que no es posible hacer todo aquello que no es capaz de hacer; juzga la virtud a la medida de su flaqueza. ¿Por qué te sorprendes de que ser quemado, herido, muerto o atado sea aceptable e incluso agradable en determinadas circunstancias? Para el lujurioso, la frugalidad es una pena; para el perezoso, el trabajo es un suplicio; el sibarita compadece al hombre trabajador; para el desidioso, el estudio es un tormento; de igual manera las cosas en las cuales flaqueamos se nos antojan duras e insoportables, olvidándonos de para cuántos es un tormento carecer de vino o ser despertados al alba. No es que estas cosas sean difíciles de por sí, sino que nosotros somos flojos y lánguidos. Con grandeza en el alma hay que juzgar las cosas grandes, porque de lo contrario parecerá ser vicio suyo lo que es achaque nuestro. Así determinados cuerpos que son muy rectos, cuando se sumergen en el agua ofrecen a quienes los ve la apariencia de torcidos y rotos. No importa tanto lo que ves, sino cómo lo ves, porque nuestra alma tiene ojos borrosos para percibir la verdad. Dame un joven de costumbres incorruptas y de sólido entendimiento y dirá que le parece más afortunado quien sostiene con el cuello erecto el peso de las adversidades, que se eleva por encima de la fortuna. No es ningún milagro no tambalearse en medio de la prosperidad; lo milagroso es que exista quien se yerga allí donde todos se abaten y se mantenga en pie donde todos se derrumban. ¿Qué mal hay en los tormentos, qué mal hay en otros lances a los que damos el nombre de adversidades? Para mí no hay otro más que nuestro brío se debilita, se encorva y sucumbe. Ninguna de estas menguas puede recaer en el sabio: él se mantiene erguido debajo de cualquier peso. No hay cosa que lo disminuya, no hay nada que le desagrade si es menester soportarlo, porque no se queja de que haya caído sobre sí todo lo que puede caer encima de un hombre. Conoce sus fuerzas y sabe que nació para bestia de carga. No separo al sabio de los otros hombres ni lo exceptúo del dolor, cual si fuera una roca desprovista de toda sensibilidad. Me acuerdo muy bien de que está constituido de dos partes; la una es irracional, y siente los mordiscos, las quemazones, el dolor; la otra es racional, sólida en sus convicciones, intrépida e indomable. En esta reside el bien supremo del hombre; antes que este la llene toda, el alma es un continuo fluctuar en la incertidumbre; mas, cuando aquel bien es perfecto, será inalterable su estabilidad. Por eso, quien se endereza hacia la cumbre y cultiva la virtud, aun cuando esté cerca del bien supremo, pero todavía no haya puesto en él su mano, retrocederá de tanto en tanto y remitirá un poco en la tensión del alma; pues todavía no ha pasado del trance de la incertidumbre y se debate en lo resbaladizo del atolladero. Pero el hombre bienaventurado y de virtud consumada nunca estará más contento de sí mismo que cuando se ejercite en las pruebas más duras, y no solamente sobrelleva lo que los otros temen, si es recompensa de algún deber honesto, sino que se abraza con ello y prefiere con mucho que lo llamen «más bueno» que «más feliz». Voy ahora a tratar lo que me requiere tu impaciencia. Para que no parezca que nuestra virtud anda errante fuera de las leyes de la naturaleza, el sabio temblará, y se dolerá y palidecerá; todas estas son sensaciones corporales. ¿Dónde está, pues, la desgracia, dónde el mal verdadero? En el alma, si la debilitan estos casos, si la delimitan a la confesión de su servidumbre, si la hacen arrepentirse de lo que es. El sabio con la virtud vence a la fortuna; pero a muchos que profesan la sabiduría los amedrentan a veces amenazas muy leves. En este caso, es nuestro el entuerto, pues exigimos lo mismo del sabio que del aspirante. Yo me exhorto a mí mismo a adquirir esta virtud y la alabo, pero no acabo de persuadirme; y, aun cuando estuviera del todo convencido, todavía no la tendría tan dispuesta y ejercitada que pudiera protegerme en todos los casos. Así como la lana se tiñe de determinados colores al primer intento, pero otros no los absorbe sino después de haber sido muchas veces macerada y recocida, así también las otras enseñanzas conforme las recibe el espíritu dan fruto; no obstante, si en esta el aprendizaje no cala hasta el fondo ni se asienta largo tiempo en él, si solamente ha coloreado y no imbuido el alma, no produce nada de lo que prometió. Tiempo breve y escasas palabras son necesarias para esta enseñanza: que la virtud es el único bien; que sin ella no hay ninguno y que la misma virtud radica en la parte mejor de nosotros, a saber, en la racional. ¿Qué será esta virtud? Un juicio verdadero e inmutable; de él partirá todo el impulso del alma; él revelará y pondrá al desnudo las apariencias que mueven las pasiones.

Será acorde con este juicio considerar bienes y bienes iguales entre sí todos los que estuvieron en contacto con la virtud. Los bienes corporales, bienes son para el cuerpo, pero no son bienes en absoluto. Tendrán, sin duda, algún precio, pero ninguna dignidad; habrá entre ellos grandes distancias y unas serán más importantes, otras menos. Es necesario confesar que aun entre los mismos seguidores de la sabiduría hay grandes diferencias: el uno avanzó ya tanto que osa levantar sus ojos frente a la fortuna, pero no los sostiene, puesto que se cierran deslumbrados por la excesiva claridad; el otro ha progresado tanto que puede mirarla de hito en hito si no ha escalado ya la cumbre y está lleno de confianza. Las cosas imperfectas forzosamente tienen que vacilar: progresan unas veces y otras resbalan y caen. Y ciertamente resbalarán si no perseveran en la ascensión y el esfuerzo; por poco que aflojen en el afán y en la constante aplicación, experimentarán retroceso. Nadie vuelve a encontrar sus progresos en el mismo sitio donde los dejó. Insistamos, pues, y perseveremos; nos quedan por vencer muchos más enemigos de los que hemos derrotado; querer aprovechar constituye una gran parte del provecho. De esto yo soy consciente; yo quiero y quiero con toda el alma. Veo también que tú eres llevado por un gran impulso a la más soberana de las bellezas. Apresurémonos. Entonces, por fin, la vida será un beneficio. De otra manera, es un pasatiempo y un pasatiempo vergonzoso para quienes lo emplean en obras indignas. Obremos de manera que nuestro tiempo sea nuestro; y no lo será si antes nosotros no empecemos a ser nuestros. ¿Cuándo tendremos la suerte de menospreciar ambas fortunas? ¿Cuándo será que podamos, después de haber reprimido nuestras pasiones y teniéndolas sujetas a nuestro albedrío, lanzar este grito triunfal: «¡He vencido!»? ¿Me preguntas a quién he vencido? No a los persas, ni a los postreros de los medos ni a ninguna otra nación guerrera que pueda extenderse allende los dahas; sino a la avaricia, a la ambición, al miedo a la muerte, vencedora de los vencedores de los pueblos. Ten salud.

Los filósofos, buenos ciudadanos

Yo entiendo que yerran aquellos que piensan que los fieles servidores de la filosofía son rebeldes o sediciosos, que menosprecian a los magistrados o a los reyes o a cualesquiera administradores de la cosa pública. Y es de todo punto al revés; son sus mayores agradecidos y no sin razón, porque a nadie son más útiles que a aquellos que pueden disfrutar del ocio con toda tranquilidad. Aquellos, pues, a quienes la seguridad pública ayuda mucho en su propósito de vivir bien, necesariamente han de reverenciar como si fuera un padre a quien tamaño bien les reporta, muchísimo más que aquellos inquietos y agitados que deben mucho a los príncipes, pero mucho también los censuran, y jamás puede haber liberalidad que pueda plenamente saciarlos, hasta la hartura de sus deseos, crecientes al mismo ritmo con que son saciados. Todo el que piensa en lo que ha de recibir se olvidó de lo recibido, y el defecto mayor que tiene la codicia es ser desagradecida. Añade a eso que todos aquellos que se consagran a los negocios públicos no atienden a cuántos aventajan, sino por cuántos son aventajados, y para ellos no es tan grande el gozo de ver a muchos detrás de sí como la tristeza de ver a alguno delante. Toda ambición tiene este vicio, a saber, que no mira atrás; y no solo es la ambición la que nunca se detiene, sino que cualquier clase de codicia tam-

poco, porque empieza siempre por el final. Mas el varón sin-
cero y puro que abandonó la curia y el foro, y toda administración de la cosa pública, para retirarse a ocupaciones más
nobles, estima mucho a aquellos a quienes le permiten hacerlo sin peligro; solo él les rinde un homenaje desinteresado por
cuanto, ignorándolo ellos, les es deudor de tamaño beneficio.
Así como venera y respeta a sus maestros, a cuyo favor debe el
haber salido de su situación, así también respeta y venera a
aquellos otros por cuya tutela ejercita las artes nobles. «Pero el
rey también protege con sus fuerzas a los otros». ¿Quién niega
evidencia tal? Pero así como entre los que gozaron una travesía
apacible se cree más obligado a Neptuno el que transportó
efectos más numerosos y de precio superior, y de mejor gana
cumple el voto el comerciante que el pasajero, y entre los co-
merciantes mismos es mucho más agradecido el que traía aro-
mas y púrpuras y artículos que podía vender a peso de oro que
el que había almacenado a bordo mercaderías de bajo precio
propias para servir de lastre, así el beneficio de esta paz común
que atañe a todos llega más profundamente a aquellos que
saben hacer de ella el mejor uso. Pues entre los que visten toga
son muchos aquellos para quienes la paz es más laboriosa que
la guerra. ¿Acaso piensas que han de agradecer igualmente la
paz aquellos que la malgastan en la embriaguez, en la lujuria
o en los otros vicios que a veces hay que combatir hasta con la
guerra? A menos que pienses que el sabio es tan injusto que no
se cree deudor de una parte alícuota por los bienes comunes.
Mucho debo al sol y a la luna y no salen para mí solo; personalmente estoy obligado para con el año y para con Dios, que
atempera su curso, aunque no esté el año ordenado solo en mi
honor. La insana avaricia de los mortales discierne las posesio-

nes y las propiedades, y cree que no es suyo nada de lo que es público; pero el sabio ninguna cosa tiene por más suya que aquello que posee en sociedad con todo el género humano. Pues ni aun comunes serían estas cosas si una parte de ellas no perteneciera a cada uno; hasta aquello que en su mínima parte es común une el linaje humano. Añade a esto que los grandes y verdaderos bienes no se reparten de tal manera que toque a cada uno una pequeña porción, sino que en su totalidad alcanzan a todos los hombres. En el repartimiento público de los granos importados, cada cual se lleva lo que a cada uno se prometió; el festín y la distribución de las víctimas, y todo lo que se coge con la mano, se divide en partes; pero estos bienes indivisibles, la paz y la libertad, son tanto de todos como de cada uno. Por eso el sabio piensa en aquel a quien debe el uso y el disfrute de estos bienes; piensa en aquel a quien debe que la necesidad pública no lo llame a las armas, ni a montar las guardias, ni a defender las murallas, ni a los mil quehaceres del servicio militar, y por eso da gracias a quien gobierna el Estado. Esto es lo que enseña sobre todo la filosofía: sentir los beneficios y pagarlos bien: hartas veces ya es su paga el solo reconocimiento. Confesará, pues, que debe mucho a aquel por cuya administración y providencia puede gozar de un ocio fecundo y del libre empleo de su tiempo y de una no perturbada y descansada vida: «Oh, Melibeo, fue un dios quien me dio esta holgura; pues como dios él será siempre para mí».

Y, si aun mucho deben a su autor aquellos ocios, cuyo don más grato es este: «Él ha permitido que mis vacas pastaran y que yo mismo, con flauta pastoril, cantara lo que me viniera en gana», ¿en cuánta estimación no tendremos a este ocio que se disfruta entre los dioses y que a nosotros nos hace dioses? Así te lo digo, Lucilio, y te invito a elevarte al cielo por el atajo más corto. Solía Sexto decir que Júpiter no tenía más poder que un hombre bueno. Muchos dones tiene Júpiter que ofrecer a los hombres, pero entre dos buenos no es el mejor el más rico, de igual manera que entre dos pilotos igualmente diestros en gobernar el timón no proclamarías mejor al que tiene la embarcación mayor y más vistosa. ¿En qué aventaja Júpiter a un varón bueno? En que lo es más tiempo; pero el sabio no se tendrá en menos porque sus virtudes se circunscriban en un intervalo más corto. De igual manera que, entre dos sabios, el sabio que murió más viejo no es más feliz que aquel cuya virtud tuvo un término de años más breve, así tampoco Dios vence al sabio en felicidad; aun cuando lo venza en edad. No es virtud mayor la virtud más larga. Júpiter lo tiene todo, pero se lo entregó a los otros; el único bien que él saca de ello es que todos lo usen a su merced. El sabio, con tanta igualdad de espíritu como el propio Júpiter, contempla todas las cosas poseídas por los otros y las menosprecia y por ello se ufana más, porque Júpiter no puede hacer uso de ellas y el sabio no quiere. Creamos, pues, a Sexto, cuando nos muestra la ruta más hermosa, y nos dice a gritos: «Por aquí se sube a los luceros: por el camino de la frugalidad, por el camino de la templanza, por el camino de la fortaleza». No son altaneros los dioses, no son envidiosos; ellos admiten a quien quiere subir y a los que suben les tienden la mano. ¿Te sorprende que los hombres asciendan a Dios? Dios desciende a los hombres; mejor aún —y esto es más íntimo—, Dios penetra en el interior del hombre: ningún alma es virtuosa sin Dios. Semillas divinas han sido derramadas en todos los cuerpos humanos; si un buen labrador las recoge, brotan semejantes a su origen e iguales a aquellos de quienes nacieron; pero si el labrador es malo, no de otra suerte que una tierra estéril y palustre, las mata, y, en vez de buen grano, solo cría malas hierbas. Ten salud.

Oyendo a un filósofo

Me amenazas con tu enemistad si te dejo en la ignorancia de alguna de las acciones que hago cada día. Para que te percates de la franqueza que tengo contigo, te haré esta confidencia: voy a escuchar a un filósofo, y por cierto que ya hace cinco días que asisto a su escuela y atiendo sus explicaciones desde la hora octava. «¡A buena hora!», exclamas. ¿Y por qué no es buena? ¿Qué necedad mayor que la de no aprender lo que ignoraste tanto tiempo? «¿Entonces qué? ¿Haré igual que los trósulos y la juventud?». Bien me va si este es el único desdoro de mi vejez. Esta escuela admite hombres de todas las edades. ¿Envejeceremos en ello por imitar a los jóvenes? Viejo como soy iré al teatro, y me llevarán al circo, y no habrá pelea sin mi asistencia; ¿y me avergonzaré de ir a escuchar a un filósofo? Has de aprender mientras ignores y, si creemos lo que dice el proverbio, mientras vivas. En ninguna otra circunstancia es más aplicable este proverbio que en esta: has de aprender la manera de vivir tanto tiempo como vivas. Con todo, yo también allí enseño algo. ¿Me preguntas qué enseño? Que también el viejo ha de aprender. Me avergüenzo del género humano cada vez que entro en la escuela. Como sabes, todo el que va a la casa de Metronacte tiene que pasar más allá del teatro de Nápoles; el teatro está henchido y rebosante y con acalorada obstinación se discute sobre cuál es el mejor flautista; también el trompetero griego y el heraldo tienen su público; y, en cambio, en aquel lugar donde se investiga en qué se conoce el hombre virtuoso, donde se aprende a serlo, poquísimos son los que se sientan, y, aun entre estos, la mayoría cree que no hay nada allí para hacer ganancia alguna: son los inadaptados y los gandules. Que me salpiquen a mí estas burlas: con ánimo igual hemos de oír los insultos del vulgo y quien avanza por el camino de la honestidad ha de corresponder al desdén con el desdén. Ve haciendo tu camino, Lucilio, y apresúrate para que no te acontezca lo que a mí, que tengas que aprender de viejo; y tanto más tienes que apresurarte cuanto que el estudio que emprendiste apenas podrás terminarlo ni aun en la vejez. «¿Cuánto progresaré?», preguntas. Cuanto en ello te empeñes. ¿Qué esperas? Nadie en el mundo alcanzó la sabiduría al azar. El dinero vendrá solo; se te ofrecerá el honor; la influencia y la dignidad por ventura se te impondrán a la fuerza: mas la virtud no te tocará por lotería. Ni es con leve esfuerzo ni con poco trabajo como se adquiere su conocimiento; pero ¿qué significa todo ello para quien ha de tener la posesión simultánea de todos los bienes? Bien único es la honestidad; ninguna verdad hallarás, ninguna certidumbre en aquellas cosas con que se complace la fama. Te diré por qué lo honesto es el único bien, puesto que no te parece que haya quedado suficientemente explicado en la carta anterior, en la cual, más que una demostración, ves una alabanza; lo que dije allí voy a resumirlo en cuatro palabras. Toda cosa vale por su bien propio. La fertilidad y el sabor de vino recomiendan la viña; la velocidad al ciervo; de las bestias preguntas qué fuerza tienen en el lomo, puesto que su único servicio es llevar la carga. La primera cualidad del perro es la finura de su olfato, si ha de seguir el rastro de la alimaña; la carrera, si ha de perseguirla; la acometida, si ha de morderla y asaltarla; en cada cosa, lo mejor ha de ser aquello para lo que nació, aquello por lo que se valora. En el hombre, ¿qué es lo mejor? La razón; por ello se adelanta a los animales y es la continuación de los dioses. La razón perfecta, pues, es el bien propio del hombre; todos los otros le son comunes con los animales y las plantas; es valiente: también los leones; es hermoso: también el pavo real; es veloz: también los caballos. Y ni siquiera digo que en todo esto sea superado. No indago qué es lo que tiene en mayor grado, sino lo que tiene de propio. Posee corpulencia: también los árboles; tiene impulso y movimiento voluntario: también las bestias y los gusanos; tiene voz: pero cuánto más clara no la tienen los perros, y más aguda las águilas; y más grave los toros; y más dulce y flexible los ruiseñores. ¿Qué es lo propio del hombre? La razón: ella, si es recta y consumada, colma la felicidad del hombre. Pues si toda cosa, cuando perfeccionó su bien, es laudable y llegó al fin de su naturaleza, y si el bien propio del hombre es la razón, perfeccionándola, merecerá la alabanza de haber conseguido aquel fin. Esa razón perfecta se llama virtud, y se identifica con la honestidad. Este es, pues, el único bien que hay en el hombre, que es lo único propio del hombre; ahora no estamos buscando qué es el bien, sino cuál es el bien del hombre. Si no es otro sino la razón, ella será el único bien suyo que compensará a todos los demás. Si alguno es malo, pienso que será reprobado; si es bueno, pienso que será elogiado. Aquello es, pues, en el hombre lo primero y lo único por lo que merece amonestación o alabanza. Tú no dudas que ello sea un bien; dudas, sin embargo, si es el único. Si uno posee todos los otros, salud, riquezas, numerosas estatuas de sus antepasados, un vestíbulo concurrido, pero se sabe que es deshonesto, tú lo reprobarás. Al contrario, si no tiene ninguno de estos bienes a los que he hecho mención, si está falto de dinero, de clientes, de nobleza y de representaciones de abuelos y de bisabuelos, pero es reconocido por honesto, tú lo encomiarás. El único bien del hombre es, pues, aquel que, si el hombre lo tiene, aunque de todos los otros esté privado, es digno de loa; y el que no lo tiene, aunque los otros merezcan alabanza, él merece reproche y desdén. Igual es la condición de los hombres y de las cosas; se dice que es buena la nave, no la que está pintada con lindos colores, o tiene de oro o de plata la proa, o cuya divinidad tutelar está labrada en marfil, ni la que va cargada con todo el oro del fisco o con los tesoros de un rey, sino cuando es sólida y firme y calafateada convenientemente para que el agua no entre por las rendijas, resistente para resistir los embates del mar, obediente al timón, veloz y a prueba de viento. No dirás que una espada es buena porque tenga el cinturón de oro ni su vaina incrustada en pedrería, sino cuando tiene bien afilada la hoja para cortar y la punta capaz de perforar cualquier armadura. A una regla no se le pide que sea hermosa, sino que sea recta. Todo objeto se precia por relación con su cualidad ideal, la conveniente a su naturaleza. No importa nada, pues, por lo que se refiere al hombre, cuántas tierras labre, ni cuánto caudal tenga invertido, ni por cuántos sea saludado, ni cuánto costó el lecho en el que duerme, ni en qué transparente vaso beba; sino cuánta sea su bondad. Y es bueno si su razón es recta y amplia y acomodada a lo que reclama su naturaleza. Esta es la que se llama virtud; esto es, la honestidad y el bien supremo del hombre. Pues, siendo así que solo la razón perfecciona al hombre, solo la perfecta razón lo hace bienaventurado;

y el bien único es aquel por el cual exclusivamente se puede ser feliz. Decimos también que son bienes todas aquellas cosas que nacen de la virtud y llevan su cuño, es decir, todas sus obras; pero ella es el único bien, porque no hay ningún bien sin ella. Si todo bien está en el alma, todo aquello que la robustece, la levanta, la engrandece es un bien; pero es la virtud lo que fortifica el alma, la exalta y amplifica, porque todas las otras cosas que excitan nuestros deseos deprimen el alma y la ultrajan, y, cuando parecen enaltecerla, la hinchan y la engañan con mil vanidades. Bien único es, pues, aquel que mejora nuestra alma. Todas las acciones de la vida se gobiernan por la relación con lo honesto y lo deshonesto; con referencia a estas cualidades se rige la razón en hacer o dejar de hacer una cosa. Te explicaré qué es esto. El varón honesto hará aquello que honestamente crea que ha de hacer; aun sin percibir salario, aun cuando sea con fatiga, aun siendo algo perjudicial y siendo arriesgado; y al revés, lo que sea deshonesto no lo hará, aunque se le ofrezca dinero, o deleite o poder. De lo honesto ninguna cosa lo apartará; a lo torpe no lo invitará ninguna. Por tanto, si ha de ir siempre en busca de lo honesto y ha de evitar siempre lo deshonesto y en todos los actos de su vida no ha de prestar su atención sino a estos dos extremos; si no hay otro bien fuera de lo honesto ni hay otro mal sino lo torpe; si solo la virtud es incorruptible; si únicamente ella permanece incorruptible, bien único es la virtud, que ya no tiene la posibilidad de dejar de serlo. Escapó del peligro de mudanza: la necedad puede trepar hasta la sabiduría; pero jamás la sabiduría puede caer rodando hasta la necedad. Te dije, acaso lo recuerdas, que muchos, de manera irreflexiva, pisotearon las cosas que el vulgo codicia y las que teme; hubo quien arrojó lejos de sí las riquezas;

hubo quien puso su mano en el fuego; quien ante el verdugo no dejó de reír; quien en la muerte de los hijos no derramó una lágrima; quien impertérrito salió al encuentro de la muerte; amor, enojo, codicia desafiaron los peligros. Lo que puede una pasajera obstinación del espíritu excitado por un estímulo, ¿cómo no ha de poderlo la virtud, que no se mueve por ímpetu repentino, sino que se mantiene serena e igual y llena de energía? Se deduce de ello que aquellas cosas que son con frecuencia despreciadas por los no juiciosos y siempre por los cuerdos no son ni buenas ni malas. El único bien es, pues, la virtud; la virtud que camina altaneramente entre la adversa y la próspera fortuna, con un gran e igual desdén hacia la una y la otra. Si admites la opinión de que hay algún bien distinto de lo honesto, no habrá virtud que no sufra mengua de ello, pues ninguna habrá que pueda alcanzarse si pone la atención en algo exterior a ella. Esto repugna a la razón, de quien proceden las virtudes, y repugna también a la verdad, que no es posible sin la razón, puesto que cualquier opinión que repugna a la verdad es falsa. Necesariamente tienes que concederme que el hombre bueno profesa una gran piedad para con los dioses. Por eso soportará con ánimo tranquilo cualquier cosa le suceda, pues sabrá que le acaeció por ley divina, a cuyo dictado funciona el universo. Y, si ello es así, su único bien será lo honesto, porque lo honesto está en todo momento unido a obedecer a los dioses y a no indignarse contra las desgracias inesperadas ni a deplorar su propia suerte, sino a aceptar con paciencia el destino y a cumplir sus mandamientos. Si existe otro bien fuera de lo honesto, nos atrapará el ansia por la vida y por las cosas de las que ella se vale, lo que sería insufrible, inacabable, indefinible. Él único bien, por tanto, es lo honesto, que tiene su medida. Hemos dicho que la vida de los hombres sería más feliz que la de los dioses si fueran bienes aquellas cosas que los dioses no pueden usar, por ejemplo, el dinero y los honores. Aparte de esto, si las almas separadas de los cuerpos continúan viviendo, el estado que les espera es más feliz que el que tuvieron mientras habitaban su cuerpo. Pero, si son bienes aquellas cosas de que usamos por orden del cuerpo, las almas separadas serán menos felices, pues es increíble que las almas reclusas y encarceladas sean más felices que las libres y restituidas al universo. Dije asimismo que, si son buenas aquellas cosas que convienen por igual a los hombres y a los animales mudos, también estos llevarían una vida feliz, lo que no es en manera alguna posible. Cualquier contrariedad se ha de padecer por la honestidad, lo cual no sería menester, si hubiere algún otro bien además de lo honesto. Esto, aun cuando lo he tratado con mayor amplitud en una carta anterior, aquí lo he repetido resumido y condensado. Jamás te parecerá verdadera esta opinión si no levantas el ánimo y te preguntas a ti mismo si, en el caso de que fuera imprescindible morir por la patria y conseguir la salvación de todos los ciudadanos a costa de la tuya, ofrecerías el cuello no solo con resignación, sino con alegría. Si estuvieras dispuesto a ello ya no habría otro bien, pues por conseguir este todos los demás abandonas. Mira cuánta es la fuerza de la honestidad: morirás por la patria, aunque ello tenga que ser acto repentino en cuanto conozcas que es tu obligación. Hay ocasiones en las que de una acción tan noble se percibe un gozo grande, aunque sea por un tiempo muy breve y por más que el fruto de la obra practicada no pertenezca en nada a su autor; muerto y desencarnado de todas las cosas humanas, con todo, la pura contemplación de la obra que ha llevado a cabo causa complacencia; y el varón fuerte y justo, al representarse la libertad de la patria y la redención de todos aquellos por quienes da la vida como premios de su muerte, se anega en su gozo y disfruta de su propio peligro. Pero, aun cuando se vea privado de este gozo que proporciona la realización de la hazaña definitiva y suprema, sin vacilación se abalanzará a la muerte, contento con obrar recta y piadosamente. Oponle muchas razones que lo disuadan; dile: «Tu gesta irá seguida de un olvido inmediato y de escasa gratitud por parte de los ciudadanos». Él te responderá: «Todas estas cosas son ajenas a mi acción, a la que solo yo atiendo; sé que ella es honesta; por eso acudo adonde ella me llama y me conduce». El único bien es, pues, aquel que es sentido no solamente por el alma perfecta, sino también por la generosa y bien nacida; los restantes bienes son livianos y mudables. Por eso se poseen con ansia; y, aun cuando el favor de la fortuna los acumula en un solo hombre, hacen sentir su pesadumbre a sus dueños, y los oprimen siempre y los agobian a veces. Ninguno de esos que ves vestidos de púrpura es más feliz que aquellos a quienes la ficción escénica hace que lleven cetro y clámide; en presencia del pueblo pasearon contoneándose y solemnes; pero en cuanto abandonan la escena se descalzan y vuelven a su estatura normal. Ninguno de esos a quienes las riquezas y los honores pusieron en la cumbre más alta es verdaderamente grande. ¿Por qué entonces parece grande? Porque lo mides con la peana. No es alto el enano, aun cuando se situase encima de una montaña; el coloso conservará su grandeza, aun cuando se sumergiera en un pozo. De este error padecemos, esta es la ilusión, porque no valoramos a nadie por lo que es, sino que le añadimos sus adornos. Sin embargo, cuando tú quieras descubrir y conocer el valor efectivo de un hombre, contémplalo desnudo: despójalo del patrimonio, despójalo de los honores y de las otras mentiras de la fortuna; desnúdalo de su propio cuerpo, y fija los ojos en su alma, y mide cuál y cuán grande es de lo suyo o de lo ajeno. Si sus ojos desafían el fulgor de las espadas desnudas, si sabe que no le importa que el alma se escape por la boca o por el cuello, llámalo bienaventurado; bienaventurado si, cuando se le anuncian torturas físicas, tanto las que vienen al azar como de la injusticia de los poderosos; si hablándole de hierros y de destierros y de los vanos temores de las almas de los hombres, permanece tranquilo y dice: «Ningún aspecto nuevo ni inesperado del sufrimiento se presenta, oh, virgen, delante de mí; todos los presentí ya, y por adelantado los sobrellevé ya en mi ánimo todo revés. Tú me anuncias esto hoy; yo siempre me lo anuncié a mí mismo, y, hombre como soy, me había preparado para humano». La violencia del golpe llega mitigada cuando fue previsto, mas a los necios y confiados en la fortuna todo aspecto de las cosas se les antoja nuevo e inesperado; y para los ignorantes la mayor parte del mal estriba en su novedad. Para que te convenzas, has de saber que quienes se acostumbraron a ello sufren con mayor entereza aquello que creyeron insoportable. Por eso el sabio se acostumbra a los males venideros y, aquellas penalidades que los otros suavizan sufriéndolas, él las suaviza pensando en ellas largo tiempo. Oímos a veces la voz de los ignorantes, que dicen: «Ya sabía yo que me esperaba esto». El sabio sabe que todos los golpes le esperan. Ante cualquier golpe que reciba, dice: «Ya lo sabía». Ten salud.

La flota alejandrina y la muerte de Marcelino

Inesperadamente se nos aparecieron hoy las naves de Alejandría que suelen adelantarse y anunciar la inminente llegada de la flota. Su vista alegra mucho a la gente de Campania; todo el pueblo de Putéolos se concentra en los muelles, desde donde conoce, por la forma de las velas, las naves alejandrinas, aun en medio de una gran multitud de navíos, pues ellas solas tienen el derecho de extender la gavia que todas izan en alta mar. Y, en efecto, no hay nada que ayude tanto la marcha de la nave como la parte superior de la vela, pues es allí por donde se la empuja. Así que, cuando el viento se refresca y sopla más recio de lo que conviene, se baja la antena, pues el aire no tiene tanta fuerza cuando bate por debajo. Cuando los bajeles han surgido en Caprea y en el promontorio, «tempestuoso pico desde donde Palas contempla alta mar», las otras naves tienen obligación de pasar con una sola vela, y la gavia es entonces la insignia de las naos alejandrinas. En ese tropel de la gente corriendo apresuradamente a la playa sentí gran placer de mi pereza, porque, habiendo de recibir cartas de los míos, no me afané por saber cuál es la situación de mis asuntos ni de qué nuevas me hacían partícipe: hace tiempo que no tengo ni ganancias ni pérdidas. Tales debieran ser mis sentimientos, aunque no fuese viejo; pero ahora mucho más, cuando, por poco que tuviese, sería el viático más largo que el camino, y sobre todo habiendo emprendido uno que no es necesario conducir a término. Un viaje queda incompleto si te detienes a media jornada o antes de llegar al lugar donde te dirigías; la vida no se queda incompleta si es honesta. Dondequiera que la acabes, si la acabas bien, está ella toda. Muchas veces hay que acabarla valerosamente y por motivos mayores porque no lo son tampoco los que nos retienen. Julio Marcelino, al que tan bien conociste, joven sosegado y anciano antes de tiempo, atacado por una enfermedad, no incurable ciertamente, pera larga y molesta y llena de exigencias, comenzó a deliberar si se daría la muerte. Convocó a muchos amigos; cada uno de ellos, bien porque era cobarde le aconsejaba aquello que a sí mismo se aconsejaría, o bien porque era adulador y lisonjero le daba aquel consejo que presumía que había de serle más grato. Un amigo nuestro, estoico, varón egregio y, para alabarle con los calificativos que se merece, hombre fuerte y animoso, le hizo, a mi parecer, la mejor exhortación. Empezó así: «No te tortures, Marcelino, como si deliberases sobre un asunto de gran importancia. No es gran cosa el vivir; viven todos tus esclavos, viven todos los animales; lo grande de verdad es morir noble, sabia, fuertemente. Piensa cuánto tiempo hace que te ocupas de lo mismo: comer, dormir, gozar; en este círculo vicioso se debate la vida. Querer morir no solamente lo puede el sabio, el fuerte o el mísero, sino también el hastiado de la vida». No necesitaba Marcelino que lo aconsejaran, sino que lo ayudaran; los esclavos no querían obedecerle. Al principio, el estoico les quitó el miedo del cuerpo y les hizo ver que los esclavos solo corrían peligro cuando quedaba la incertidumbre de si la muerte del señor había sido voluntaria; por otra parte, les demostró que tan escandaloso era matar al señor como impedir que se matase. Después, advirtió a Marcelino que sería obrar noblemente si, como sucede al acabar la cena, que se distribuyen las sobras del banquete, al terminar la existencia se hicieran algunos presentes a quienes durante toda la vida fueron sus servidores. Era Marcelino condescendiente y generoso, aun de sus propios bienes, así que distribuyó pequeñas cantidades a sus afligidos esclavos, y él mismo los consoló. No tuvo necesidad de hierro ni de efusión de sangre: se abstuvo tres días de ingerir alimento, y en su misma estancia mandó poner el pabellón del baño; luego fue llevada allí la bañera, en la que estuvo largo tiempo y, echando en ella de tanto en tanto agua caliente, murió apaciblemente, no sin cierto placer, como él mismo decía, ese placer que causa un desfallecimiento dulce, que mucho hemos experimentado los que alguna vez sufrimos desvanecimientos. Me he extendido en esta anécdota, que, a buen seguro, no te ha disgustado, pues así sabrás cómo falleció tu amigo, de una manera fácil y nada dolorosa, ya que, aun cuando él se provocó la muerte, no obstante escapó de la vida de una manera dulcísima, como por un deslizadero. Pero tampoco carecerá de ejemplaridad está historia, porque muchas veces la necesidad nos obliga a dar estos ejemplos. Muchas veces tenemos el deber de morir y no queremos; hemos de morir por fuerza y tampoco queremos. Nadie hay tan ignorante que no sepa que ha de morir alguna vez; pero, cuando la muerte se le acerca, vuelve la espalda, tiembla y llora. ¿No te parecería ser el más necio de todos quien llorase porque no ha vivido mil años atrás? Igualmente necio es aquel que llora porque no vivirá mil años después. Futuro y pretérito son una misma cosa: ambos tiempos nos son extraños. En este instante del tiempo fuiste colocado y, si quieres prologarlo, ¿hasta dónde lo ampliarás?

¿Qué es este llanto? ¿Qué es este deseo? Tiempo perdido y nada más. «Deja de esperar que tus ruegos ablanden los decretos de los dioses». Firmes son e irrevocables, conducidos por una necesidad suprema y eterna. Irás allí donde van todas las cosas. ¿Qué novedad tiene eso para ti? Para esa ley naciste; eso aconteció a tu padre, eso a tu madre, eso a tus mayores, eso a todos los que ante ti fueron, eso a los que serán después de ti. Una cadena no rota, inalterable a todo esfuerzo, ató y arrastra todas las cosas. ¡Cuán gran número de mortales no te seguirá! ¡Cuán gran número no te acompañará! Creo que irías más animoso si muchos millares muriesen contigo; sabe, pues, que a muchos millares de hombres y de animales en este instante en que tú te resistes a morir, con diversas clases de muerte exhalan su alma. ¿Y no has pensado jamás que un día u otro tendrías que llegar al punto adonde siempre te encaminabas? No hay camino sin término final. ¿Piensas que voy a relatarte ahora ejemplos de los grandes hombres? Voy a contártelos de niños. Se mantiene viva todavía la memoria de aquel muchacho espartano, impúber todavía, quien, cautivo, gritaba en su lengua dórica: «Yo no seré esclavo», y cumplió fielmente su palabra; en cuanto se le mandó ejecutar un menester servil y vergonzoso —se le ordenó servir un vaso con inmundicias—, se quebró la cabeza contra una pared. ¿Tan cercana está la libertad y hay esclavos todavía? ¿No preferirías que un hijo tuyo muriese así antes que verlo envejecer en servilismo y cobardía? ¿A qué vienen esas turbaciones, si el morir valerosamente es hazaña al alcance de un niño? Figúrate que tú no quieres seguir: te llevarán. Haz tuyo lo que es ajeno. ¿No tomarás aliento de un muchacho para decir: «Yo no soy esclavo»? Infeliz, que eres esclavo de los hombres, que eres esclavo de las cosas, que eres esclavo de la vida, puesto que la vida, si carece del valor del morir, es una auténtica esclavitud. ¿Qué tienes que te obligue a esperar? Los placeres que te estorban y retienen ya los agotaste; no queda ya ninguno nuevo, ninguno a quien el mismo hastío no lo haga aborrecible. Cataste el sabor del vino y del que se adoba con miel; poco importa que por tu vejiga pasen cien ánforas o mil; no eres más que un filtro. Conoces perfectamente el gusto de las ostras y del barbo; tu lujuria nada dejó intacto para los años venideros. Y son estas cosas de las que eres arrancado tan a la fuerza. ¿Qué otra cosa hay que te duela que te sea arrebatada? ¿Los amigos? Y tú, ¿sabes ser amigo? ¿La patria? ¿La tienes en tanta estima que por ella retrasas la hora de la cena? ¿El sol? Si pudieras, lo apagarías: ¿hiciste, acaso, algo que fuese digno de la luz? Confiesa que no es el Senado, ni el foro, ni el amor a la naturaleza lo que te vuelve tan lento para morir. Bien a tu pesar dejas el mercado, en el cual ninguna provisión pusiste. Temes la muerte, pero ¿cómo despreciarla si te hartas de setas? Quieres vivir; pero ¿es que sabes vivir? Temes la muerte; pero ¿no es una muerte esta vida? A Cayo César, un día que pasaba por la vía Latina, habiéndolo visto uno del grupo de los forzados con una vieja barba que le caía sobre el pecho, le pidió la muerte. «Pero ¿es que ahora vives?», le respondió el emperador. Esta misma respuesta se ha de dar a aquellos para quienes la muerte les sería favor: ¿temes morir? Pero ¿vives acaso? «Pero yo —dice uno— quiero vivir porque hago mucho bien; me separo a mi pesar de los deberes de la vida, que cumplo con fidelidad y celo». ¿Cómo? ¿Ignoras que el morir es uno de los deberes de la vida? De ningún deber desertar, porque no existe un número concreto de ellos que te sea forzoso cumplir. No hay ninguna vida breve, porque, si la comparas con la duración del universo, es corta la del mismo

Néstor y la de Satia, que hizo esculpir en su sepulcro que había vivido noventa y nueve años. He aquí a una mujer que se enorgullece de su avanzada longevidad: ¿quién la hubiera podido resistir si hubiera tenido la suerte de cumplir la centena? La vida es drama, en el cual importa no cuánto ha durado, sino cómo se ha representado. Nada interesa el sitio donde la acabes. Acábala donde te plazca; mas cuida de ponerle un buen colofón. Ten salud.

Dios escudriña el interior del hombre

Me pides que te explique lo que hago cada día y a cada hora del día. En buen concepto me tienes si piensas que no hay en ellos nada que esconder. Así siempre deberíamos vivir, como si nos viesen; así deberíamos pensar, como si alguien pudiera asomarse a nuestro interior; y, ciertamente, hay quien puede. ¿De qué sirve tener secretos para el hombre? Nada hay cerrado a Dios. Él está presente en nuestras almas e interviene en nuestros pensamientos. «Interviene», he dicho, ¡como si se apartase en algún momento! Haré, pues, lo que me pides y con gusto te escribiré lo que hago y con qué orden lo hago. Desde este momento me observaré y, cosa sumamente útil, realizaré el examen de mi día. Esto es lo que más nos empeora: que nadie analiza su vida. Pensamos lo que haremos, y aun esto raramente; lo que hicimos no lo pensamos nunca, y, con todo, el consejo de la conducta futura resulta de la conducta pasada. El día de hoy es un día entero y pleno; nadie me ha quitado de él ni la más pequeña parte. Todo ha sido distribuido entre el lecho y la lectura; nada he entregado de él al ejercicio corporal; por este beneficio doy gracias a mi vejez; no me cuesta esfuerzo, alguno; apenas me he movido, estoy cansado. Este es el fin de todos los deportes físicos aun para los más robustos. ¿Preguntas por mis compañeros de ejercicios? Me basta uno solo, Fario, el muchacho, que, como sabes, es amable; pero lo cambiaré; quiero otro más joven. Fario va diciéndome que los dos hemos pasado la misma crisis porque a ambos los dientes se nos caen. Pero a duras penas lo alcanzo corriendo, y dentro de muy pocos días ya no podré; mira cuánto aprovecha el ejercicio de cada día. Pronto se hace grande la distancia entre dos que van en dirección opuesta; a la vez él sube y yo bajo; y no ignoras cómo una cosa va más aceleradamente que la otra. Mentí; pues nuestra edad no baja, sino que cae. Me preguntas cómo ha ido nuestra competición de hoy. Cosa que raras veces pasa con los corredores, hemos empatado. Tras esta fatiga, más que ejercicio, tomé mi baño de agua fría; pues este nombre doy a la que no es muy caliente. Aquel enamorado intrépido del agua helada que en las calendas de enero saludaba el Euripo, yo, que inauguraba el año nuevo bañándome en la fuente Virgen, así como otros lo inauguran leyendo, escribiendo o hablando, comencé por trasladar mi campamento al Tíber y luego a esta bañera, que, en los días que me siento más fuerte y todo en mi organismo va bien, solo el sol templa; poco falta para el régimen de baños ordinarios. Después, pan seco y almuerzo sin mesa, tras el cual no hay que lavarse las manos. Duermo lo mínimo; conoces mi costumbre; es muy corto mi sueño y aun interrumpido; me basta haber cesado de estar en vigilia; algunas veces sé que dormí; otras, lo sospecho. He aquí la vocería del circo, que desde todas partes zumba a mi alrededor; un clamor súbito, un griterío multitudinario hiere mis oídos, pero ni ahuyenta mis reflexiones ni siquiera las interrumpe. Soporto con suma paciencia esos aullidos; muchas voces confundidas en una sola me dan la impresión de una ola o de un viento que azota la selva, o de cualquiera de los otros sones inarticulados vacíos de sentido. ¿Qué es, pues, a lo que ahora he aplicado el ánimo? Te lo diré. Pendiente me queda una meditación de ayer: qué propósito tuvieron los hombres más sabios al imaginar para los asuntos de mayor trascendencia demostraciones tan débiles y ambiguas que aun cuando son verdaderas se parecen mucho a una mentira. Quiere meternos en el alma el horror de la embriaguez Zenón, varón egregio, fundador de nuestra escuela, la más animosa y austera. Oye, pues, cómo demuestra que el hombre bueno no será beodo jamás. «Al borracho nadie le confía un secreto; y en cambio se lo confía al hombre bueno; luego el hombre bueno no se emborrachará». Oye ahora cómo puede neutralizarse este argumento con un argumento contrario; basta con aducir uno entre muchos. «Al dormido nadie le confía un secreto; en cambio, se le confía al hombre bueno; luego el varón bueno no dormirá jamás». De la única manera posible defiende Posidonio la causa de nuestro Zenón; pero ni aun a su manera creo yo que sea defendible. Dice que el borracho puede entenderse de dos maneras: una, cuando está ahíto de vino y enajenado de sí; otra, cuando uno tiene el hábito de emborracharse y es propenso a este vicio; a este segundo es el que se refiere Zenón, que acostumbra hacerse el borracho, pero no lo está; y es cosa cierta que a ese nadie le confiará secretos que el vino podría hacerle publicar. Pero esto es falso, porque la primera proposición de ese argumento afecta a quien está borracho, no a aquel que ha de estarlo. Porque reconocerás que existe una gran diferencia entre el ebrio y el alcohólico; porque el ebrio puede estarlo por primera vez sin que tenga ese vicio; y el alcohólico muchas veces puede no estar ebrio. Tomo, pues, este vocablo en su sentido corriente y de una manera especial por usarlo un hombre que cuida de la exactitud y el peso de las palabras. Añade aún que, si Zenón lo entendió y quiso que lo entendiesen de esa manera, buscó la forma de engañarnos con el vocablo ambiguo, cosa que no se debe hacer en la averiguación de la verdad. Pero, aun cuando lo entendiese así, falsa es la afirmación siguiente, a saber: que no se confía secreto alguno a quien tiene el vicio de embriagarse. Piensa a cuántos soldados, no siempre sobrios, el general y el tribuno y el centurión confiaron secretos rigurosos. La conjuración de la muerte de Gayo César, de aquel a quien la derrota de Pompeyo entregó la República, fue igualmente confiada a Tilio Cimber que a Gayo Casio. Casio fue abstemio toda su vida; Tilio Cimber era demasiado aficionado al vino y un gran charlatán. Él mismo aludía jocosamente a esta aguda vinolencia diciendo: «¿Soportaré a nadie, yo, que no puedo soportar el vino?». Cada cual puede decirse a sí mismo el nombre de aquellos a quien sabe que no es razonable confiarles el vino, pero sí un secreto; con todo, voy a referir, para que no se me olvide, un ejemplo que ahora se me ocurre. Es útil amar la vida con ejemplos ilustres, frescos, y no acudir siempre a los antiguos. Lucio Pisón, gobernador de Roma, estuvo siempre borracho desde su nombramiento. Pasaba en banquetes la mayor parte de la noche; dormía hasta cerca del mediodía; ese era su madrugar. Y, con todo, cumplía con suma diligencia todas sus funciones, que comprendían la vigilancia de la ciudad. Y a ese, el divino Augusto le confió órdenes secretas al nombrarlo para el gobierno de la Tracia, que él conquistó; como las recibió asimismo de Tiberio al partir para la Campania, dejando en Roma muchos problemas peligrosos y enojosos. Yo llego a pensar que, porque le fue bien con la borrachera de Pisón, luego nombró prefecto de Roma a Coso, varón mesurado y grave, pero entregado a mares de vino e impregnado en él hasta tal punto que, una vez que del banquete fue al Senado, un invencible sueño lo agobió de tal manera que se le tuvo que sacar de la sesión dormido sin poder despertarlo. Y, con todo, Tiberio le escribió de su propia mano instrucciones que creía que no debía confiar a sus mismos ministros; y jamás se le escapó a Coso secreto político ni privado. Así que apartemos esta suerte de declamaciones. No tiene señorío de sí quien está sumido en la borrachera; así como el mosto nuevo rompe las tinajas y todo lo que yace en el fondo sube arriba por la fuerza del hervor, así también al calor del vino todo lo que yace escondido en los posos del alma es arrancado y sacado a la superficie. Los que llevan una gran cargazón de vino, de la misma manera que no pueden contener el manjar que les vuelve a la boca, no pueden guardar un secreto; derraman por un igual lo suyo y lo ajeno. Pero, aunque esto sea lo usual, también acontece que con frecuencia deliberamos sobre cosas sustanciales con hombres que sabemos que beben muy a gusto. Es falso, pues, aquello que aducen como defensa, a saber: que no suele confiarse ningún secreto a quien acostumbre a embriagarse. Cuánto más razonable es no atacar la embriaguez de frente y hacer declaración de todos sus desórdenes, que todo hombre corriente evitaría, cuanto más el perfecto y el sabio, a quien ya le basta con apagar la sed, y hasta cuando por hacer honra a otro se le exhorta a una prolongada alegría, no obstante, se detiene en los lindes de la embriaguez. Examinemos luego si el exceso de vino perturba el ánimo del sabio y lo lleva a hacer lo que los borrachos acostumbran; pero en el intervalo, si quieres demostrar que el hombre bueno no ha de embriagarse, ¿por qué procedes con silogismos? Muestra la enorme vergüenza que es ingerir más de lo que se pueda contener y desconocer la capacidad del estómago propio;

cuántas cosas hacen los borrachos de que los sobrios huyen, y cómo la embriaguez no es más que una locura voluntaria. Prolonga por muchos días el estado de embriaguez: ¿quién duda de que es un caso de demencia furiosa? Esta actual es más breve, pero no más pequeña. Refiere el lamentable ejemplo de Alejandro de Macedonia, que en medio de un festín apuñaló a Clito, su amigo más entrañable y fiel; y, al conocer la abominable hazaña, quiso morir; y, ciertamente, debió morir. La embriaguez exacerba y descubre todo vicio y destierra la vergüenza, que es la salvaguardia de los malos instintos, pues son en mayor número los que se abstienen de lo vedado más por vergüenza de pecar que por buena voluntad. Cuando la fuerza excesiva del vino se ha enseñoreado del alma, emerge y aflora todo el mal que estaba solapado. No engendra los vicios la embriaguez, pero los delata; entonces, el libidinoso ni siquiera aguarda a estar en su habitación, sino que concede a sus instintos todo lo que le pidieron sin dilación; entonces, el impúdico descubre y propala su dolencia; entonces, el pendenciero no frena ni lengua ni mano. Crece la soberbia al arrogante, la crueldad al violento, la malignidad al envidioso; todo vicio se propaga y estalla. Añade esa ignorancia de sí mismo; esas palabras dudosas y sin sentido, los ojos inciertos, el paso errante, la cabeza que le da vueltas, los techos que se mueven como si un torbellino girase toda la casa, los retortijones del estómago cuando fermenta el vino y distiende las entrañas. Y, aun entonces, es tolerable mientras puede sostenerse; pero ¿qué pasa cuando se traduce en sueño y lo que fue embriaguez se convierte en indigestión? Considera qué calamidades produjo la embriaguez general de todo un pueblo. Entregó naciones intrépidas y belicosas a sus enemigos; abrió brechas en murallas defendidas en guerra constante durante muchos años; sometió al albedrío ajeno a los guerreros más tenaces en sacudirse del yugo; con vino, dominó a quien no venció el hierro. Alejandro, a quien antes hice mención, que salió sano y salvo de tantas expediciones, de tantas batallas, de tantos inviernos superados a pesar de las intemperies y asperezas de lugares, de tantos ríos nacidos de misteriosos manantiales, sucumbió a la intemperancia del beber y lo enterró aquella fatal copa de Hércules. ¿Qué linaje de gloria es engullir mucho? Aun cuando hayas ganado la palma y los comensales, rendidos de sueño y vomitando, rechacen la copa que les ofreces, cuando tú solo sobrevivas a la orgía, cuando los hayas vencido a todos por tu valentía magnífica y nadie contenga más vino que tú, inexorablemente te vencerá la tinaja. A Marco Antonio, gran hombre y de elevado pensamiento, ¿qué otra cosa lo perdió y lo redujo a adoptar costumbres extranjeras y vicios no romanos sino la embriaguez y el amor de Cleopatra, no menos embriagadora que el vino? Eso fue lo que lo hizo enemigo de la República; eso lo que lo hizo inferior a sus adversarios; eso lo hizo cruel, cuando a la mesa de sus festines se hacía traer las cabezas de los ciudadanos principales; cuando, entre manjares suntuosos y regias opulencias, identificaba los rostros y las manos de los proscritos; cuando, ahíto de vino, aún tenía sed de sangre. Era intolerable que se embriagase mientras hacía esas cosas; pero cuánto más intolerable era cuando hacía eso en la misma embriaguez. ¡Casi siempre la embriaguez engendra la crueldad, porque vicia la mente sana y la exaspera! Así como las dolencias crónicas vuelven a los hombres malhumorados e irritables, furiosos a la más pequeña contradicción, de la misma manera la embriaguez asidua enfurece los ánimos. Pues, como sea que muchas veces no son dueños de sí, la habitual insania los endurece y los vicios que el vino engendró arrecian también sin el vino. Demuestra, pues, cómo el sabio no ha de embriagarse; recalca su deformidad y su inconveniencia con hechos, no con palabras. Demuestra, demostración muy fácil, que esos que se llaman deleites, cuando pasan de medida, son penas. Porque, si arguyes que el sabio no se embriaga ni incluso con mucho vino y todavía conserva intacta su manera de ser, te será lícito demostrar también que no morirá ni con una poción venenosa ni el narcótico lo hará dormir, y que ni aun con una fuerte dosis de eléboro echará ni por arriba ni por abajo todo lo que tuviere en las entrañas. Pero, si los pies no le aguantan ni la lengua le obedece, ¿por qué razón piensas que en parte está sobrio y en parte ebrio? Ten salud.

La quinta de Escipión

Hoy te escribo desde la misma quinta de Escipión el Africano, donde estoy en cura de reposo, tras haber adorado sus manes y el altar que yo sospecho que debe ser el sepulcro de tan grande varón. Por lo que toca a su alma, estoy convencido de que volvió al cielo, de donde procedía, no porque acaudilló numerosos ejércitos —porque también los acaudilló Cambises, aquel hombre furioso, complacido en la explotación de su furor—, sino por su ejemplar moderación y patriotismo, que me parece más admirable en abandonar la patria que en defenderla. O Escipión debía permanecer en Roma, o Roma debía quedar libre. «No quiero —dijo— derogar en ningún punto nuestras leyes ni nuestras instituciones. Sea igual el derecho para todos: goza, oh, patria, sin mí de mis beneficios. Yo, que fui causa de tu libertad, quiero ser también demostración de ella. Yo mismo me destierro si es que crecí más de lo que te convenía». ¿Cómo no he de admirar yo esta grandeza de alma con que se fue a un ostracismo voluntario, aliviando a la ciudad de su presencia? A tal grado habían llegado las cosas que, o la libertad hacía ofensa a Escipión, o Escipión la hacía a la libertad. Ambos extremos eran ilícitos; por eso cedió el lugar a las leyes y se retiró a Literno, y dejó a la República la responsabilidad tanto de su destierro como del de Aníbal. He visto esta quinta construida de bloques cuadrados, el muro que rodea la selva, las torres que se alzan a un lado y otro para su defensa, la cisterna cavada debajo de construcciones y de cultivos, que alcanzaría a satisfacer las necesidades de un ejército; el baño angosto y oscuro, al estilo antiguo, porque a nuestros mayores no se les antojaba templada una estancia si no era oscura. Mucha fue mi felicidad al contemplar las costumbres de Escipión y las nuestras; en ese rincón bañaba su cuerpo, cansado de los trabajos agrícolas, aquel héroe, horror de Cartago, a quien Roma es deudora de no haber sido tomada más de una vez. Pues es de saber que se curtía en la labranza, y él mismo domaba la tierra como fue costumbre de los hombres primitivos. Bajo este techo tan ruin habitó; este pavimento tan vil lo sostuvo. Ahora, ¿quién hay que se atreva a bañarse de esa manera? Se considera uno a sí mismo villano y pobre si las paredes no deslumbran con grandes y decorados espejos; si los mármoles de Alejandría no lucen incrustaciones de Numidia; si la piedra de Tasos, que antaño fue motivo de gran asombro en cualquier templo, no reviste las piscinas en las que sumergimos nuestros cuerpos, disecados por una fuerte exudación, y si el agua no corre de grifos de plata. Y eso que me refiero a los baños de la plebe: ¿qué diré si me refiriese al baño de los libertos? ¡Qué de estatuas, qué de columnas que apuntalan el vacío, puestas exclusivamente por la manía de gastar; qué de saltos de aguas que caen ruidosamente! A tal grado de molicie hemos llegado que ya no queremos caminar sino sobre piedras preciosas. En este baño de Escipión hay, abiertas en los muros de piedra, más que ventanas, unas tenues hendiduras que reciben la luz sin daño de su robustez. Mas ahora se llaman nidos de cucarachas aquellos baños que no estén dispuestos de tal manera que anchos ventanales den entrada al sol todas las horas del día, a fin de que en ellos se pueda a la vez bañarse y oscurecerse la piel, y también contemplar desde la pila la campiña y el mar. Así que unos edificios que atraían el concurso y la admiración de todos, cuando se inauguraron, ahora son rechazados como antiguallas, a medida que el lujo va descubriendo nuevas maneras de eclipsarse a sí mismo. Pero, antiguamente, los baños eran pocos y no tenían decoración alguna. ¿Por qué iba a adornarse una cosa que costaba la cuarta parte de un as y que se había inventado para la utilidad, no para el deleite? El agua no subía del fondo de la bañera ni se iba renovando, continuamente, como la corriente de una fuente termal, ni creían que importase que fuese transparente el líquido donde dejaban sus suciedades. Pero ¡cómo agrada, oh, dioses buenos, penetrar en aquellos baños oscuros, cubiertos de rústicos techos, cuando sabes que un edil como Catón o Fabio Máximo o uno de los Cornelios reguló su temperatura con su propia mano! Porque era también una de las funciones de aquellos ediles nobilísimos acudir a aquellos lugares frecuentados por el pueblo e imponer la higiene y graduar la temperatura a un punto conveniente y agradable; no esa temperatura que, hace poco, se introdujo, semejante a un incendio hasta tal punto que a un esclavo, convicto de crimen, bastaría con condenarlo a bañarse para quemarlo vivo. Ninguna diferencia me parece que haya ahora entre un baño caliente o un baño hirviente. Dé cuánta rusticidad no será hoy acusado Escipión porque no hacía entrar en su estufa la luz a chorros por amplios ventanales, porque no se tostaba a pleno sol, en espera de ser conducido al baño donde se cocía. ¡Calamidad de hombre! No supo vivir. No se lavaba en agua filtrada, sino muchas veces turbia, y, luego de haber llovido torrencialmente, casi con agua de barro. Poco le importaba lavarse así, porque allá iba a limpiarse del sudor, no de los perfumes. ¿Qué exclamaciones de algunos crees que van a oírse aquí? «No le tengo envidia, porque de verdad vivía en el destierro quien tales baños tomaba». Y aun, para que lo sepas, no se lavaba todos los días; porque, como cuentan los que transmitieron la relación de las costumbres antiguas, se lavaban todos los días los brazos y las piernas de la suciedad que con el trabajo habían recogido; y lo demás se lo lavaban los días de mercado. En este punto dirá alguno: «Es evidente que antiguamente eran muy sucios». ¿A qué crees que olían? A guerra, a trabajo, a arón. Ha sido después de que se inventaran los baños limpios cuando la gente es más sucia. Horacio, queriendo retratar a un infame conocido por sus refinamientos perezosos, ¿qué dice de él? Bucilo hiede a pastillas perfumadas. Si Bucilo viviera hoy en día, diríamos que hiede a chivo, y se asemejaría a aquel Gargonio que Horacio le contrapone. No es suficiente embadurnarse de ungüento si no se renueva dos o tres veces al día para que no se evapore en el cuerpo. ¿Y qué decir de los que presumen de ese olor como si fuera propio? Si las cosas que te escribo te parecen demasiado austeras, atribúyelo a esta quinta, donde aprendí de Egíalo, modelo de padre de familia —pues es su actual propietario—, que el arbusto, viejo y todo, puede trasplantarse. Necesario era que aprendiéramos esto, nosotros, viejos, pues no hay ninguno de nosotros que no esté plantando un olivar para su sucesor. Yo lo vi trasplantar en otoño árboles de tres y cuatro años cuyos frutos no le satisfacían. También a ti te cobijará aquel «que viene tardíamente para hacer sombra a los remotos nietos», como dice nuestro Virgilio, que, menos cuidadoso de la exactitud que de la elegancia, no atendió tanto a enseñar a los agricultores como a deleitar a los lectores. Porque, omitiendo todos los demás errores, he aquí un error que hoy descubrí: «En primavera se siembran las habas; también entonces te acogen en su seno los surcos mullidos, oh, alfalfa, y llega el cuidado anual del mijo».

Si estas plantas deben sembrarse al mismo tiempo y si la sazón de cada cual es la primavera, júzgalo tú por este dato: te escribo esto en junio, muy avanzado, cuando ya declina hacia julio; y en un mismo día he visto segar habas y sembrar mijo. Volveré al olivo que vi trasplantar de dos maneras. Egíalo transportaba los troncos de los grandes árboles después de cortar las ramas a la altura de un pie y haber extraído sus raíces, dejando solo el tronco principal, del cual pendían; colocaba este tronco en un hoyo previamente estercolado y luego lo recubría de tierra, que no solo amontonaba, sino que hollaba y apretaba con sus pies. Dice él que no hay nada tan eficaz como esto, que la guarda del viento y del frío, y dificulta sus movimientos y deja extenderse, y agarrarse las raíces nacientes, las cuales, cuando todavía están tiernas y prenden ligeramente, se descuajan a la primera sacudida. Antes de enterrarlo, raspa el tronco del árbol, porque dice que las raíces nuevas salen de la parte que fue raspada. Pero no debe asomar del suelo más de tres o cuatro pies, porque muy pronto se revestirá de nuevos brotes por debajo sin que quede una buena parte de él seco y arrugado como en los olivos viejos. Otra manera de trasplantar era esta: tomaba ramos fuertes, pero de corteza tierna todavía, como suele ser la de los árboles nuevos, y los hincaba en el suelo de la forma ya explicada. Estos crecen un poco más tardíamente, pero, como si retoñasen en la misma planta, no tiene nada de áspero ni de triste. Y también vi trasplantar de su pie una cepa de muchos años; no hay más que recoger, si es posible, los más delgados filamentos de las raíces, y luego extender el sarmiento en toda su longitud para que de todo él broten las raíces nuevas. Y vi plantarlas así no solamente en febrero, sino también pasado marzo; las cuales ya prendieron y se abrazan a unos olmos que no son de Egíalo. Pero dice que todos esos árboles altos de tronco deben regarse con agua de cisterna; teniéndola a nuestra disposición, disponemos de la lluvia a nuestro antojo. No quiero enseñarte más cosas de agricultura, no sea que, así como Egíalo me dispuso en su contra, no haga yo contigo lo mismo. Ten salud.

De la frugalidad y el lujo

Antes que navegante fui náufrago; cómo ocurrió esto no te lo contaré, para que no creas que es una de las paradojas de los estoicos, ninguna de las cuales es falsa, ni tan extraña como parece a primera vista, conforme te demostraré cuando quieras y aun cuando no quieras. Entretanto, mi viaje me enseñó lo superfluos que somos y cómo una ligera reflexión nos llevaría fácilmente a sacudirnos cosas que nos estorban, cuya pérdida no sentimos cuando nos las quita la necesidad. Con los poquísimos esclavos que cupieron en un solo vehículo, sin ningún otro ajuar que la ropa que llevábamos puesta, yo y mi amigo Máximo hemos pasado dos días felicísimos. Mi jergón está echado al suelo y yo echado en el jergón; de mis dos capotes, el uno me sirve de alfombra, el otro de abrigo. De la comida, nada pudo quitarse; se preparó en menos de una hora: no voy a ningún sitio sin higos secos, y jamás sin tablillas de escribir. Los higos secos, si tengo pan, me sirven de acompañamiento; y, si no tengo, me sirven de pan. Ellos hacen de cada uno de mis días un día de año nuevo que yo vuelvo dichoso y feliz mediante buenos pensamientos y grandeza de espíritu, que nunca es mayor que cuando el alma echó de sí todo lo ajeno a ella y se procuró la paz no teniendo nada y se creó riquezas no deseando nada. El vehículo en que me acomodé es rústico; las mulas dan a entender que viven porque andan; el arriero va descalzo, y no porque sea estío. A duras penas consigo de mí mismo desear que este vehículo parezca mío, porque todavía me dura el mal de avergonzarme de la virtud, y, todas las veces que nos topamos con una comitiva más lujosa, me ruborizo, a mi pesar, lo que me demuestra que estas máximas que apruebo y alabo no están todavía asentadas en mí con suficiente aplomo y firmeza. Quien se avergüenza de un vehículo ruin presumirá de uno suntuoso. Poco he aprovechado hasta aquí; todavía no me atrevo a mostrar mi frugalidad; todavía me preocupa el qué dirán de los viandantes. Contra los juicios del género humano en masa hubiera tenido yo que lanzar este grito: «¡Estáis locos, andáis descarriados, os extasiáis delante de cosas superfluas, ni por su valor real estimáis a nadie! Al tratarse del patrimonio, calculáis perfectamente y aplicáis esta cuenta estrecha a cada uno de aquellos a quienes habéis de confiar dineros o beneficios (porque también computáis los beneficios como anticipos reintegrables): tiene vastas posesiones, pero también muchas deudas; tiene una bella casa, pero adquirida con dinero ajeno; nadie podría mostrar con tanta rapidez tan amplia familia de esclavos, pero no cumple sus compromisos; si paga a sus acreedores, no le va a quedar nada. Este mismo cálculo deberíais hacerlo en todas las demás cosas y averiguar lo que cada uno posee propio». Consideras rico a aquel porque su vajilla de oro lo sigue hasta en sus viajes, porque en todas las provincias tiene tierras de labranza, porque utiliza un elegante libro de cuentas, porque posee en las proximidades de Roma tanta extensión de campo que generaría envidia, aunque la poseyera en los eriales de la Apulia; cuando hayas dicho todo esto, yo te diré: «Es pobre, está pelado». «¿Por qué?». «Porque debe». «¿Cuánto?». «Todo; si no haces distinción entre los préstamos de un hombre o de la fortuna». ¿Qué importan en este caso las mulas gordas y de buen pelaje, todas de un mismo color? ¿Qué estos vehículos cincelados? «En los pies tienen alas los corceles, y van cubiertos con gualdrapas de púrpura y con bordados paramentos; colleras de oro, pendientes en los pechos; cubiertos van de oro, y bajo sus dientes muerden un freno de amarillo oro». Esos arreos no pueden hacer mejor ni al dueño ni a la mula. Marco Catón, el Censor, cuyo nacimiento fue para la República de tan felices auspicios como el de Escipión —pues el uno lidió gallardamente con enemigos y el otro con las costumbres—, viajaba en un rucio, con las alforjas puestas para llevar consigo sus provisiones. ¡Oh, cómo desearía que se encontrase en el camino con alguno de esos ricos petulantes, arrastrando tras de sí a los corredores, y a los númidas y una inmensa polvareda! No cabe duda de que ese parecería más lucido y mejor acompañado que Marco Catón; ese que, en medio de todo aquel aparejo de refinada suntuosidad, está pensando seriamente si se alquilará como gladiador o para acuchillar bestias. ¡Qué gloria para un siglo en el que un caudillo triunfador, un censor y, lo que está por encima de todo esto, que Catón se contentase con un solo rocín, ¡y no entero, por cierto, pues una buena parte de él la ocupaban las alforjas colgando al uno y al otro lado! ¿No preferirías tú, por casualidad, aquel único caballo encinchado por el mismo Catón a todos los caballetes lacios de gordos, aunque fueran trotones o asturianos? Veo que esta materia no se acabaría nunca si no le pusiera yo fin. Por tanto, callaré ya todo cuanto se refiere a esos, que sin duda adivinó que iban así quien primero les puso nombre de «impedimentos». Ahora quiero todavía proponerte unos pocos argumentos de los estoicos referentes a la virtud, la cual sostenemos que satisface todas las condiciones para la vida bien-aventurada. «Aquello que es bueno torna al hombre bueno, como en el arte musical, lo que es bueno hace al hombre mú-sico; los dones fortuitos no hacen al hombre bueno; luego no son bienes». A esto responden los peripatéticos que la primera proposición es falsa. Dicen: «Aquello que es bueno no es cierto que haga a los hombres buenos. En la música hay ciertas cosas buenas, como la flauta, las cuerdas o cualquier instrumento propio para acompañar el canto; pero ninguna de ellas hace a nadie músico». A eso respondemos: «No entendisteis el sentido en que hemos afirmado que hay alguna cosa buena en la músi-ca. A este bien no lo consideramos como bagaje del del músico, sino que nos referimos a aquello que lo hace ser tal; tú te fijas en los instrumentos del arte, no en el arte mismo. Y, si algún bien hay en el arte de la música, eso es lo que hace al músico». Lo diré más claramente todavía. El bien en el arte musical pue-de referirse de dos maneras: en primer lugar, es lo que ayuda a la ejecución; y, en segundo lugar, es el mismo arte; a la ejecución pertenecen los instrumentos, las flautas, los órganos y las cuerdas, cosas externas al arte; pues sin ellas es posible el artista, si bien no pueda usar de su arte. Mas esta dualidad no se da en el hom-bre, porque el bien del hombre es el mismo que el de la vida.

«Aquello que puede darse en el hombre más vil y bellaco no es un bien; mas las riquezas pueden darse en un rufián y en un maestro de esgrima; luego no son bienes». «Es falsa —dicen— vuestra proposición, pues en la gramática y en la medicina y en la náutica vemos cómo los bienes concurren en los hombres más abyectos». Pero estas artes no cultivan la grandeza del alma; no se elevan a lo alto ni desprecian los presentes del azar; es la virtud quien alza al hombre y lo sitúa por encima de las cosas queridas por los mortales y ni anhela con exceso ni teme demasiado aquellos que se llaman bienes y aquellos otros que se llaman males. Quelidón, uno de los eunucos de Cleopatra, poseyó un gran patrimonio. Y, en nuestros tiempos, Natal, ese charlatán, de lengua tan insolente como hedionda, que recogía con su boca las inmundicias procedentes de la mujer, fue heredero de muchos y él a su vez tuvo muchos herederos. ¿Entonces qué? ¿Fue el dinero lo que lo volvió impuro o fue él quien ensució él dinero? Cuán cierto es que el dinero cae en ciertos hombres como una moneda en una cloaca. La virtud se asienta firmemente sobre todo esto y es valorada por su propio bien, y no da ningún valor a esos bienes que llegan de cualquier manera. La medicina y el arte de navegar no se prohíben y tampoco prohíben a quienes las profesan la admiración de estas cosas. Quien no es bueno puede pese a todo ser un buen médico, puede ser un buen piloto, puede ser un buen gramático, como también un buen cocinero, ¡por Hércules! A quien obtuvo un bien vulgar no lo llames un cualquiera. Cada uno es conforme a los bienes que tiene. Un cofre tiene el valor de lo que contiene o, mejor, es un accesorio de lo que contiene. ¿Quién pone a una bolsa llena otro precio que el que tiene el dinero que encierra? Eso mismo pasa con los dueños de grandes patrimonios: son accesorios y añadiduras. ¿Por qué, pues, es grande el sabio? Porque encierra un alma grande. Así que es verdad que aquello que puede recaer en el hombre más abyecto no es ningún bien. Por eso, yo no diré nunca que sea un bien la insensibilidad: la tiene la cigarra, la tiene la pulga. Y tampoco diré que sea un bien la tranquilidad y la carencia de toda molestia. ¿Quién más tranquilo que un gusano? ¿Me preguntas qué cosa constituye al sabio? La misma que constituye a Dios. Es preciso que le concedas algo divino, celestial, magnífico. El bien no recae en todos ni admite a cualquier poseedor. Mira: «El clima vario y el patrio cultivo y calidad de los lugares. Aquí la mies; allí más felizmente vienen las uvas; en otra parte los arbóreos frutos se sazonan o bien verdecen las no mandadas gramas. ¿No ves, por ventura, cómo el Tmolo nos envía azafrán bien oliente, y la India marfil y los muelles sabeos sus olíbanos y los desnudos cálibes su hierro?».

Estas producciones se distribuyeron por países a fin de obligar a los hombres a comercio mutuo, si quieren pedírselas los unos a los otros. El bien supremo tiene también su lugar propio. No nace donde el marfil ni donde el hierro. ¿Me preguntas cuál es el lugar propio del bien supremo? El alma. Si no es pura y santa, Dios no cabe en ella. «El bien no es producto del mal; mas las riquezas nacen de la codicia; luego las riquezas no son un bien». Respuesta: «No es exacto que el bien no nazca del mal, puesto que del sacrificio y el hurto puede provenir dinero. Y así el sacrilegio y el hurto son males ciertamente, pero es porque producen más males que bienes, puesto que producen la ganancia, pero con temor y desasosiego y tormentos físicos y morales». El que diga esto, por fuerza, tiene que admitir que el sacrilegio, de la misma manera que es un mal, porque produce muchos males, así también, y parcialmente, es un bien, puesto que produce alguno. ¿Es posible mayor monstruosidad? Aunque estemos persuadidos de que el sacrilegio, el hurto y el adulterio son tenidos por bienes, ¡cuántos son los que no se avergüenzan del hurto! ¡Cuántos presumen del adulterio! Porque los sacrilegios pequeños son castigados; pero los grandes son llevados en triunfo. Añade a esto que, si el sacrilegio es bueno bajo algún aspecto, será honesto también y será calificado de obra recta, cosa que no hay criterio mortal que pueda admitirla. Luego los bienes no pueden nacer de los males. Porque si, como dices, el sacrilegio es malo solo porque reporta mucho mal, si le perdonas los suplicios, si le prometes la seguridad, será bien íntegramente. La sanción máxima de los crímenes está en ellos mismos. Te diré que te equivocas si la reservas al verdugo o a la cárcel. El castigo es inmediato en cuanto se cometieron los males o, mejor, en el acto mismo de cometerse. No nace, pues, el mal del bien, no más que un higo de un olivo; toda lo que nace responde a su semilla; las cosas buenas no pueden degenerar. Así como la honestidad no nace de la torpeza, así tampoco el bien se origina del mal; porque honesto y bueno son lo mismo. Algunos de los nuestros responden a esto: «Aun concediendo que el dinero es un bien, cualquiera que sea su procedencia, no por eso el dinero nacerá del sacrilegio, por más que se cobre en un sacrilegio. Un ejemplo de ello: dentro de una misma urna hay una moneda de oro y un escorpión; si sacas de la urna la moneda, no la sacaste porque en la urna esté el escorpión; la urna, diríamos, no da el oro porque tenga el escorpión; sino que da el oro al mismo tiempo que tiene el escorpión. De la misma manera, del sacrilegio se obtiene el lucro, no porque el sacrilegio es torpe y malvado, sino porque conlleva el lucro. Así como en esa urna el escorpión es un mal, pero no el oro que está allí con el escorpión, así también en el sacrilegio el mal es el crimen, no el lucro». De todo lo cual yo disiento, pues son de muy diferente condición estos dos casos. En el primero, tomo el oro sin el escorpión; en el segundo, no puedo conseguir el lucro sin cometer el sacrilegio: este lucro no va unido al crimen, sino que está identificado con él. «Aquello que nos hace caer en muchos males, mientras queremos conseguirlo, no es un bien;

mas, cuando nos esforzamos por conseguir riquezas, caemos en muchos males, luego las riquezas no son un bien». A esto se responde: «Dos sentidos tiene esta proposición nuestra: uno, en nuestro afán de acarrear riquezas, caemos en muchos males. Pero también ocurre que caemos en muchos en nuestro afán por alcanzar la virtud: Fulano, que navegaba en viaje de estudios, naufragó; Mengano fue hecho prisionero. El segundo sentido es este: aquello por lo que caemos en muchos males no es un bien. De esta proposición no se deduce que caigamos en los males debido a las riquezas o los placeres; o, si por causa de las riquezas caemos en muchos males, no tan solo no son un bien las riquezas, sino que son un mal; pero vosotros decís solo que no son un bien. Además —dice el objetor—, vosotros concedéis que las riquezas reportan alguna utilidad y las contáis entre las ventajas de la vida. Pero, según vuestro argumento, ni siquiera una ventaja serían, pues por ellas nos sobrevienen muchas desventajas». A esto responden algunos de la manera siguiente: «Os equivocáis los que atribuís desventajas a las riquezas; a nadie lastiman; lo que hace daño a uno es o su propia insensatez, o la maldad ajena; como tampoco a nadie mata la espada, que no es más que instrumento del que mata. Así, no te dañan las riquezas si alguno te daña por culpa de las riquezas». Posidio, a mi parecer, responde mejor al decir que las riquezas son causa de muchos males, no porque ellas hagan nada, sino porque excitan a los que han de hacer, porque una es la causa eficiente la cual forzosamente tiene que perjudicar en el acto, y otra la causa que predispone. A esta causa pertenecen las riquezas: hinchan el alma, engendran el orgullo, suscitan la envidia y hasta tal grado enajenan la mente que tener fama de adinerados, aunque nos perjudique, también nos adula. Mas, por lo que toca a los bienes, es menester que todos estén limpios de culpa; son puros, no corrompen las almas, no las desasosiegan; las elevan ciertamente y las engrandecen, pero sin ninguna suerte de hinchazón. Los bienes auténticos inspiran confianza; y las riquezas, al revés, inspiran insolencia Y la insolencia no es otra cosa sino una falsa apariencia de grandeza. «De esta manera —dice—, las riquezas no solamente no son un bien, sino un mal». Serían un mal si perjudicaran por sí mismas; si, como he dicho, fuesen causa eficiente, pero son causas que predisponen y que por cierto no solo excitan las almas, sino que las atraen. Difunden una apariencia de bien muy verosímil y creíble para muchos. También tiene la virtud una causa que predispone y atrae la envidia, porque muchos son envidiados por su sabiduría, otros, por su rectitud. Pero esta influencia no la ejerce la virtud por sí misma ni se corresponde con la realidad; al contrario, la apariencia más fiel que la virtud presenta al alma humana es la que despierta en ella amor y admiración. Posidonio quiere que se argumente así: «Aquello que no da al alma ni grandeza, ni confianza, ni seguridad no es un bien; mas las riquezas, la salud y otras cosas semejantes no dan nada de eso; luego no son bienes». Y refuerza este argumento de la manera siguiente: «Aquello que no da al alma ni grandeza, ni confianza, ni seguridad; al revés, le da insolencia, engreimiento, arrogancia, es un mal; pero los dones del azar nos empujan a estos vicios; luego no son bienes». Respuesta: según este argumento, tampoco serán ventajas. Una es la condición de las ventajas y otra la de los bienes. Ventaja es aquello que reporta más utilidad que molestia; el bien ha de ser puro y no ha de tener nada de perjudicial. No es un bien aquello que es más útil que perjudicial, sino lo que es solamente útil. Si no fuera así, las ventajas afectarían también a los animales, a los hombres imperfectos y a los necios. Por eso puede añadírseles la incomodidad; pero se les da el nombre de ventajas, porque se les aprecia por el elemento que en ellas prepondera. El bien pertenece exclusivamente al sabio, y es menester que sea intacto. Ten buen ánimo, te queda solo un modo, pero es el de Hércules: «Del mal no se hace un bien; de muchas pobrezas se hace una riqueza; luego las riquezas no son un bien». Este argumento no lo reconocen los nuestros; los peripatéticos son quienes lo han propuesto y lo resuelven. Posidonio dice que este sofisma, manoseado por todas las escuelas de los dialécticos, es refutado así por Antipater: la «pobreza» se dice, no de una posesión, sino de una disminución, o, como dijeron los antiguos, por una «orfandad», y los griegos dicen *Kata steresin*; no expresa lo que se tiene, sino lo que no se tiene. «Así de muchas cosas vacías no puede llenarse nada; muchas posesiones hacen la riqueza, no muchas penurias. Entiendes la pobreza en un sentido que no debes. Pues pobreza no es la que posee muchas cosas, sino la que no posee muchas. Así que no se dice de lo que tiene, sino de lo que le falta». Más fácilmente expresaría lo que quiero si existiera una palabra latina correspondiente a lo que significa *aniparxia*. Antipater da este sentido al vocablo *paupertad*; yo no veo qué otra cosa puede ser la pobreza, sino la posesión de poco. Ya trataremos de averiguar, si alguna vez tenemos tiempo para ello, qué constituye la riqueza y qué la pobreza; pero entonces también estudiaremos si no valdría más poner mansedumbre en la pobreza y quitar a la riqueza el ceño arrogante y la altanería que litigar por palabras, como si ya estuvieran juzgadas las cosas. Imaginémonos que hemos sido convocados a una controversia en la que se propone una ley para la abolición de las riquezas. ¿Y con estos argumentos hemos de disuadirla o persuadirla? ¿Íbamos con ellos a convencer al pueblo romano que requiera y alabe la pobreza, que fue el fundamento y la causa de su hegemonía; que recele de sus riquezas pensando que las halló entre los vencidos; que por culpa de ellos se precipitaron en tropel sobre la urbe más contenida y pura las ambiciones, los sobornos y los tumultos; que se hace tanta ostentación de los despojos de las naciones; que aquello que un pueblo solo arrebató a todos los demás, estos unidos más fácilmente se lo pueden quitar a él? Cómo sería más conveniente convencerlo de esto y combatir los vicios en lugar de reducirlos. Si podemos, hablemos con mayor firmeza; si no podemos, con mayor claridad. Ten salud.

De los estudios liberales

Deseas saber lo que pienso de los estudios liberales. No tengo en consideración a ninguno de ellos; a ninguno de ellos lo cuento entre las cosas buenas, si solamente atienden al lucro. Son productivos, útiles mientras preparen la inteligencia, sin estorbarla. Hay que dedicarse a ellos solo el tiempo en que el espíritu no sea capaz de hacer algo mejor; son aprendizajes y no obras definitivas. Ya ves por qué fueron llamados estudios liberales: porque son dignos del hombre libre. Por lo demás, solo uno hay que sea verdaderamente liberal: el que hace libre a este es el de la sabiduría, estudio elevado, noble, magnánimo. Todos los otros son insignificantes y pueriles. ¿Crees tú, tal vez, que pueda haber algo de bueno en esos estudios cuyos profesores, como ves, son los más deshonestos y nefastos? Estas cosas no debemos aprenderlas, sino haberlas aprendido. Algunos juzgaron que se debía averiguar si los estudios liberales hacen al hombre honesto; cosa que ni tales estudios prometen y cuya finalidad ni intentan lograr siquiera. El gramático se dedica a aliñar y redondear el lenguaje y, si quiere ampliar su campo de estudio un poco, hace una excursión a la historia y a los versos si da a sus estudios la mayor extensión que se puede. ¿Y qué cosas de estas allana el camino de la virtud: la explicación de las sílabas, la cuidadosa elección de las palabras, la memoria de las fábulas,

las normas sobre la métrica de los versos? ¿Qué cosa de estas quita el miedo, exime de la codicia, refrena la lujuria? Pasemos a la geometría y a la música. Nada hallarás en ellas que prohíba el temor, que limite la codicia. Quien ignora estas cosas en balde sabe las otras. Ha de verse si esos profesores enseñan o no la virtud; si no la enseñan, tampoco la comunican; y, si la enseñan, son filósofos. ¿Quieres convencerte de que no se sientan en la cátedra para enseñar la virtud? Repara en cuán distintas son las enseñanzas de unos y otros; si enseñasen lo mismo, serían parecidas. Quizá tratan de persuadirte de que Homero fue filósofo, afirmación que desmienten con sus pruebas, pues ora lo hacen estoico, que no aprueba más que la virtud, que rechaza los placeres y que, ni a costa de la inmortalidad, se aparta del camino recto; ora lo proclaman epicúreo, que alaba el estado de una ciudad tranquila, y pasa la vida entre festines y cánticos; ora le dicen peripatético, que en la vida establece tres clases de bienes; ora, académico, predicador de la incertidumbre universal. Es evidente que no hay en Homero ninguna de estas cosas, porque están todas; pues todas ellas son incompatibles. Concedámosles que Homero fuera filósofo: sin duda se hizo sabio antes de que hiciese ningún verso. Aprendamos, pues, aquellas cosas que hicieron sabio a Homero. Ahora, averiguar si es más antiguo Homero que Hesíodo importa tanto como saber cómo es que, siendo Hécuba más joven que Helena, llevó tan mal su edad. ¿Y qué? ¿Opinas que importa mucho averiguar la edad de Patroclo o de Aquiles? ¿Preguntas cómo Ulises viajó tanto tiempo en vez de procurar que no lo viajemos nosotros? No tenemos tiempo para informarnos de si fue sacudido por el oleaje entre Italia y Sicilia o si viajó fuera de nuestro mundo conocido —pues en tan angosto espacio no pudo ser tan largo el rodeo—; las tempestades agitan cada día nuestra alma y la maldad nos lanza a todos los escollos de Ulises. Nunca falta una belleza que tiente nuestros ojos; nunca falta un enemigo; por un lado, monstruos descomunales que disfrutan con la sangre humana; por el otro, los insidiosos halagos del oído; finalmente, naufragios y toda clase de males. Enséñame cómo he de amar a la patria, cómo a la esposa, cómo al padre y cómo, náufrago y todo, he de llegar hacia esos nobles objetivos. ¿Por qué inquieres si Penélope fue adúltera, si engañó a todo su siglo? ¿Si sospechó que era Ulises aquel a quien veía antes de que lo supiese? Enséñame lo que es la castidad y si el bien que hay en ella reside en el cuerpo o en el alma. Paso a la música. Tú me enseñas cómo concuerdan entre sí las voces graves y las agudas; cómo se hace la armonía de unas cuerdas que dan sonido distinto: enséñame, sobre todo, cómo mi alma armonizará consigo misma y cómo no habrá desacuerdo entre mis propósitos. Enséñame cuáles son los tonos plañideros; enséñame, más bien, cómo, en medio de la adversidad, no emitiré ningún lamento. El geómetra me enseña a medir latifundios cuando mejor sería que me enseñase la manera de encontrar la medida de lo que es suficiente al hombre. Me enseña a contar y adiestra mis dedos para que sirvan a la avaricia, en lugar de enseñarme la variedad de estos cálculos, el hecho de que no es más feliz el dueño de un patrimonio que da tanta fatiga a sus contables, y cuántas cosas superfluas posee el que sería el más infeliz de los hombres si se le obligara a contar por sí mismo todo cuanto tiene. ¿De qué me sirve saber dividir un campito en partes si no lo sé repartir con mi hermano? ¿De qué me sirve saber calcular con exactitud los pies de una yugada, y aun recoger un dato que de la medida se escapó, si me entristece la insolencia de un vecino que se queda con alguna porción de lo mío? El geómetra me enseña cómo no perder ni un ápice de mis confines; mas yo quiero aprender cómo los perderé todos con alegría. «Pero es que se me echa del campo que fue de mis padres y de mis abuelos». Dime: antes de tu abuelo, ¿quién tuvo este campo? ¿Puedes averiguar no ya de qué hombre, sino de qué pueblo fue este campo? No entraste en él como dueño, sino como colono. ¿Colono de quién? En el mejor de los casos para ti, del heredero. Los jurisconsultos afirman que no pueden prescribir ninguna propiedad comunal; eso que tienes, eso que dices tuyo, es un bien comunal o, mejor, es un bien del género humano. ¡Oh, arte egregio! Sabes medir las cosas redondas, sabes reducir al cuadrado cualquier forma que se te presente, calculas las distancias de los cuerpos celestes, no hay nada que se escape a la precisión de tu compás. Si tan gran geómetra eres, mide el alma humana, dinos cómo es de grande, dinos cómo es de pequeña. Sabes cuál es la línea recta, ¿qué provecho sacas de ello si ignoras lo que es la rectitud en la vida? Ahora me voy a referir a aquel que se ufana de conocer los secretos del cielo: «Hacia qué parte se esconde la aterida estrella de Saturno y por qué círculos del cielo anda errante el luminar cilenio». ¿Para qué servirá saber todo eso? ¿Para que me asuste cuando Saturno y Marte estén en oposición o cuando Mercurio vaya a su ocaso vespertino ante los ojos de Saturno, en lugar de persuadirme de que estos astros, cualquiera que sea su posición, nos son propicios y no pueden mudarse? Los guía el orden inalterable de los hados y su recorrido inevitable; retornan en periodos fijos, causa o propósito de todo acontecimiento. Si son causa de todo lo que acontece, ¿de qué nos sirve el conocimiento de una cosa inmutable? Y, si la pronostican, ¿de qué sirve prever aquello que no puedes esquivar? Lo sepas o no lo sepas, necesariamente sucederá. «Pero, si observas el raudo sol y los ordenados astros que lo siguen, jamás te engañará el día que viene ni la noche serena te engañará». Numerosas precauciones he tomado yo por librarme de los engaños. ¿Es que no me engaña acaso el día de mañana? Engaña todo aquello que acontece a quien lo ignora. Yo no sé lo que ha de venir; mas sí sé lo que puede venir. Por eso no desesperaré ante nada y lo esperaré todo; si algo de balde me sobreviene, lo consideraré una ganancia. Me engaña aquella hora que me perdona, pero ni aun así me engaña. Pues, así como sé que todo me puede suceder, también sé que no todo me sucederá; espero lo favorable, pero estoy preparado para lo adverso asimismo. En este punto no tienes más remedio que perdonarme que siga el camino marcado; nadie me lleva a admitir a los pintores entre aquellos que cultivan las artes liberales, no más que los escultores que labran el mármol y los restantes servidores del lujo; lo mismo que los luchadores y su ciencia, amasijo de aceite y barro; yo los expulso de los estudios liberales, porque si no tendría que admitir a los perfumistas y a los cocineros y a todos aquellos que ponen su habilidad al servicio de nuestros deleites. Porque te suplico que me digas: ¿tienen algo de liberal quienes vomitan vino en ayunas, cuyos cuerpos están tan orondos y su alma se ha vuelto pequeña y obtusa? Creeremos acaso que estas son artes liberales para educar a nuestra juventud, que nuestros mayores adiestraron en lanzar la jabalina, en blandir la pértiga, en domar el corcel, en manejar las armas. Nada enseñaron a sus hijos que tuviesen que aprender tumbados. Pero ni estas prácticas ni aquellas enseñan o fomentan la virtud. ¿De qué sirve dominar un caballo, moderar con el freno su carrera y ser, en cambio, arrastrado por pasiones tan desbocadas? ¿De qué sirve vencer a muchos luchadores en el pancracio o en el cesto, y ser a su vez vencido por la ira? «¿Entonces qué? ¿Ninguna ventaja nos reportan los estudios liberales?». Para otros propósitos, muchas; para la virtud, ninguna; es cierto que la profesión de estas artes bajas que solo las manos ejercitan sirven mucho para la vida, pero nada tiene que ver con la virtud. «¿Por qué, pues, instruimos a nuestros hijos en los estudios liberales?». No porque puedan dar la virtud, sino porque preparan el alma para recibirla. Así como la primera literatura, como llamaban los antiguos a los primeros estudios que a los niños les inculcaban, no enseñan las artes liberales, sino que preparan el terreno para su comprensión, así las artes liberales no conducen el alma a la virtud, sino que le preparan el camino. Posidonio dice que son cuatro las clases de las artes: las vulgares, las deleitables, las didácticas, las liberales. Las vulgares son las de los obreros manuales, que se ocupan en proveer a las necesidades de la vida, en las cuales no hay nada que se asemeje a honor o a virtud; las deleitables son las que tienen el goce de los ojos o de los oídos. Entre estas puedes contar a los tramoyistas, inventores ingeniosos de esas plataformas teatrales que surgen por sí mismas, esas decoraciones que suben calladamente y esos cambios inesperados en que se separan cosas que estaban unidas, se juntan espontáneamente las separadas y las que están arriba bajan poco a poco, espectáculo que arrebata los ojos del público ignorante, maravillado porque no sabe cómo... Las didácticas, que tienen alguna semejanza con las liberales que los griegos llaman «encíclicas», y los nuestros, «liberales». Pero solo son artes liberales o, mejor, libres las que se ocupan de la virtud. «Así como una de las partes de la filosofía se llama natural y otra moral y otra racional, así también el conjunto de las artes liberales reclama un puesto en la filosofía. Cuando se llega a las cuestiones naturales, se pasa por el testimonio de la geometría; luego la geometría forma parte de la ciencia, de quien es auxiliar». Muchas cosas nos ayudan y no son parte de nosotros; mas, si fueran parte de nosotros, no nos ayudarían. El alimento es auxiliar de nuestro cuerpo, y no por ello es parte suya. Algún servicio nos presta la geometría. Así la filosofía le es necesaria, como a ella lo es el mecánico, pero ni este es parte de la geometría ni la geometría lo es de la filosofía. Por lo demás, cada una tiene los propios límites, pues el sabio investiga y conoce las causas de los fenómenos naturales, cuyo número y cuya medida la geometría estudia y calcula. El sabio conoce el principio constitutivo de los cuerpos celestes, cuál es su fuerza y cuál su naturaleza; el matemático colige sus cursos y retornos y algunas idas y venidas por las cuales suben y bajan, y de tanto en tanto parecen estar detenidos, aunque los cuerpos celestes no pueden detenerse jamás. El sabio conoce por qué causa los espejos reflejan la imagen; el geómetra podrá decirte a qué distancia tiene que estar el cuerpo de la imagen y qué clase de imágenes devuelve cada clase de espejos. El filósofo afirmará que el sol es grande; mas su tamaño el matemático te lo dirá, que usará para saberlo la práctica y el ejercicio; aunque, para proceder, necesitará apoyarse en determinados principios. No es autónomo aquel arte que requiere fundamento ajeno. La filosofía nada pide a nadie; desde el suelo levanta todo su edificio. La matemática es, por decirlo así, superficial y construye en solar ajeno; recibe los primeros elementos, gracias a los cuales llega a las conclusiones finales. Si ella por sus propios pies fuese a la verdad, si pudiera abarcar la naturaleza de todo el mundo, yo me atrevería a decir que podría contribuir mucho al bien de nuestras almas, las cuales, con el trato de las cosas celestiales, crecen y arrancan alguna grandeza de lo alto. Una sola cosa colma la perfección del alma: la inmutable ciencia del bien y del mal; mas del bien y del mal ningún otro arte inquiere nada. Me agrada ir repasando las virtudes una por una. La fortaleza desprecia todos los miedos; reta, provoca, quebranta los terrores que limitan nuestra libertad. ¿Acaso quien le da esta energía son las artes liberales? La fidelidad es el más inviolable tesoro del corazón humano, ninguna coacción la obligará a la falsedad, ni la corromperá ningún soborno. «Quema —dice la fidelidad—, hiere, mata: no traicionaré; cuanto más el dolor solicite mis secretos, yo más profundamente los enterraré». ¿Son acaso los estudios liberales quienes dan esta reciedumbre? La templanza gobierna los placeres; odia y aleja a los unos, admite y reduce a sana medida a los otros, y nunca se acerca a ellos por sí mismos; sabe que la mejor medida del deseo es tomar no lo que quieras, sino lo que debas. La benevolencia nos prohíbe la altivez hacia nuestros compañeros, nos defiende de la avaricia; en palabras, en obras, en sentimientos se muestra afable y accesible a todos; toma como suyo todo mal ajeno, y ama el bien propio más que nada porque será útil a alguien. ¿Son, acaso, los estudios liberales quienes prescriben estas costumbres? No más, a fe mía, que prescriben la frugalidad y la parsimonia; no más que la clemencia, la cual ahorra la sangre ajena tanto como la propia y sabe que el hombre no ha de despilfarrar la vida del hombre. «Al afirmar —dice uno— que sin los estudios liberales no se llega a la virtud, ¿cómo podéis negar que le reporten alguna utilidad?». Tampoco sin alimento se llega a la virtud, a pesar de que el alimento no tiene nada que ver con la virtud. La madera no confiere nada al batel, por más que el batel no se hace sino de madera. No hay razón para que creas que, puesto que una cosa no puede hacerse sin otra, forzosamente ha de hacerse con su ayuda. Hasta puede decirse que sin los estudios liberales se puede llegar a la sabiduría; pues, aun cuando la virtud tiene que aprenderse, no es mediante ellos como se aprende. ¿Y qué razón hay para que yo crea que no va a ser sabio aquel que no sabe letras, si la sabiduría no consiste en las letras? Obras enseña la sabiduría, que no palabras, y yo no sé si la memoria no es más segura cuando no tiene fuera de sí apoyo alguno. Grande y espacioso dominio es el de la sabiduría, y necesita un lugar vacío; hay que aprender cosas divinas y humanas, pasadas y venideras, caducas y eternas y qué es el tiempo. De este, solo cuántas interrogaciones plantea primero, si es alguna cosa en sí; y, luego, si antes de tiempo y fuera de tiempo hay algo; si comenzó con el mundo, o, en caso de que algo existiese antes del mundo, existía el tiempo también. Referentes solo al alma, son innumerables sus problemas: de dónde es, qué es, cuándo comienza a ser, cuándo cesa de ser; si pasa de un lugar a otro, si cambia de morada y se infunde en otras especies de animales, si no es cautiva más que una sola vez; si, liberada, divaga por el universo; si es materia o no; qué hará cuando deje de obrar a través de nosotros, qué uso hará de su libertad, cuando abandone esta cárcel; si olvida su estado primero y empieza a conocerse en el momento en que sale del cuerpo y remonta al cielo sus alas. Cualquiera que sea la zona de conocimientos divinos o humanos que abarques, te agobiará un gran número de problemas y de doctrinas. Para que un cúmulo tan grande de cosas y de volumen tan enorme puedan tener libre acogida en ti, hay que mirar y sacar del alma todos los otros problemas inútiles. No entrará la virtud en estas estrecheces; una cosa grande pide un espacio grande. Echemos todas las demás cosas; consagremos a ello todo nuestro esfuerzo. «Pero deleita tener conocimiento de muchas artes». Retengamos de ellas solamente cuanto sea necesario. ¿Acaso tú que crees que se puede reprender al hombre que compra objetos sin ninguna utilidad y despliega en su casa con gran boato un ajuar de tanto valor, y no crees que se puede reprender también a quien haga acopio de superflua erudición literaria? ¿Qué más? Esta exquisita manía de las artes liberales hace a los hombres pedantes, locuaces, importunos, satisfechos de sí mismos, que si no aprenden las cosas necesarias es porque aprendieron las superfluas. Cuatro mil libros escribió el gramático Dídimo. Seguramente lo compadecería si no hubiese hecho yo más que leer tanto fárrago. En esos libros se trata de la patria de Homero, de la auténtica madre de Eneas, si Anacreonte fue más lujurioso que borracho, si Safo fue dama cortesana y otras impertinencias y sandeces que debieran desaprenderse si se hubieran aprendido. ¡Anda y niega que la vida sea larga! Y, aun cuando llegaras a nuestros estoicos, te mostraré muchas cosas que debiera cortar el hacha. Cuesta demasiado tiempo y demasiada molestia de los oídos ajenos esta loa: «¡Qué gran letrado!». Yo me contentaría con esta otra, más vulgar: «¡Qué buen hombre!». ¿No es así acaso? ¿Buscaré en todos los anales de los pueblos e investigaré quién fue el primero que escribió poemas? ¿Calcularé, no teniendo documentación, qué tiempo pasó entre Orfeo y Homero? ¿Conoceré los signos con que Aristarco criticó los versos ajenos y me pasaré la vida contando sílabas? ¿Me tenderé sobre el polvo de la geometría? ¿A tal grado olvidé aquel sano precepto: ahorra el tiempo? ¿Todo eso sabré? ¿Y qué será lo que yo ignore? El gramático Apión, el cual en el reinado de Calígula visitó toda la Grecia y fue acogido en todas las ciudades como otro Homero, decía que Homero, terminados sus dos poemas, la *Odisea* y la *Ilíada,* añadió el comienzo de la obra que comprende la guerra de Troya. Y en prueba de ello aducía que había puesto en el verso primero dos letras que indicaban el número de libros de sus dos poemas. ¡Menudas cosas tiene que saber el que quiere saber muchas! ¿No quieres pensar en el tiempo que te quita la salud precaria, la función pública, tus obligaciones diarias, el sueño? Mide la duración de tu vida: no cabe en ella tanta cosa. Hablo de los estudios liberales; pero ¡y los filósofos, qué no tienen de inútil, qué de aplicación nula! También ellos han descendido a las distinciones de sílabas, a las propiedades de conjunciones y preposiciones, a competir con los gramáticos, a envidiar a los geómetras. Todo lo que había de inútil en las artes de estos lo han traspasado a la suya. Así han conseguido aprender a hablar con más compostura que vivir. Advierte cuánto daño causa el exceso de sutileza y cómo es contraria a la verdad. Protágoras dice que en toda cuestión se puede discutir el pro y el contra con igual derecho y aun en esta: si toda cuestión puede ser defendida en ambos sentidos. Nausífanes dice que de las cosas que parecen ser no hay ninguna más existente que la no existente. Afirma Parménides que, entre las cosas que se ven, ninguna es distinta de lo único. Zenón de Elea eliminó toda la posible discusión: dice que nada existe. Por esas sendas andan poco más o menos los pirronianos, los megáricos, los eretrianos y los académicos, quienes introdujeron un saber nuevo: el no saber nada. Todo eso ponlo en el montón de los desperdicios de los estudios liberales: los unos me enseñan una ciencia que no me hará ningún provecho, los otros me quitan toda esperanza de saber. Más vale saber cosas inútiles que no saber nada. Los unos no me iluminan para conducirme al entendimiento, a la consecución de la verdad; los otros me sacan los ojos. Si creo a Protágoras, no hay en la naturaleza sino duda; si a Nausífanes, lo único cierto es la incertidumbre; si a Parménides, no existe más que una cosa; si a Zenón, ninguna. ¿Qué somos nosotros, pues? ¿Qué son estas cosas que nos rodean, nos alimentan, nos sostienen? Toda la naturaleza es una sombra o vana, o engañosa. No me sería fácil decir quién de ellos me irrita más: si aquellos que no quieren que sepamos nada o aquellos otros que ni siquiera nos han dejado esto: no saber nada. Ten salud.

Elogio de la filosofía

¿Quién puede dudar, mi querido Lucilio, que el vivir es un don de los dioses inmortales, y el vivir bien, un fruto de la filosofía? Así que se tendría por cierto que estamos tanto más obligados con la filosofía que con los mismos dioses, cuanto que el beneficio de vivir bien es mayor que el de simplemente vivir, si no fuese que la filosofía nos ha sido dada por los mismos dioses, cuyo conocimiento no dieron a nadie, pero sí la facultad de conseguirlo, que fue dada a todos. Pues si la hubiesen hecho dádiva corriente, y todos hubiéramos nacido sabios, la sabiduría perdería lo que tiene de mejor, que es no ser contada entre los dones fortuitos. Por lo cual ella ahora tiene la cualidad inestimable y magnífica de que no la da la suerte, sino que cada uno debe agenciarla por sí mismo, sin poder pedirla prestada a otro. ¿Qué podrías admirar en la filosofía si fuese un beneficio gratuito? Su misión única es hallar la verdad en las cosas divinas y humanas. De ella nunca se apartan la religión, la piedad, la justicia y el restante cortejo de virtudes asidas entre sí y fraternalmente atadas de manos. La filosofía nos enseñó el culto de los dioses; el amor de los hombres; que los dioses son dueños del mundo y que los hombres deben vivir en él en solidaridad, lo que durante algún tiempo permaneció inviolable, antes que la avaricia despedazase la sociedad y fuese causa de pobreza aun para aquellos a quien hizo tan ricos; puesto que dejaron de poseerlo todo desde que quisieron tener cosas propias. Mas los primeros mortales, y quienes de ellos nacieron, seguían la naturaleza sin corrupción; en un mismo hombre personificaban al príncipe y la ley, confiados en el arbitrio del mejor. Es propio de la naturaleza someter a los seres inferiores a los superiores. Los mudos animales son guiados o por los más corpulentos, o por los más valerosos. No va a la delantera del ganado el toro débil, sino el que ha vencido a los otros machos en grandeza y músculos; el elefante más alto guía la manada de los elefantes; entre los hombres, el mayor es el mejor. Por la superioridad del espíritu era elegido el príncipe, de donde nacía la suprema dicha de aquellos pueblos en los cuales no podía ser el más poderoso sino quien era el mejor, pues con seguridad puede todo lo que quiere quien no cree poder más de lo que debe. En aquella edad, pues, que se dice que fue de oro, opina Posidonio que el poder estaba en manos de los sabios. Estos impedían la violencia y defendían al débil del más fuerte, persuadían o disuadían y mostraban lo que era útil y lo que era inútil. Con su prudencia hacían que no faltase nada a los suyos; su fortaleza alejaba los peligros, su beneficencia engrandecía y embellecía a sus súbditos. El mando era entonces un deber, no una prebenda. Nadie volvía su fuerza contra aquellos de quienes había recibido el poder, ni tenía nadie motivo ni intención de dañar, porque a quien mandaba bien la obediencia era fácil y la mayor amenaza de un rey hacia sus díscolos vasallos era la de abandonar el reino. Pero después de que, por infiltración de los vicios, los reinos degeneraron en tiranías, empezaron las leyes a ser necesarias, que al principio las dieron por los sabios. Solón, que colocó a Atenas en la equidad del derecho, fue uno de los siete sabios famosos.

Si Licurgo hubiera nacido en aquella misma época, un octavo sabio se hubiera añadido a aquel sagrado número; todavía se alaban las leyes de Zaleuco y de Carondas. Estos no en el foro ni en la escuela de los jurisconsultos, sino en aquella silenciosa y venerable escuela de Pitágoras, aprendieron las leyes que habían de dictar a Sicilia y a la Italia griega. Hasta aquí estoy de acuerdo con Posidonio; ahora, que fuesen inventadas por la filosofía las artes que utilizamos en nuestra vida ordinaria, no lo concederé, ni atribuiré esa gloria a las artes manuales. «La filosofía—dice— enseñó a construir casas a los hombres que andaban dispersos y buscaban cobijo en las grietas de las peñas o en los huecos de los árboles». Mas yo no creo tampoco que la filosofía inventase este construcción de casas encima de casas y de ciudades encima de otras ciudades, como tampoco que inventase los viveros de peces, mantenidos en clausura para que la gula no se vea afectada por el peligro de las tempestades y para que aun en el mayor embravecimiento del mar tuviesen las clases adineradas un sitio donde cebar a peces de todas clases. ¿Qué dices? ¿Que la filosofía enseñó a los hombres a tener llaves y cerraduras? ¿Qué otra cosa hubiera sido eso sino dar muestras de avaricia? ¿Fue la filosofía quien suspendió esas bóvedas que tan grave riesgo implicaban para sus moradores, cuando era más seguro cobijarse al azar y en parajes construidos por la naturaleza? Créeme, aquella dichosa edad discurrió antes que hubiese arquitectos y constructores. Nacieron estos cuando nació el lujo, que enseñó a cortar primorosamente los troncos de los árboles y a hacer correr la sierra encima de líneas ya marcadas con certera mano, «pues los primeros hombres usaban cuñas para desgarrar el leño que se puede hender». Porque entonces aún no se construían salones para dar en ellos banquetes opíparos, ni para este fin el pino y el abeto eran transportados en largas hileras de carros, haciendo temblar las calles, a fin de colocar artesonados macizos de oro en lo alto de aquellos salones. Dos horcas, una a cada parte, sostenían la cabaña; una enramada espesa de ramos y hojas sobrepuestas en pendiente hacía correr las lluvias por grandes que fuesen. Bajo estos techos habitaron, pero seguros; la paja abrigó a hombres libres; bajo el mármol y el oro mora la esclavitud. Disiento también de Posidonio cuando dice que las herramientas de las artes mecánicas fueron inventadas por los sabios. De la misma manera pudiera decir que, debido a los sabios, «entonces se inventó cazar las fieras con lazos y engañoso cebo y cercar con canes las silvestres tierras». Todo eso es fruto de la sagacidad humana, no de la sabiduría. Disiento también en que fuesen los sabios quienes descubrieran las minas de hierro y de cobre, cuando quemada la tierra por el incendio de los bosques hizo aflorar a la superficie las venas de los metales en fusión. Esas cosas las hallaron quienes se ocupaban de ellas. Tampoco me parece tan intrincada como a Posidonio la cuestión acerca de cuál fue inventado primero, el martillo o la tenaza. Ambas cosas las inventó algún espíritu práctico, agudo, no de mucha grandeza ni elevación; y, como esto, cualquier otro objeto que tenga que ser buscado con el cuerpo encorvado y el alma atenta al suelo. El sabio vivió siempre de una manera fácil. ¿Cómo no, si aun en este siglo nuestro desea vivir con la máxima sobriedad? ¿Cómo, dime, por favor, puede compaginarse la admiración por Diógenes y por Dédalo? Cuál de los dos te parece el sabio: el que inventó la sierra o aquel que, habiendo visto a un muchacho beber agua en el cuenco de la mano, quebró inmediatamente la copa que se sacó de la alforja, con esta acre reprimenda a sí

mismo: «¿Cuánto tiempo, necio de mí, he llevado trastos inútiles?», y se arrolló dentro de una tinaja y durmió dentro de
ella? En nuestros días, ¿tienes por más sabio a quien halló la
manera de hacer brotar a gran altura el agua de azafrán pasando
por tubos disimulados, de llenar o vaciar momentáneamente
las canales con agua comprimida, de adaptar a las salas de los
festines artesonados móviles que renuevan sucesivamente su
aspecto, hasta el punto de que se cambia de techo con cada invitado que entra; o aquel otro que a sí mismo y a los otros demuestra que la naturaleza no nos impuso nada duro y difícil,
que podemos prescindir del marmolista y del artesano, que podemos vestirnos sin necesidad del comercio de sedas, que podemos tener todo lo necesario para nuestra subsistencia si nos
contentamos con lo que la tierra ha dejado en su superficie?
Si quisiera el género humano escuchar al sabio, se persuadiría
de que le es tan superfluo el cocinero como el soldado. Sabios
fueron, o al menos muy semejantes a los sabios, aquellos a quienes les preocupaba tan poco el cuidado del cuerpo. Las necesidades se satisfacen con poco cuidado; para las delicias se requiere trabajo y esfuerzo. No echarás de menos a los artesanos si
sigues a la naturaleza, la cual no quiso ponernos en aprieto,
sino que nos armó para todo aquello a lo que nos obligaba. «El
frío es insoportable al cuerpo desnudo». Es que acaso las pieles
de las fieras y otros animales no pueden defendernos de él lo
suficiente? ¿Acaso no hay muchas razas que cubren sus carnes
con cortezas de árboles? Las plumas de las aves no se tejen para
hacer vestidos con ellas. E, incluso hoy en día, una gran parte
de los escitas, ¿no se abrigan con pieles de zorro y de ratas, que
son blandas al tacto e impenetrables al viento? «Con todo, es
necesario combatir el calor del sol de verano con una sombra

más densa». ¿Cómo? ¿Acaso el paso del tiempo no preparó escondrijos en forma de cavernas para resguardarnos de las inclemencias o para cualquier otra situación? ¿No se tejían cañizos de junco y se embadurnaban de barro y se cubría luego el techo de paja y de follaje silvestre y pasaban bien resguardados el invierno, mientras la lluvia iba corriendo por el techo inclinado? Y los habitantes de las Sirtes, ¿no se recogen en cuevas, porque la furia del excesivo sol no les deja otro resguardo tan compacto como la misma tierra, que quema y todo? No nos fue la naturaleza tan hostil que, habiendo dado a los otros animales medios fáciles de vida, solo sea el hombre el que no pueda vivir sin tantos recursos y artificios. Ninguno de esos artificios nos fue por ella exigido; nada hemos de buscar a costa de lo que sea para prolongar la vida. A nuestro alcance está todo lo que nos pertenece por derecho de nacimiento; pero nosotros nos lo hacemos todo difícil, hastiándonos de lo fácil. Techado, vestidos, remedios, alimentos y todo lo que ahora han convertido en nuestros grandes problemas eran cosas obvias y gratuitas o disponibles con poco esfuerzo, pues la medida se acomodaba a la necesidad; nosotros, con nuestros exquisitos artificios, hemos vuelto estas cosas preciosas, maravillosas, asequibles solo con grandes y repetidos esfuerzos. La naturaleza basta para lo que reclama. Se apartó de la naturaleza el lujo, y de día en día se excita más a sí mismo y crece de siglo en siglo y con su ingenio ayuda los vicios. Empezó a codiciar las cosas superfluas, luego las contrarias, y por fin dominó al alma y le mandó que estuviese al servicio de todos sus antojos. Todas estas artes que despiertan a la ciudad o la llenan de ruido trabajan al servicio del cuerpo, al que antes se le prestaba todo como a un esclavo y ahora se le aderezá como si fuera un dueño. Por eso es por lo que, por un lado, hay fábricas de tejidos, por el otro, obradores de artesanía; aquí destilerías de perfumes, allí academias donde se enseñan movimientos lascivos del cuerpo y canciones lánguidas y degeneradas. Muy lejos se fue aquella moderación natural que al deseo pone por límite la necesidad; ahora es indicio de rusticidad y de miseria contentarse con lo que basta. Es increíble, mi querido Lucilio, hasta qué punto la dulzura de las palabras aparta al hombre de la verdad. Aquí tienes a Posidonio, que, a mi parecer, es uno de los que más han contribuido al progreso de la filosofía, el cual, cuando quiere describir cómo en primer lugar unos hilos están torcidos, cómo se recogen otros caídos y dispersos, cómo luego la pieza, mediante unos pesos colgantes, se extiende en una cadena recta, cómo la trama, introducida entre las dos partes de la cadena, cuya resistencia se debilita, se mezcla y se compenetra por la presión del peine, atribuye también a los sabios la invención del arte textil, olvidando que después se halló un sistema más ingenioso en la cual «la tela se sujeta a un yugo; la trama es partida por la lanzadera e introducida por medio de unas púas agudas y los dientes de un ancho peine la peinan». ¿Qué diría si hubiera llegado a conocer las telas de nuestro tiempo con que se confeccionan unos vestidos que no esconden nada, que no protegen el cuerpo, ni siquiera el pudor? Pasa después a los agricultores, y con no menos elocuencia describe la tierra surcada por el arado una y dos veces para que a través del terreno mullido las raíces pasen mejor; luego la semilla es esparcida al aire y las hierbas arrancadas a mano, a fin de que ninguna planta espontánea y agreste crezca y perjudique la sementera. También dice que esta es labor de los sabios, como si los labradores de hoy en día no hallasen asimismo nuevos medios para intensificar la fertilidad de la tierra. Luego, tras haberles atribuido estas artes, rebaja al sabio a la altura del tahonero, puesto que describe cómo, remedando a la naturaleza, se comenzó a elaborar el pan. «La dureza de los dientes —dice—, encajando unos con otros, quebranta el fruto introducido en la boca, y todo lo que se escapa de los dientes se lo devuelve la lengua; entonces, se empapa con la saliva para que más fácilmente pase por la garganta resbaladiza. Cuando llega al estómago es cocido por su calor uniforme, y, por fin, queda asimilado en el cuerpo. Siguiendo este precedente, alguien colocó una piedra desbastada encima de otra, a semejanza de las mandíbulas; de las cuales la una, inmóvil, espera el movimiento de la otra; luego, bajo la presión de ambas, los granos se van triturando y muchas veces vuelven a las muelas, hasta que esta molienda repetida la convierte en polvo. Entonces rocía la harina con agua y, a fuerza de heñirla, la obliga a tomar la forma de pan, el cual, después se cuece con ceniza caliente y con un ladrillo ardiente; luego se inventó el horno y otros medios que el hombre fue hallando sucesivamente para que el calor se acomodase a nuestra voluntad». No faltó mucho para que afirmase que a los sabios se debe el hallazgo del arte de la zapatería. Todos estos menesteres los halló ciertamente la razón, pero no la recta razón. Invenciones son del hombre, no del sabio, a fe mía, no de otra manera que los bateles que utilizamos para vadear los ríos y los mares, armados de velas para recibir el impulso del viento, de timones colocados a su popa, que tuercen en un sentido u otro su travesía. El modelo se tomó de los peces, que se gobiernan por su cola, y con su blando movimiento hacia un lado u otro determinan su velocidad. «Todas estas cosas —dice Posidonio— las descubrió el sabio, pero, siendo demasiado pequeñas para tratarlas él, las traspasó a los más humildes artesanos». Pero soy yo quien digo que esas invenciones fueron halladas por los mismos que ahora las practican. De algunas sabemos que nacieron en tiempos que recordamos, como el uso de los cristales que transmiten la luz a través de una masa transparente, como las estufas de los baños y los tubos aplicados a la pared, que hacen circular el calor a fin de que caliente de un modo uniforme las piezas altas y las bajas. ¿Qué decir de los mármoles con que relumbran templos y palacios? ¿Qué de esas masas de piedra, redondeadas y pulidas, sobre las cuales hemos asentado pórticos y techos capaces de contener a todo un pueblo? ¿Qué de la grafía de los vocablos, mediante la cual, por más atropelladamente que el discurso se pronuncie, la mano anda a la par de la celeridad de la lengua? Son estos inventos de los esclavos más viles. Más arriba tiene la sabiduría su morada; y es maestra no de las manos, sino de las almas. ¿Quieres saber lo que ella descubrió, lo que produjo? No los graciosos meneos del cuerpo ni la variedad de sones a través de la trompeta y de la flauta, que recibiendo el aliento humano, a la entrada o a la salida, lo articula en voz. No las armas ni las murallas ni los instrumentos de guerra. Es creadora de la paz y llama al linaje humano a la concordia. No es artesana, vuelvo a decir, de herramientas necesarias para nuestros usos ordinarios. ¿Por qué le asignas tan menguada misión? Contempla en ella a la autora de la vida. Tiene ciertamente debajo de su señorío todas las artes; pues, ya que le sirve la vida, le sirve asimismo todo lo que la adorna y aderoza. Además, se encamina a la bienaventuranza; allá conduce; hacia allá abre sendas y veredas. Enseña qué cosas son males, y cuáles solo lo aparentan; despoja de vanidad a las almas; da sólida grandeza; reprime la vana y la que es vistosa de puro vacía; no deja ignorar en qué se diferencia la grandeza del engreimiento y nos da el conocimiento de toda la naturaleza y de ella misma. La filosofía establece quiénes son los dioses y cuál es su naturaleza, qué es el mundo subterráneo, qué son los lares y los genios, cuál es la condición de las almas inmortales que ocupan el segundo lugar después de los dioses, dónde moran, a qué se dedican, cuáles son sus deseos y su poder. Así somos e iniciados, abriéndosenos un templo, no un templo cualquiera en una ciudad cualquiera, sino el templo del mundo, el templo magnificente de todos los dioses, cuyas verdaderas imágenes, cuyas representaciones verdaderas, mostró a los ojos de nuestras almas; pues para tan grandes espectáculos es pequeño el ojo corporal. De ahí vuelve a los principios de las cosas, a la razón eterna incorporada en el todo y a la virtud seminal que da a cada cosa la forma propia. Entonces comienza sus disquisiciones en torno del alma, de su origen, de su sede, de su duración, del número de partes en que se divide. Luego, de lo incorpóreo pasa a lo corpóreo y analiza su verdad y sopesa sus argumentos; y, hecho esto, estudia cómo se esclarecen los problemas de la vida y de la palabra, pues, en una y otra, lo falso anda mezclado con lo verdadero. No se sustrajo, vuelvo a decir, aunque así le parezca a Posidonio, el sabio de aquellas artes materiales, pero ni siquiera se fijó en ellas. Pensaría que no era digno de invención lo que no creía que había de merecer un uso constante. No fuera que se dedicara a cosas que luego debieran dejarse. «Anacarsis —dice Posidonio— inventó el torno del alfarero, que, dando vueltas, contornea las vasijas». Después, como sea que en Homero se halla el torno del alfarero, prefirió pensar que eran apócrifos los versos de Homero antes que falsa la fábula de Posidonio. Mas yo no pretendo que Anacarsis fuese el inventor de ese utensilio, y, si lo fue, invención fue de un sabio ciertamente, pero no en tanto que sabio, de la misma manera que los sabios hacen muchas cosas, no como sabios, sino como hombres. Supongamos que un sabio es un corredor velocísimo; se adelantará a todos en la carrera, porque es ligero, pero no porque sea sabio. Desearía enseñar a Posidonio algún vidriero que con su soplo da al vidrio muchísimas formas que difícilmente modelaría la mano más hábil. Estas cosas fueron inventadas después de que dejamos de hallar la sabiduría. «Se dice que Demócrito inventó las bóvedas de piedra que se encorvan en forma de arco suavemente inclinado y sostenido por una piedra central». Yo me atrevo a decir que esto es falso. Forzosamente antes de Demócrito existieron puentes y piedras que por lo general en su parte superior están encorvados. Se os olvida decir que el mismo Demócrito halló la manera de ablandar el marfil y de convertir, mediante la cocción, las piedras en esmeraldas, procedimiento por el cual, todavía hoy en día, se colorean determinadas piedras adecuadas a esta operación. Estos hallazgos, aun cuando los hiciera un sabio, no los hizo como sabio; pues él hace muchas cosas que vemos hacer incluso a los más ignorantes tan bien como él, y a veces con más pericia y práctica. ¿Quieres saber qué investigó el sabio, qué dio a la luz? En primer lugar, la verdad y la naturaleza que él no contempló, como los otros animales, con los ojos lentos para las cosas divinas; luego, la ley de la vida que él aplicó a todas las cosas; y nos enseñó no solo el conocimiento de los dioses, sino también su imitación y a aceptar los azares como mandamientos. Nos prohibió que diésemos crédito a las opiniones falsas y sopesó el precio de cada cosa a tenor de su valoración justa; condenó los deleites mezclados con remordimientos; recomendó los bienes que siempre han de hacernos felices

y demostró cómo el hombre más feliz es aquel que no necesita
la felicidad, y el más poderoso es el que es señor de sí mismo.
No me refiero a aquella filosofía que puso al ciudadano fuera
de su patria y a los dioses fuera del mundo, que hace del placer
un premio de la virtud, sino de aquella que acepta la honestidad
como bien exclusivo y único, que no se deja ablandar por los
presentes ni del hombre ni de la fortuna; de aquella cuyo precio
es que no puede ser adquirida por ningún precio. No creo que
esta filosofía existiese en aquel siglo inculto en que todavía las
artes no habían hecho su aparición y el uso mismo hacía las cosas útiles. Sin embargo, creo que llegó tras aquella edad afor-
tunada en que los beneficios de la naturaleza estaban, como
quien dice, al alcance de la mano; antes de que la avaricia y el
lujo enfrentasen a los mortales y los convencieran para asociar-
se y lanzarse a la rapiña. No eran sabios aquellos hombres por
más que hiciesen cosas que hacen los sabios. No es posible estado mejor que aquel que tenía entonces el género humano;
y ni aun cuando Dios permitiera reformar las cosas humanas y
establecer las costumbres de las naciones ningún sabio escogería
otro estado más que el que se recuerda haber sido de aquellos
hombres en cuyos días «colono alguno no mullía el campo ni
era cosa lícita señalar en él lindes ni cotos, era común su goce;
y la tierra misma fecunda lo daba todo y producía el fruto que
nadie le pedía». ¿Qué felicidad mayor que la de aquella genera-
ción humana? Disfrutaban en común de los bienes de la naturaleza; ella, como madre, tenía para todos y era la defensora de
todos; esta era la más segura posesión de las riquezas públicas.
¿Por qué no he de considerar yo humanidad más rica la de aquel
tiempo, en que no podías hallar a un pobre? En esta feliz situación irrumpió la avaricia, que, queriendo separar alguna parte

y apropiársela, todo lo enajenó, y de la opulencia se redujo a la estrechez. La avaricia introdujo la pobreza y, codiciando mucho, lo perdió todo. Por eso, aun cuando se afane por cobrar lo perdido, aun cuando a su campo añada más campo, alejando al vecino con dineros o con injusticias; aunque aumente la extensión de sus fincas dándoles anchura de provincias y llame posesión a la propiedad que se tarda muchos días en recorrer, ninguna ampliación de nuestros límites nos devolverá a la situación de la que nos hemos alejado. Después de haber hecho lo posible y lo imaginable, tendremos muchas cosas; antes las teníamos todas. La misma tierra era más fértil no cultivada, generosa para con las necesidades de los pueblos que no se arrebataban los frutos unos a otros. No era menor deleite hallar lo que la naturaleza había producido como mostrar el hallazgo a otro. Así ni podía sobrar, ni faltar a nadie, pues se lo repartían sin envidia y sin querella. El más poderoso no había echado mano aún del más débil; el avaro aún no había escondido lo que le sobraba y no había privado a los otros de lo que necesitaban; igual era el cuidado propio y el ajeno. Estaban en paz las armas; y las manos incruentas de sangre humana habían vuelto su odio contra las fieras. Aquellos a quienes una selva densa había protegido del sol; aquellos que contra los rigores del invierno o de la ventisca vivían seguros bajo un techado de hojas en una cabaña, pasaban las noches sin congoja, apaciblemente. En cambio, a nosotros, las cuitas nos hacen dar vueltas en la púrpura y nos traen traspuestos y desvelados con sus recios aguijones. ¡Y qué blando sueño les daba a ellos la tierra dura! No tenían encima artesones labrados prolijamente, sino que, durmiendo a cielo abierto, resbalaban las estrellas con callado pie y el cielo seguía su camino guiando en silencio tanta maravilla, el magnífico espectáculo nocturno. Tanto de día como de noche estaba para ellos abierta la contemplación de esa hermosísima morada y se dedicaban a ver el descenso de unas constelaciones desde lo más alto del cielo, mientras que otras ascendían de un horizonte misterioso. ¿Y cómo no complacerse discurriendo entre tantas grandes maravillas? Y vosotros, en cambio, os asustáis al menor ruido de vuestros techos, y, si algo cruje, muertos de miedo, huis corriendo en medio de vuestras pinturas. No tenían ellos palacios de tamaños parecidos a ciudades. El aura respirando mansamente, libre bajo el cielo abierto, y la delgada sombra de una peña o de un árbol, las transparentes fuentes frías y los arroyos no modificados por la mano de hombre ni por conducciones ni por camino alguno obligado, sino rodando a placer, y los prados hermosos sin afeite; y, en medio de todo ello, una estancia agreste aderezada por una mano rústica: eso era una vivienda según la naturaleza, en la cual era una delicia habitar, sin temerla a ella ni temer por ella. Ahora una gran parte de nuestros temores nos son causados por nuestras casas. Mas, aun cuando fuese noble su vida y sin engaño, con todo ellos no fueron sabios, pues ese título está reservado para la obra perfecta. No obstante, no negaré que fueron hombres de espíritu generoso y, por decirlo así, recién salidos de las manos de los dioses. No dudo de que el mundo, aún no cansado, producía seres mejores. Así como la disposición de cada cual fue más recia y preparada para los trabajos; por lo mismo no tenían todos un talento consumado. La naturaleza no da la virtud; hacerse bueno es obra del arte. No buscaban ellos oro, ni plata, ni piedras relucientes en las fangosas entrañas de la tierra; e incluso perdonaban la vida de los mudos animales; tan lejos estaban de que un hombre matase a otro hombre sin ira, sin miedo, solo por el espectáculo. No se teñían aún sus ropajes; todavía el oro no se hilaba, ni siquiera se extraía de la rica vena. ¿Y entonces qué? Eran inocentes por ignorancia; y hay mucha diferencia entre que uno no quiera pecar o no sepa pecar. Les faltaba la justicia, les faltaba la prudencia; les faltaba la templanza y la fortaleza. Algunos barruntos de esas virtudes tenía aquella vida elemental; mas la auténtica virtud solo adviene a un alma instruida y adoctrinada y conducida a la perfección por una práctica constante. Para eso nacemos sin duda, pero sin esto, y aun en los mejores dotados, antes de que les enseñes, existe la materia de la virtud, pero no la virtud misma. Ten salud.

El incendio de Lion

Nuestro querido Liberal está triste ahora porque se le ha informado del incendio que ha consumido la colonia de Lion. Esta desgracia podría impresionar a cualquier hombre, cuánto más a uno amante en extremo de su patria. Este siniestro le ha hecho perder la firmeza de espíritu que ejercitó contra aquellos males que creía que se podían temer. Pero no me extraña que por este golpe tan inopinado, y estoy por decir inaudito, no tuviera miedo alguno, puesto que es una desgracia sin ejemplo. Muchas son las ciudades en las que un incendio hizo estragos; pero a ninguna la destruyó completamente el incendio. Aun en aquellas donde una mano hostil prende fuego a las viviendas, en muchos sitios se apaga, y, aun cuando con frecuencia lo aticen, pocas veces las devora tan completamente que la llama nada deje en el hierro por destruir. Hasta los temblores de tierra casi nunca fueron tan graves y ruinosos que asolaran pueblos enteros. En fin, nunca hubo incendio tan funesto que no dejase nada para otro incendio. Tantos edificios hermosísimos, cada uno de los cuales pudiera embellecer una ciudad, los destruyó en una sola noche, y en el seno de tan grande paz aconteció lo que ni aun en la más furiosa guerra podía temerse. ¿Quién lo puede creer? Cuando están en paz las armas, cuando por toda la redondez de las tierras campea la seguridad a sus anchas, Lion,

flor de la Galia, ha desaparecido. La fortuna, a todos los que
afligió con calamidades públicas, les consintió que las temiesen;
ninguna cosa grande careció de algún tiempo para prepararse
de cara a su ruina; solo en esta una sola noche es la distancia
que a una ciudad grandiosa la separa de la nada. En una palabra:
pereció más rápidamente que yo cuento que pereció. Todas
estas circunstancias doblegan el temple de nuestro Liberal, antes tan firme y resuelto contra las adversidades; no sin razón su
reciedumbre ha sido tocada. Agobia más lo inesperado; la novedad añade a los desastres pesadumbre; y no hay mortal a quien
no duelan más los males que le produjeron sorpresa. Por eso,
nada debe sernos imprevisto; a todo se ha de anticipar nuestra
previsión y hemos de pensar no en lo que suele suceder, sino en
lo que puede suceder. Porque ¿qué cosa hay que la fortuna,
cuando se le antoja, no pueda derrocar de su estado más flo-
reciente, que no la ataque y veje tanto más cuanto más vistosa-
mente brille? ¿Qué hay para la fortuna arduo o difícil? No anda
siempre por el mismo camino, ni llega siempre por una senda
trillada: unas veces vuelve contra nosotros nuestras propias manos; otras veces, contentándose con sus propias fuerzas, nos crea
peligros sin causa aparente. Ningún tiempo está excluido de
ello. En los mismos placeres se hallan los gérmenes del dolor.
En el seno de la paz nos asalta de pronto la guerra y la ayuda
que inspiraba seguridad se convierte en sobresalto; de un amigo se hace un enemigo; de un compañero, un adversario. La
serenidad del verano desencadena tempestades mayores que las
del invierno. Sin tener enemigos sufrimos hostilidades, y, a falta de otras, el exceso de felicidad halla para sí causas de calamidades. La enfermedad ataca a los de mayor templanza, la tisis a
los más robustos, la pena a los más inocentes, el bullicio y el

tropel a los que viven en mayor recato y apartamiento. El azar busca algo nuevo para embestir con todas sus fuerzas cuando nos hemos descuidado. Todo lo que se construyó en una larga serie de años de trabajo continuo, favorecido por la generosa indulgencia divina, apenas un día para destruirlo. Largo plazo dio a los males para llegar quien dijo que bastaba un día: una hora, un momento bastan para el motín de los imperios. Habría algo de consuelo para nuestra debilidad y la de nuestras cosas si tardasen tanto en perecer como en hacerse; y es al revés: el crecimiento es lento, pero la ruina rápida. Nada hay estable ni en las cosas privadas ni en las públicas; ruedan los hados tanto para los hombres como para las ciudades. En el seno de la misma placidez se halla el terror latente, y, sin que ningún tumulto externo lo haga presagiar, estallan los males donde menos se esperaba. Los reinos que resistieron a las guerras civiles, los que afrontaron las guerras exteriores, se arruinan sin que nadie los empuje. ¿Qué ciudad aguantó o sostuvo su florecimiento y auge? Es, pues, necesario pensar en todos los males y fortalecer el espíritu contra todos aquellos que podamos sufrir: destierros, suplicios por enfermedades, guerras, naufragios; todo hemos de meditarlo. El azar puede privarte a ti de la patria y a la patria de ti, puede lanzarte al desierto, puede reducir a campos de soledad aquel paraje mismo en que la turba se apretujaba. Pongamos delante de nuestros ojos toda posible condición humana y armemos nuestro espíritu no ya contra los accidentes que pasan con frecuencia, sino contra los que podrían pasar si no queremos vernos abrumados ni sorprendidos por su novedad imprevista. Es necesario contemplar a la fortuna revestida de todo su poder. ¡Cuántas veces un temblor de tierra llevó desolación a las ciudades de Asia, a las ciudades de Acaya! ¿Cuántos pueblos fueron

destrozados en Sicilia, cuántos en Macedonia? ¿Cuántas veces
el mismo azote devastó la isla de Chipre? ¿Cuántas la ciudad de
Pafos se ha derrumbado sobre sí misma? ¿Cuántas veces se nos
han notificado ruinas de ciudades enteras, y nosotros, entre
quienes estas noticias circulan, frecuentemente, qué pequeña
parte somos del universo? Alcémonos, pues, contra las embes-
tidas del azar, y, pase lo que pase, sepamos que no es tan grave
como el rumor lo difunde. Ardió una ciudad opulenta, que era
ornato de las provincias, entre las cuales estaba situada excep-
cionalmente, edificada en la cumbre de una montaña no demasiado ancha. De todas estas ciudades que ahora oyes celebrar
por nobles y magníficas, el tiempo borrará hasta sus vestigios.
¿No ves cómo en la Acaya están ya consumidos los cimientos
de ilustrísimas ciudades y que nada queda ya que demuestre
que han existido? No destruye solamente lo que la mano del
hombre hizo, ni derriba el tiempo aquello que estableció el arte
o el ingenio humano; los picos de los montes se desmoronan,
se hunden regiones enteras; anegaron las olas sitios que estaban
alejados del mar. La vasta voracidad del fuego erosionó los collados en cuya punta refulgía y abatió cumbres altísimas, norte
y consuelo de mareantes. Las obras mismas de la naturaleza
sufren menoscabo; con igual espíritu hemos de soportar las
destrucciones de las ciudades. Están en pie para caer; a todas
espera el mismo fin, ora una fuerza interior y un viento sin
salida sacuda con violencia la pesadumbre que las sostiene, ora
el torbellino de los torrentes subterráneos quiebre los obstáculos a su carrera, ora el ímpetu de las llamas haga estallar la es-
tructura del suelo, ora el tiempo, al que nada resiste, la destruya
poco a poco, ora la insalubridad del clima ahuyente los pueblos
o el moho vuelva el desierto pestilente. Enumerar todos los

caminos del destino es tarea prolija. Una cosa sé: que todas las obras de los mortales están condenadas a muerte, pues vivimos entre cosas perecederas. Estos y otros semejantes consuelos le doy a nuestro querido Liberal, que arde por un increíble amor a su patria, la que tal vez ha sido destruida para volver a levantarse mejor. Muchas veces la desgracia hizo lugar a una fortuna más brillante; muchas cosas han caído para surgir mayores y más altas. Timágenes, enemigo de la prosperidad de Roma, decía que por lo único que le dolían los incendios de la ciudad era porque sabía que de las ruinas se erguirían mejores edificios de los que ardieron. Verosímil es también que en esta ciudad competirán todos con ahínco por restaurarla más grande y gloriosa que la ciudad que perdieron. ¡Quiera el cielo que sea más duradera y sea construida para una era más larga bajo los mejores auspicios! Pues hay que saber que esa colonia no cuenta más de cien años, edad no extrema, por cierto, aun para un hombre. Establecida por Planco, la bondad del lugar la hizo crecer hasta tener esa densidad de población: pero ¡cuántos desastres no tuvo que soportar en tan corto tiempo como dura una vida humana! Eduquemos, pues, nuestra alma en la comprensión y resignación a su suerte y sepa que no hay nada a lo que no se atreva la fortuna; que ella tiene contra los imperios la misma valía que contra los emperadores, la misma energía contra los hombres que contra las ciudades. Ninguna de estas cosas ha de avivar nuestra indignación; hemos entrado en un mundo donde rigen estas leyes. Te gustan: obedécelas. No te gustan: sal por donde quieras. Indígnate si alguna condición inicua se ha establecido propiamente contra ti; pero, si una misma férrea necesidad obliga por igual a ricos y a pobres, reconcíliate con el hado que lleva a la vida a su disolución. No hay razón para que nos midas según los sepulcros y los monumentos desiguales que bordean nuestras vías; a todos nos iguala la ceniza. Desiguales nacemos; morimos iguales. De las ciudades digo lo mismo que de los moradores de las ciudades. Tomadas fueron tanto Árdea como Roma. El fundador del derecho humano no nos distinguió por la cuna y por la gloria del nombre, sino mientras existimos. Mas, cuando se llega al fin de todos los mortales, nos dice: «¡Apártate, ambición! ¡Sea una sola la ley que aplique a todas las criaturas que pueblan la tierra!». Iguales somos ante los sufrimientos; ninguno es más frágil que otro, nadie tiene mejor garantía del día de mañana. Alejandro, rey de los macedonios, acometió el estudio de la geometría y acertó descubriendo, ¡ay, infeliz!, cuán pequeña era la tierra de la cual había conquistado una porción mínima. Por eso lo he llamado infeliz, porque muy pronto comprendió cuán indeciso era el nombre que llevaba tan ufanamente. ¿Quién puede ser grande en algo pequeño? Las nociones que se le enseñaban eran abstractas y exigían una atención demasiado despierta para que las pudiese percibir aquel delirante y engreído que disparaba sus pensamientos al otro lado del océano. «Enséñame —dijo a su preceptor— cosas fáciles». Y este le contestó: «Son las mismas para todos y difíciles por igual. Piensa que la naturaleza te dice esto mismo: "Estas cosas de las que te quejas son iguales para todos. A nadie puedo darlas más fáciles; pero quien lo quiera así, podrá convertirlas en más fáciles". ¿Cómo? Con igualdad de espíritu. Es preciso que te des pena, que tengas sed, que sufras hambre, que envejezcas, si te toca en suerte estar más tiempo entre los hombres, y que enfermes, y que experimentes pérdidas y que mueras. Lo que no has de hacer es dar crédito a esos rumores que se difunden a tu alrededor; nada de eso es ningún mal, nada es intolerable o pesado. El miedo que les tenemos es normal: temes tanto la muerte como temes su fama. ¿Qué hay más necio que un hombre que tiene miedo de las palabras? Nuestro Demetrio suele decir con agudeza que para él las palabras de los ignorantes son lo mismo que los ruidos que le salen del vientre. ¿Qué más da que suenen por arriba o por abajo? ¡Qué gran tontería es el temor de ser infamado por infames! De la misma manera que sin motivo tuviste miedo de la fama, así también temiste lo que jamás habrías temido, sino al dictado de la fama. ¿Qué menoscabo sufriría el hombre bueno, salpicado de rumores malignos? A nuestro entender, esto tampoco perjudica a la muerte; también la muerte tiene mala fama. Ninguno de aquellos que la incriminan la experimentó; mientras tanto es una temeridad condenar aquello que ignoras. Pero tú sabes cuán útil ha sido a muchos, a cuántos libró de los tormentos, de la penuria, de las querellas, de los suplicios, del tedio. No estamos bajo el poder de nadie si la muerte está bajo nuestro poder. Ten salud.

De la bienaventuranza

Creo que ambos estaremos de acuerdo en considerar que las cosas externas se adquieren para el cuerpo, que el culto del cuerpo es por respeto al alma, que en el alma hay facultades subalternas por las cuales nos movemos y nos alimentamos y que nos fueron dadas para ser usadas por la parte principal. En esta parte principal hay algo irracional y algo racional. Aquello sirve a esto; y esto es lo único que no se ordena a nada, sino que todo lo ordena y lo refiere a sí. Porque también la razón divina manda sobre todas las cosas y no está al mandato de ninguna; de igual manera es nuestra razón, porque de ella procede. Si acerca de esto hay acuerdo entre nosotros, también lo habrá en esto otro, a saber: que la vida bienaventurada estriba en el hecho de que nuestra razón sea perfecta. Porque solamente ella no doblega el espíritu, se yergue en pie frente a la fortuna; en cualquier situación nos mantiene impertérritos. El único bien es aquel que no sufre menoscabo. El bienaventurado, digo, es aquel a quien cosa ninguna afecta; posee el bien supremo y en nadie se apoya sino en sí mismo, pues quien con ayuda ajena se sostiene corre el peligro de caer. Si ello fuera al revés, comenzarían a tener gran influencia en nosotros las cosas que no son nuestras. ¿Y quién es el que quiere afianzarse en la fortuna o qué hombre prudente hay que a sí mismo se admira por lo que tiene el otro? ¿Qué es la vida bienaventurada? La seguridad y la tranquilidad perpetuas. Tal nos la dará la grandeza de alma, nos la dará la entereza asida tenazmente a las decisiones razonables. ¿Cómo se llega a ello? Con la total contemplación de la verdad; observando en los negocios orden, moderación, decencia, voluntad inocente y benigna, dócil a los dictados de la razón, y no separándose de ella jamás, que se haga amar y que a la vez se haga admirar. Finalmente, para explicártelo en una fórmula breve, el alma del sabio debe ser tal como la que corresponde a Dios. ¿Qué puede desear aquel que posee todo lo honesto? Porque, si las cosas no honestas pueden ayudar en algo al mejor de los estados, la vida bienaventurada se hallará en aquellas cosas sin las cuales es honesta la vida. ¿Y qué mayor vergüenza y necedad hay que urdir el bien del alma racional con elementos irracionales? Con todo, algunos piensan que el bien supremo puede aumentar, por cuanto no llega a la plenitud, cuando el azar lo obstaculiza. El mismo Antípater, una de las grandes autoridades de esta escuela, dice que él concede alguna influencia a las cosas externas, pero harto exigua. Estás viendo qué es eso de no contentarse con la luz del día, si no se le añade algún candil: ¿qué importancia puede tener en ese resplandor del sol una chispa? Si no te contentas solo con la honestidad es necesario que añadas o bien el reposo, que los griegos llaman *aoclesía*, o bien el placer. El primero de ellos puede de todos modos admitirse, por cuanto, exenta el alma de perturbación, tiene tiempo para contemplar el universo y no hay nada que la distraiga de la contemplación de la naturaleza. El segundo, el placer, es el bien del animal; por él unimos a lo racional lo irracional y a lo honesto lo deshonesto. Ofrece en esta vida el regocijo del cuerpo. ¿Por qué titubeáis en proclamar que el hombre está en posesión de su bien, si tiene satisfecho el paladar? ¿Y cuentas tú, no digo entre los varones constantes, sino simplemente entre los hombres, a quien sitúa su propio bien supremo en los colores, en los sabores, en los sonidos? Ha de excluirse de la hermosísima categoría de seres vivientes, solo inferiores a los dioses, y añadirse a los animales irracionales este animal que halla su deleite en el cebo. El elemento irracional del alma tiene dos partes: la una, animosa, ambiciosa, suelta, apasionada; la otra, sumisa, lánguida, dada a los placeres. La parte desenfrenada, mejor de todas maneras y ciertamente más recia y digna del varón, ha sido dejada en el olvido. La otra parte, lánguida y ruin, la creyeron necesaria para la vida bienaventurada. A su servicio pusieron despóticamente la razón y degradaron y envilecieron el bien supremo del más generoso de los vivientes y además hicieron una mezcla monstruosa de diversos e incongruentes miembros. Porque, como dice nuestro Virgilio refiriéndose a Escila, «la parte superior de su cuerpo es humana, hasta la ingle; su hermoso pecho es de doncella; pero su parte inferior es de monstruoso pez y tiene colas de delfín prendidas a sus ajares de foca». A esta Escila se le unen animales fieros, horribles, veloces. Mas esos filosofastros, ¿con qué monstruos han fabricado la sabiduría? El arte primordial del hombre es la misma virtud: a esta se le añade la carne inútil y floja, apta nada más que para recibir los alimentos, como dice Posidonio. Esta virtud divina acaba en miembros lascivos; con esa cabeza venerable y celestial se articula un animal pesado y lacio. El otro elemento, el reposo, aunque en ninguna otra cosa ayudaba al espíritu, removía al menos los impedimentos. El deleite es un disolvente poderoso, que reblandece toda fortaleza. ¿Dónde se hallará una unión tan diferente de cuerpos? A la

más enérgica robustez se le une la mayor inercia, a la más estrecha severidad la frivolidad más liviana, a la más acendrada pu-
reza la intemperancia que llega hasta el incesto. «¿Entonces qué?
—dice—. Si a la virtud en nada ha de impedirla la buena salud
ni el reposo ni la carencia de dolor, ¿no desearás estas cosas?».
¿Por qué no he de desearlas? Pero no porque sean buenas, sino
porque son según la naturaleza y porque las tomaré con cordura.
¿Qué bien habrá entonces en ellas? No más que ese estar bien
elegidas. Porque, cuando tomo el vestido que me va bien, cuando ando como es menester, cuando ceno como debo, ni la cena
ni el paseo ni el vestido son lo bueno, sino que lo bueno es mi
propósito de observar en cada una de estas cosas la manera
conveniente a la razón. Y aún añadiré: la elección de un vestido
limpio es deseable al hombre; porque por naturaleza el hombre
es un animal aseado y elegante. De manera que no es bueno de
por sí el vestido limpio, sino la elección del vestido limpio,
porque la bondad no reside en la cosa, sino en la elección; por
ella son honestas nuestras obras, no la materia sobre la que
actúan. Y lo que dije del vestido, piensa que lo he dicho del
cuerpo. Pues la naturaleza lo puso también a manera de vestido
alrededor del alma, cuyo velo es. ¿Y quién jamás valoró el vestido por el armario donde se guarda? La vaina no hace ni buena
ni mala a la espada. Lo mismo te digo del cuerpo. Si se me da
opción, tomaré la salud y las fuerzas; mas el bien que de ello me
viniere será mi criterio sobre estas cosas, no las mismas cosas.
«Ciertamente —dice—, el sabio es bienaventurado, pero no
alcanza el bien supremo si no le corresponden los medios naturales. Así que no puede ser miserable el que posee la virtud;
pero no es bienaventurado plenamente quien carece de los bienes naturales, como la salud y la integridad de los miembros».

Lo que parece más increíble, eso lo concedes, a saber: que, en los más grandes y continuos dolores, un hombre no solo no es miserable, sino bienaventurado; y niegas lo más ligero, a saber: que sea bienaventurado en toda su plenitud. Ahora, si la virtud puede hacer que uno no sea miserable, más fácilmente logrará que sea felicísimo, porque menos distancia hay del feliz al felicísimo que del miserable al feliz. ¿Acaso tiene suficiente poder para colocar entre los felices al hombre caído en desgracia? ¿Desfallecerá este cuando ya está llegando a la cumbre? Hay en la vida comodidades e incomodidades, unas y otras fuera de nosotros. Si no es infeliz el hombre bueno, aun cuando lo agobien todas las incomodidades, ¿cómo no va a ser muy feliz aunque le falten algunas comodidades? Pues de la misma manera que el peso de las incomodidades no lo deprimen hasta hacerlo desgraciado, así también la carencia de comodidades no lo aparta de la suma felicidad; sino que tan sumamente feliz es en comodidades, como no es infeliz si las incomodidades lo abruman; de otra manera, se le podría arrebatar su bien si este puede disminuir. Poco antes he dicho que un candil no aumenta en un punto la luz del sol, porque la claridad de este ofusca todo lo que sin ellas brillaría. «Mas ciertas interposiciones —dice— tapan el mismo sol». Pero el sol conserva su integridad aun entre los obstáculos, y, aunque haya cualquier interferencia que nos prive de su vista, continúa su actividad y sigue su curso. Cuando luce entre nubes no es ni más pequeño ni siquiera más lento que en sus momentos de serenidad, porque hay mucha diferencia entre que lo tape algún cuerpo interpuesto o que lo impida. De la misma manera, los obstáculos nada quitan a la virtud; no es menor, aunque resplandezca menos. Acaso no tenga a nuestros ojos tanta apariencia ni brillo; mas siempre es igual a sí misma

y, de igual manera que el sol anochecido, va haciendo oculta-
mente su camino. Lo mismo pueden contra la virtud las calamidades, los daños, las injurias que lo que pueden contra el sol
las nubes. Hay quien sostiene que el sabio poco favorecido en
el cuerpo no es infeliz ni feliz. También este se engaña, puesto
que iguala las casualidades a las virtudes y atribuye a las cosas
honestas lo mismo que otorga a las carentes de honestidad. ¿Qué
fealdad, qué indignidad mayor que equiparar lo venerable y lo
rahez? Venerables son la justicia, la piedad, la fe, la fortaleza, la
prudencia; y, al revés, son cosas viles, que a menudo tocaron en
suerte y proporción mayor a los más viles, la pierna robusta y
los músculos y los dientes y su salud y solidez. Además, si el
sabio que sufre molestias corporales no ha de ser tenido por
feliz y por infeliz, sino en un estado intermedio, tampoco su
vida será ni deseable ni aborrecible. ¿Y qué cosa hay tan absur-
da como que no sea apetecible la vida del sabio? ¿Y qué cosa tan
difícil de creer es que haya una vida que no sea apetecible ni
rechazable? Además, si los daños del cuerpo no hacen infeliz,
permiten que se sea feliz, porque, si no tienen fuerza para empeorar nuestro estado, tampoco la tienen para neutralizar el
mejor. «Conocemos —dirá alguien— lo frío y lo caliente, y entre estos dos extremos está lo tibio; si alguno es feliz y algún
otro es infeliz, necesariamente habrá quien no sea ni una cosa
ni otra». Quiero destruir esta comparación que contra nosotros
se opone: si en lo tibio pongo más frialdad, se tornará frío; si le
pongo más calor, acabará por volverse caliente. Mas ese hombre
que ni es feliz ni es infeliz, por más infelicidades que le añada,
no será infeliz como decís; luego esta comparación es incon-
gruente. En fin, yo te entrego a un hombre ni feliz ni infeliz: le
añado la ceguera, y eso no lo hace infeliz; le añado la cojera,

y eso no lo hace infeliz; le añado dolores continuos y graves, y no lo hago infeliz. Quien tras tantos males no ha podido ser arrastrado a la vida infeliz tampoco será arrancado de la vida feliz. Si no puede el sabio, como decís, caer de la felicidad en la infelicidad, tampoco puede caer en la falta de felicidad. ¿Por qué quien comenzó a caer ha de detenerse en algún sitio? Aquello mismo que no le permite rodar hasta el fondo lo mantiene en la cumbre. ¿Cómo podría no ser indivisible la bienaventuranza? Pero ni siquiera puede disminuir, y por eso la virtud se basta a sí misma para llegar a ella. «¿Entonces qué? —dice—. ¿No es más feliz el sabio que vivió mucho, a quien ningún dolor apartó de su camino, que aquel otro que siempre anduvo luchando contra la adversidad?». Respóndeme: ¿es, acaso, mejor o más honesto? Si ni lo uno ni lo otro, tampoco es más feliz. Es preciso que viva con más rectitud si ha de vivir con más felicidad; si no puede vivir más rectamente, entonces no puede vivir más felizmente. No crece la virtud, luego tampoco crece la vida bienaventurada que de la virtud procede. Porque la virtud es un bien tan grande que no siente estas pequeñas incidencias, la brevedad de la vida, el dolor y las molestias corporales. Porque el placer no merece ser tenido en consideración. ¿Qué es lo principal en la virtud? No necesitar del futuro ni contar sus días. Por breve que sea el tiempo, esta consuma en él obras eternas. Increíbles nos parecen estas cosas que discurren por encima de la naturaleza humana. Medimos su grandeza por nuestra flaqueza y a nuestros vicios les ponemos nombre de virtud. ¿Entonces qué? ¿No se nos antoja igualmente increíble que un hombre sumido en las mayores torturas diga: «Soy feliz»? Pues estas palabras se oyeron en la misma escuela del placer. «Paso el más feliz y el último de mis días», decía Epicuro, afligido por la retención de la orina y por el dolor de una úlcera incurable del estómago. Entonces ¿cómo pueden ser increíbles estas cosas en quienes cultivan la virtud, puesto que se dan aun en aquellos a quienes el placer esclavizó? También estos degenerados, hombres de mentalidad rastrera, dicen que el sabio no es feliz ni infeliz en los más graves dolores y en las calamidades más extremas. Y asimismo esto es increíble, y aún más increíble que aquello, ya que no veo la razón para que no se despeñe hasta lo más hondo del abismo la virtud derribada de su cumbre. O ha de hacer al hombre feliz, o si se le saca de ahí, no impedirá que sea infeliz. Mientras se mantenga en pie no puede ser retirada; es necesario que sea vencida o que venza. «Solo a los dioses inmortales —dice— toca la virtud y la vida bienaventurada; a nosotros, un barrunto lejano de aquellos bienes; nos acercamos a ellos, pero no llegamos». Mas la razón es común a los dioses y a los hombres, consumada en ellos y en nosotros consumable, si bien nuestros vicios nos quitan la esperanza de conseguirla. Porque el hombre de segunda categoría es inconstante en la guarda de los mejores principios, y su juicio vacila todavía en la incertidumbre. Desea los sentidos de la vista y del oído, buena salud y regular la compostura del cuerpo y una vida prolongada y en que se pueda valer por él mismo. Así podrá llevar una vida de la que no tenga que arrepentirse; mas en este varón imperfecto la malicia tiene cierta virulencia porque su alma es propensa a la maldad; mas la malicia profundamente enraizada y que es causa de agitación se halla de él ausente. No es bueno todavía, pero va formándose en el bien; mas todo aquel a quien para el bien le falta algo es malo. Pero «quien encierra en su cuerpo virtud animosa» se iguala con los dioses y a ellos tiende, pues recuerda su origen. A nadie se le reprueba que se esfuerce en subir a la altura de donde bajó. ¿Y por qué razón no has de creer que existe algo divino en aquel que es parte de Dios? Este universo que nos contiene en un solo ser es Dios: compañeros somos suyos y también miembros. Capaz es nuestra alma de remontarse a él si los vicios no la apesadumbran. Así como nuestro cuerpo se levanta debido a su recta constitución y mira al cielo, así también el alma que puede extenderse a todo lo que quiere ha sido formada por la naturaleza para querer cosas dignas de los dioses; y, si emplea sus fuerzas y se extiende por su propia región, se esfuerza por subir al cielo por un camino no ajeno. Ardua empresa sería ir al cielo; pero es que del cielo vuelve. Cuando encuentra este sendero, camina por él audazmente menospreciándolo todo y no mira desde el lado del dinero y ya no estima el oro y la plata, muy dignos de aquellas tinieblas en que estuvieron sepultados, por aquel fulgor con que hieren los ojos de los ignorantes, sino por el fango original de donde los excavó y redimió nuestra codicia. Sabe él perfectamente que las riquezas están situadas en lugar muy diferente del sitio donde se amontonan: el alma hay que llenar y no el arcón. A un alma así es lícito darle el dominio de todas las cosas y ponerla en posesión de toda la naturaleza, sin más límites que el Oriente y el Occidente; que como el de los dioses sea universal su señorío porque desprecia con altanería a los ricos, con todos sus tesoros, entre quienes no hay ninguno tan contento con lo que tiene como malhumorado por lo que tienen los otros. Cuando el sabio se halla en situación tan elevada ya tampoco ama a su cuerpo como una carga necesaria, sino que solamente lo administra y no se sujeta a quien tiene debajo de su dominio. No es libre nadie que sirva al cuerpo, porque, pasando por los otros dueños que acarrea una nimia solicitud del cuerpo, su dominación es difícil y enojosa. Del cuerpo, el sabio ora sale con ecuanimidad, ora se libera con magnanimidad, y no va a buscar cuál será el destino de sus despojos. Antes bien, así como no nos preocupa qué fue de la barba y del cabello que nos cortamos, a aquella alma divina, al salir del hombre para acogerse a su propia morada, le interesa tan poco que el fuego lo consuma, o que lo cubra la tierra, o que las fieras lo despedacen, como la placenta al niño una vez nacido. Que sea lanzado a las aves de rapiña o devorado, «presa dada a los perros marinos», ¿qué importa a quien ya no existe? Pero, ni siquiera cuando está entre los hombres, teme después de la muerte ninguna amenaza de aquellos para quienes ser temido hasta la muerte es poca cosa. «No me arredra —dice— ni el garfio ni el afrentoso lanzamiento del cadáver, ni su despedazamiento, tortura de los ojos que han de verlo. A nadie suplico los obsequios últimos; a nadie encomiendo mis despojos. La naturaleza proveyó que nadie quedase insepulto: a quien desechó la crueldad lo enterrará el tiempo». Hermosamente dice Mecenas: «No cuido del sepulcro; la naturaleza sepulta a los abandonados». Creerás que este dicho es de una trágica grandeza, pues quien lo dijo tuvo una mente generosa y viril; pero no, la malogró la prosperidad. Ten salud.

Duelo por la muerte de Metronacte

En la carta en que te lamentabas de la muerte del filósofo Metronacte, como si hubiera podido y debido vivir más tiempo, eché de menos el equilibrio que te sobra en todas tus acciones y en todos tus negocios, pero que te falta en aquello en que falta a todos. A muchos hombres conocí ecuánimes con los otros hombres, mas a ninguno que lo sea con los dioses. Cada día le reprendemos al destino: ¿por qué Fulano abandonó la vida a la mitad de esta? Y Mengano, ¿por qué no? ¿Por qué prolonga una decrepitud que para sí mismo y para los otros es gravosa? Dime, por favor: ¿qué crees más razonable: que obedezcas tú a la naturaleza o que la naturaleza te obedezca a ti? ¿Qué importancia tiene que salgas más o menos temprano de donde tienes forzosamente que salir? No hay que afanarse por vivir mucho, sino lo suficiente; pues para vivir mucho se ha de contar con el destino; para vivir lo suficiente, con el ánimo. Larga es la vida si es llena, y se llena otorgándose el alma su bien propio y transfiriéndose el dominio de sí mismo. ¿De qué le sirven a uno ochenta años pasados en la inercia? Esa persona no ha vivido, sino que ha permanecido en la vida; no ha sido tardía su muerte, sino prolongada. Vivió ochenta años. Bien; pero interesa saber desde qué fecha data su muerte. Este otro murió en la flor de su juventud. Sí; pero cumplió con sus deberes de buen ciudadano, de buen amigo, de buen hijo; no falló en ningún punto. Aunque su edad sea incompleta, su vida es completa. Este vivió ochenta años. No, sino que duró ochenta años, a menos que digas que vivió como se dice que viven los árboles. Yo te ruego, Lucilio, que nos esforcemos para que, como ocurre con las cosas de mucho valor, nuestra vida sea no muy duradera, sino muy valiosa. Debemos medirla por su actividad, no por su duración. ¿Quieres saber qué diferencia hay entre este varón enérgico, que menosprecia la fortuna, que se hizo responsable de todas las cargas de la vida y alcanzó el bien supremo, y este otro que vio pasar una larga serie de años? El uno existe, aun después de muerto, y el otro antes que muriese ya falleció. Alabemos, pues, y contemos entre los bienaventurados a quien, cualquiera que fue el tiempo que le tocó vivir, sacó de él provecho. Él vio la verdadera luz; no fue uno de muchos; vivió, y vivió vigorosamente. Unas veces gozó de cielos despejados; otras, como es costumbre, solo pudo ver resplandor del astro poderoso a través de las nubes. ¿Por qué me preguntas cuánto tiempo vivió? Vive todavía; se ha proyectado en la posteridad y se entregó a la memoria de los hombres. No por eso yo rechazaré la prórroga de unos cuantos años; pero tampoco diré que me falte nada para la vida bienaventurada si su duración se corta bruscamente. Yo no he echado mis cuentas sobre el plazo más o menos largo que una ambiciosa esperanza me había prometido, sino que ningún día dejé de considerar como el último. ¿Por qué me preguntas cuándo nací y si todavía me cuento entre los más jóvenes? Yo traigo mi cuenta. De la misma manera que en una pequeña estatura el hombre puede ser perfecto, así puede ser perfecta la vida en la menor medida de tiempo. La edad es una cosa externa. El tiempo que viviré no es cosa mía; pero que el tiempo que viva lo viva realmente, eso sí que lo es. Exige esto de mí; que no pase la vida en una vergonzosa oscuridad; que viva la vida, no que ella me lleve inútilmente. ¿Me pides que te diga cuál es el más amplio espacio de la vida? Vivir hasta alcanzar la sabiduría. Quien a ella llegó ha conseguido no la meta más lejana, sino la máxima. Este hombre puede estar satisfecho y dará gracias a los dioses y aun a sí mismo igual que a ellos, y atribuirá a la naturaleza todo cuanto ha sido. Y con razón se lo atribuirá, porque le ha devuelto una vida mejor que la que recibió. Ofreció el dechado del varón bueno y demostró su calidad y su grandeza. Si algún tiempo hubiera añadido a su vida, habría sido semejante al pasado. Y, con todo, ¿hasta dónde vivimos? Hemos disfrutado del conocimiento de todas las cosas. Sabemos de qué principios surge la naturaleza, cómo establece el orden en el mundo, por qué vicisitudes hace girar el año, cómo abarca todas las cosas que jamás fueron y cómo ella misma se ha puesto como término. Sabemos que los astros ruedan por propio impulso, que fuera de la Tierra no hay nada inmóvil y que los demás astros pasan con una constante velocidad. Sabemos cómo la luna se adelanta al sol, cómo, siendo más lenta, deja atrás al más veloz, cómo recibe su luz y cómo la pierde; qué causa nos trae la noche; qué causa nos devuelve el día: allí hay que ir, al alto asiento desde donde contemples este espectáculo más de cerca. «No es por la esperanza —dice aquel sabio— de ver cómo se abre delante de mí el camino hacia mis dioses por lo que salgo de la vida animosamente: merecí ya ser admitido entre ellos y ya en medio de ellos estuve y a ellos envié mi espíritu y ellos me enviaron el suyo a mí. Pero imagínate que fenezco del todo y que después de la muerte nada queda del hombre; igual es la fortaleza de mi espíritu, aunque muera sin tránsito a ninguna otra parte». No vivió tantos años como pudo. Hay libros de pocas páginas, loables y útiles sin duda. Sabes cuán ponderosos y voluminosos son los anales de Tanusio y el nombre que se les da: tal es la vida larga para algunos, los anales de Tanusio. ¿Crees acaso más feliz al gladiador que ha muerto en la tarde que el que murió al mediodía? ¿Piensas que existe alguien tan necio y ávido de la vida que prefiera ser degollado en el espoliario que en la arena? No es más larga la distancia con la que los unos nos adelantamos a los otros. La muerte nos llega a todos; el que mata sigue al muerto. Es insignificante esto que nos preocupa tanto. ¿Qué importa cuánto tiempo puedas evitar lo que a la postre es inevitable? Ten salud.

La vida del hombre es una guerra asidua

¿De todos modos te indignas y te quejas, sin comprender que en estas cosas no hay sino un mal, y es precisamente el hecho de indignarte y de quejarte? Si he de hablarte con sinceridad, no creo que exista para el hombre mal alguno sino el de pensar que hay en el mundo algo que él piense que pueda hacerle mal. No me soportaré yo a mí mismo el día que no pueda soportar alguna cosa, sea la que sea. Es precaria mi salud; paciencia; es una parte de mi destino; mi servidumbre ha perecido, los intereses me agobian, se me ha derrumbado la casa; se me han venido encima daños, heridas, trabajos, miedos; paciencia es lo que se acostumbra; es débil esta expresión: es lo que debió suceder. Sobrevienen por decreto estos lances, no por azar. Si en algún punto te merezco crédito, ahora, como nunca, te descubro mis sentimientos más íntimos; en todos aquellos trances que me parecen adversos y duros, así me he ido formando; no obedezco a Dios, sino que me conformé con lo que Él me dio; lo sigo por propia voluntad, no por necesidad. Nada me sucederá que me encuentre triste o con cara hostil; ningún tributo pagaré de mala gana. Y tributos son de la vida todas las cosas que nos hacen gemir o que nos hacen temer; de todas estas cosas, mi querido Lucilio, ni esperes librarte ni lo pidas. Te ha molestado el dolor de vejiga, te han llegado cartas más o menos desagradables, pérdidas continuas, o, adentrándome más, has temido por tu propia vida; pero ¿no sabías que todos estos achaques los deseabas al desearte a ti mismo la vejez? De todo esto hay en una vida larga, como en un camino largo hay polvo y lodo y lluvia. «Pero el caso es que yo quería vivir carente de toda incomodidad». Esta cautela tan poco viril es indigna de todo un hombre. Tómate como quieras este voto mío que formulo para ti no solo con magnanimidad, sino con absoluto convencimiento: no quieran ni los dioses ni las diosas que la fortuna te tenga en medio de delicias. Pregúntate a ti mismo, si en algún momento algún dios te ofrece la opción, si preferirías vivir en la taberna o en el campamento. Pues sábelo, Lucilio, vivir es guerrear. Así es que aquellos que andan agitados de un lado para otro y ora arriba, ora abajo, por caminos ásperos y difíciles, y emprenden expediciones peligrosísimas, son varones fuertes y los primeros de los campamentos; pero todos esos que, mientras los otros trabajan, se relajan en la pereza, solo son haraganes a quienes se les deja vivir no más que por escarnecerles. Ten salud.

El cobarde duelo por la muerte de un hijo pequeño

Te he enviado la carta que escribí a Marulo cuando perdió a su hijo pequeño y se decía que soportaba el percance con desánimo; en ella no seguí mi costumbre de siempre ni creí que debía tratarlo con suavidad, puesto que era más digno de represión que de consuelo. Porque con el afligido que lleva mal una gran herida hay que tener alguna condescendencia; que se harte de llorar y desfogue al menos sus primeros impulsos. Mas a aquellos que se acostumbraron a llorar como si fuera un placer hay que castigarlos inmediatamente para que aprendan que aun en las lágrimas puede caber necedad. «¿Esperas consuelo? Toma reconvención. ¿Tan mal soportas la muerte del hijo? ¿Qué harías si hubieras perdido a un amigo? Se te murió un hijo de inciertas esperanzas; era pequeñín; poco tiempo se ha perdido en él. Andamos buscando motivos de dolor y queremos quejarnos injustamente de la fortuna, como si ella no debiera darnos razones sobradas de quejas justificadas; pero, a fe, yo ya te creía con suficiente valor contra los males verdaderos, cuanto más contra esas sombras de males de los cuales se quejan los hombres no más que por costumbre. Si hubieras perdido a un amigo, que es la mayor de las pérdidas, deberías poner más empeño en alegrarte porque lo tuviste que en afligirte por haberlo perdido. Pero son muchos los hombres que no cuentan de cuántos bienes recibieron ni de cuántos goces disfrutaron. Ese mal tiene, entre otras, esta desventaja: no solamente es baldío, sino también ingrato. Y entonces por haber tenido tal amigo, ¿se frustró todo tu interés? ¿De nada sirvieron tantos años, tanta unión de vidas, tanta familiaridad y camaradería de estudios? Con el amigo, ¿entierras la amistad? ¿Y por qué lloras su pérdida si no te aprovechó haberlo tenido? Créeme: una parte muy grande de aquellos a quienes amamos, aunque el destino nos los quitó, se queda con nosotros. Nuestro es el tiempo que pasó y nada está en lugar tan seguro como aquello que fue. En la esperanza de lo futuro somos ingratos con respecto a los bienes que poseímos, como si aquello que ha de venir, si es que llega algún día, no tuviera que caer muy pronto en el pasado. Poco valor da a las cosas aquel a quien solo contentan las presentes; también las futuras y las pasadas tienen su deleite; aquellas, en la esperanza; estas, en el recuerdo; solo que lo futuro está en suspenso y puede no llegar, y lo pasado no puede dejar de haber sido. ¿Qué locura es esa de permitir que se pierda aquello que es más seguro? Contentémonos de los goces de que ya hemos disfrutado; si es que no lo hicimos con el ánimo tan agujereado que dejaba que se escurriese todo lo que recibía. Son incontables los ejemplos de quienes enterraron hijos jóvenes sin derramar una lágrima, de quienes de la pira fúnebre volvieron al Senado o a cualquier otra función pública e inmediatamente se pusieron a hacer otra cosa. Y no sin razón; en primer lugar, porque es inútil dolerse si nada se consigue con el duelo; luego, porque es inmoral quejarse de lo que a uno aconteció y que inexorablemente está reservado a todos; y, por fin, porque es necia la queja de la añoranza cuando tan poco espacio entre el que se perdió y el que lo llora. Por ende, tanto mayor igualdad de ánimo debemos tener cuando pisamos los talones de aquellos a quienes perdimos. Considera la rapidez del tiempo más veloz; piensa en la brevedad de este estadio que recorremos con suma celeridad; observa que todo el género humano que se encamina a un mismo lugar, separado por mínimos intervalos, aun allí donde más amplios nos parecen: aquel que crees haber perdido solo se te ha anticipado en la partida. ¿Qué locura más grande es llorar a quien se marchó antes que tú, teniendo tú que hacer el mismo viaje? ¿Hay alguien que llore un hecho que no ignoraba que debía realizarse? Quien se lamenta de que alguien haya muerto se lamenta de haber nacido hombre. Una misma ley nos tiene a todos obligados. A quien le tocó nacer le está reservado el morir. Nos separan los trechos, pero nos iguala el fin. Aquello que está comprendido entre el primer día y el postrero es diverso e incierto; si tienes en cuenta las molestias, aun para el niño es largo; si tienes en cuenta la rapidez, es breve aun para el anciano. Nada hay que no sea resbaladizo y falaz y más veleidoso que las borrascas. Todo tiene su vaivén y se muda en sentido contrario al capricho tiránico de la fortuna, y en medio de tan gran revuelo de las cosas humanas para nadie hay algo más cierto que la muerte. Y, a pesar de ello, todos se quejan de aquello en que nadie puede llamarse a engaño. "Pero murió en la infancia". No me atrevo todavía a decir que le va mejor a quien pronto consume su vida; pasemos a aquel que envejeció. ¿En cuánto ha ganado al muchacho? Pon ante tu vista la extensión del abismo del tiempo y abárcala en su conjunto, y compara luego con la eternidad eso que llamamos la edad humana. Verás qué pequeño es eso que deseamos, eso que quisiéramos ampliar. Y, aun de este tiempo, ¿cuánto no nos quita el llanto, cuánto las ansiedades? ¿Cuánto la muerte, deseada antes de que llegue; cuánto la enfermedad; cuánto el temor? ¿Cuánto no nos quitan los años de la ignorancia y de la inutilidad? El sueño ocupa la mitad de la vida. Añade los trabajos, las penalidades, los peligros, y te percatarás de que aun en la vida más larga es un mínimo lo que se vive. Pero ¿quién te concederá que no es más afortunado aquel que ha tenido un rápido retorno al punto de partida y ha terminado el camino antes de cansarse? La vida ni es un bien ni es un mal; es ocasión de bien y de mal. Así que el niño no ha perdido sino el envite, augurio de daño cierto. Pudo sin duda haber sido modesto y prudente; pudo bajo tu vigilancia formarse para lo mejor, pero lo más certero es imaginar que pudiera ser como la mayoría. Pon atención en aquellos jóvenes a quienes la lujuria echó de las más nobles casas a la arena; fíjate en aquellos que con impúdica reciprocidad ejercitan su baja pasión; no pasan ni un día sin el estigma de un gran crimen; y verás claramente que más motivos hay para el temor que para la esperanza. No debes, pues, ir fabricando causas de aflicción ni exagerar con la falta de resignación motivos de pena ligeros. No te exhorto a que hagas un esfuerzo y te levantes; no te tengo en tan poca estima que piense que sea necesario movilizar toda tu capacidad de resistencia ante este contratiempo. Esto no es un dolor de herida penetrante; es el escozor de una mordedura; eres tú quien la conviertes en herida. Gran servicio te hizo sin duda la filosofía si con ánimo fuerte echas de menos a un niño más conocido por su nodriza que por su padre. ¡Cómo! ¿Es que yo te aconsejo ahora la dureza y que a su mismo entierro asistas con la frente alzada sin que el alma se te encoja del dolor? De ninguna manera. Inhumanidad sería, y no virtud, esa de contemplar el entierro de los suyos con los mismos ojos con que se les veía

vivos y no impresionarse en el primer momento de la separación
de los que formaban su familia. Supón que te lo prohíbo. Hay
cosas que son incuestionables; ruedan las lágrimas aun de los
ojos que las retienen, y derramadas alivian el duelo. ¿Qué hacer,
pues? Permitámosles que caigan; no se lo mandemos; que broten afuera las que derrama el sentimiento, no las que el remedo
exige que se muestren. Nada añadamos a la tristeza ni la au-
mentemos por el ejemplo ajeno. La ostentación del dolor exige
más que el dolor. ¿Cuántos hay que están tristes para ellos solos?
Cuando se les oye gimen más alto, y con mayor silencio y calma
cuando están en soledad, y en cuanto ven a alguien se excitan
con nuevos llantos. Entonces se llevan las manos a la cabeza,
cosa que pudieron hacer con más libertad porque nadie había
de impedírselo; entonces invocan la muerte y se revuelven en
el lecho; sin espectador, cesa el dolor. De esto se deduce que
nosotros, como en las demás cosas, también en estas caemos en
el vicio de comportarnos según el ejemplo de la mayoría y de
atender no a lo que conviene, sino a lo que se acostumbra. Nos
apartamos de la naturaleza y nos lanzamos en brazos de la gente,
nunca buen consejero, y que en este punto como en todos es
el genio de la inconstancia. Si ve a alguno fuerte en su dolor, lo
llama inhumano y sin entrañas; si ve a otro echado al suelo y
abrazado con el cadáver, lo llama afeminado e histérico. Es
preciso regular todo según la razón. Y no hay cosa más estúpida
que crearse fama de triste y preciarse de las lágrimas, de las
cuales, según yo entiendo, unas se permite al sabio que las deje
caer y otras fluyen espontáneamente. Te diré la diferencia.
Cuando la primera noticia de una muerte sentida nos fulminó
con su brusquedad; cuando nos abrazamos con aquel cuerpo
que de nuestros brazos pasará a las llamas, una necesidad natu-

ral nos arranca las lágrimas, y los sollozos, impelidos hacia fuera por el golpe del dolor, sacuden, así como todo el cuerpo, los ojos también, en los cuales comprimen y expelen el humor que en ellos está depositado. Esas lágrimas que se vierten por compresión caen a nuestro pesar; pero hay otras a las que damos salida al evocar la memoria de los seres que perdimos y tiene esa tristeza no sé qué dejo de dulzura cuando recordamos las conversaciones agradables que con ellos tuvimos, la rica convivencia, la complaciente ternura; entonces los ojos se dilatan como en el gozo. Con estas lágrimas somos indulgentes; por aquellas otras somos vencidos. No hay razón, pues, para retener las lágrimas ni para derramarlas por consideración al que te rodea o te acompaña; ni reprimirlas ni soltarlas es tan vergonzoso como fingirlas y que corran a su voluntad. Pueden brotar sesgas y comedidas; muchas veces, sin que eso mengüe la autoridad del sabio, corrieron con tal templanza que no les faltó ni humanidad ni dignidad. Es lícito obedecer a la naturaleza siempre que se conserve la dignidad. Yo vi en el entierro de los suyos a varones merecedores de todo respeto en cuyo rostro asomaba visiblemente el amor dolorido sin ninguna escenografía patética; ninguna concesión hacían que no fuese a la sinceridad del sentimiento. También el dolor tiene su decoro; ese es el que ha de observar el sabio, y, como en las demás cosas, también en las lágrimas hay comedimiento; en los necios, dolores y gozos desbordan de su cauce. Acepta con ánimo igual lo que es inevitable. ¿Qué hecho increíble ha sucedido jamás? ¿Y cuál nuevo? ¡Cuántos en este mismo instante están encargando oficios fúnebres; para cuántos se compra la mortaja; cuántos van a llorar después de tu duelo! Todas las veces que pienses que era un niño, piensa que también era un hombre, a quien nada cierto se le prometió, ni se comprometió la fortuna a llevarlo hasta la vejez; allí donde le pareció le dio la despedida. Por lo demás, habla de él frecuentemente y celebra tanto como puedas su memoria, la cual volverá con mayor frecuencia a ti si no la acompaña la amargura. Nadie por gusto convive con el triste, cuanto menos con la tristeza. Si oíste con complacencia algunas conversaciones suyas, si viste con placer algunos de sus juegos, por infantiles que fueran, recuérdalos con frecuencia y afirma con toda seguridad que hubiese colmado las esperanzas que concebía tu afecto de padre. Es propio de alguien inhumano olvidarse de los suyos y enterrar su recuerdo con su cadáver, llorarlos copiosísimamente y recordarlos solo de vez en cuando. Así aman las aves a sus polluelos; así las fieras, cuyo amor es concentrado y violento y casi rabioso, pero que en cuanto los pierden se extingue totalmente. Eso es indigno de un hombre prudente: sea largo en el recuerdo y sea breve en el llanto. Yo de ninguna manera apruebo lo que dice Metrodoro, a saber: que la tristeza trae consigo cierto placer y que hay que dejarse penetrar por ella en estas ocasiones. Transcribo las mismas palabras de Metrodoro: "Existe una suerte de goce en el fondo del dolor que es bueno experimentar en tales circunstancias". No dudo de tu opinión acerca de esta sentencia: ¿qué cosa hay más vergonzosa que saborear el placer en el duelo mismo e incluso a través del duelo y buscar en las lágrimas el placer? Estos son los que nos acusan de un rigor excesivo y rechazan nuestros preceptos por su dureza, porque decimos que el dolor o no ha de ser admitido en el espíritu, o ha de ser expelido inmediatamente. ¿Cuál de estas dos cosas es o más increíble o más inhumana: no sentir dolor en la pérdida de un amigo o procurarse placer en el dolor mismo? Lo que nosotros aconsejamos es cosa honesta. Cuando el sentimiento haya derramado algunas lágrimas, o, por decirlo así, se haya desfogado, el alma no ha de entregarse al dolor. ¿Cómo afirmas tú que el dolor ha de mezclarse con el deleite? De esta manera consolamos a los niños con un pastel; así calmamos su llanto derramándoles leche en la boca. ¿Ni aun en aquellos momentos en que tu hijo arde en la pira o exhala su último aliento el amigo toleras que cese el placer o que la misma tristeza lo rezume? ¿Qué es más honesto: desterrar el dolor del alma o acogerlo junto con la voluptuosidad? ¿Qué digo acogerlo? Buscarlo, y por cierto rebuscando en el dolor mismo. "Existe —dice Metrodoro— cierto placer que nace con la tristeza". Decir eso nos es lícito a nosotros; pero a vosotros no. No conocéis más bien que el placer ni otro mal que el dolor: ¿qué relación puede haber entre el bien y el mal y cuándo nace esta relación? Pero, aun cuando fuera así, ¿de verdad ahora lo descubrís? ¿Ahora hurgáis en vuestro dolor para ver si trae consigo algún dejo de deleite? Algunos remedios saludables para ciertos órganos del cuerpo no pueden aplicarse a otros por indecorosos y feos, y lo que en un lugar sería provechoso sin detrimento de la vergüenza se torna indecoroso según el sitio de la herida. ¿No te da vergüenza curar el duelo por medio del placer? Con más severidad ha de curarse esa llaga. Harías mejor en darte cuenta de que la sensación del mal no puede llegar al que falleció, puesto que si le llega no ha fallecido. Ninguna cosa, repito, lesiona a quien no existe; si lo lesiona, es que vive. ¿Piensas acaso que es infeliz por no existir o bien por existir, de alguna manera? Por tanto, si no existe no puede afectarle ningún tormento —porque ¿qué sensación tiene quien no existe?—, y al no ser ya está libre del mal mayor de la muerte, que es dejar de ser. Digamos, pues, a aquel que llora y siente soledad del hijo arrebatado en su infancia: todos, por lo que respecta a la brevedad de la vida comparada con la eternidad, jóvenes y viejos, somos iguales. Porque lo que nos tocó de la totalidad es menos aún que lo más pequeño que pueda imaginarse, porque incluso lo más pequeño de una cosa es una parte suya, y este tiempo que vivimos se halla muy cercano a la nada. Y con todo, ¡oh, insensatez nuestra!, disponemos de él ampliamente. Te he escrito estas cosas no porque esperaras de mí remedio tan tardío —porque estoy seguro de haberte dicho de palabra todo lo que vas a leer—, sino para reprenderte por aquel breve instante en que te alejaste de ti mismo y para animarte a que de hoy en adelante levantes tu espíritu contra la fortuna y preveas todos sus dardos no como posibles, sino como ciertamente venideros». Ten salud.

Acerca de la muerte repentina de Seneción

Cada día y cada hora nos demuestran la nada que somos, y, con alguna prueba reciente, nos recuerdan nuestra olvidada fragilidad: con esto, tras meditar lo eterno, nos obligan a mirar la muerte cara a cara. ¿Me preguntas que quiero decir con esta extraña introducción? Tú conociste a Seneción Cornelio, caballero romano, magnífico y servicial; de humildes principios, se había promovido a sí mismo y tenía ya libre de obstáculos el camino de las más altas dignidades; porque la dignidad crece más fácilmente que comienza. Asimismo, el dinero acude muy perezosamente a la pobreza; mas, cuando uno ha salido de ella, entonces el dinero se le aferra tenazmente. Seneción ya estaba a punto de ser rico, y a ello lo encaminaban dos cualidades muy eficientes, a saber: el arte de adquirir las riquezas y el de guardarlas, cualquiera de las cuales serviría para enriquecerlo. Este hombre, de una suma frugalidad, no menos cuidadoso de su patrimonio que de su cuerpo, había venido a verme por la mañana como tenía por costumbre; había ido a hacer compañía todo el día y toda la noche a un amigo, enfermo grave y desahuciado, y, después de haber cenado alegremente, fue víctima de un ataque fulminante, una angina, que comprimiéndole la garganta lo tuvo agónico hasta la madrugada. Murió, por tanto, después de poquísimas horas de haber cumplido las funciones de un hombre sano y robusto. Seneción, que por mar y tierra había manejado el dinero, que, no habiendo dejado sin probar ninguna suerte de negocios particulares, había llegado también a los públicos, en el momento en que todo le iba a pedir de boca, en medio de la abundancia de dinero que afluía a sus manos, fue arrebatado por la muerte.

Injerta ahora perales, Melibeo; coloca en orden las vides.

¡Qué desatino es planear una vida larga cuando uno no es dueño siquiera del día de mañana! ¡Oh, qué gran locura son las esperanzas a largo plazo de los emprendedores: compraré, edificaré, daré en préstamo, cobraré deudas, desempeñaré cargos honoríficos y luego, finalmente, cansado de trabajos y lleno de días, gozaré de una descansada vejez! Todas las cosas, créeme, son inciertas incluso para los afortunados; nadie debe prometerse nada de lo que está por venir; pues aquello mismo que tenemos se nos escurre de las manos y aun la hora misma en que nos apoyamos nos la corta el azar. Rueda el tiempo según leyes fijas, pero en la oscuridad. ¿Qué me importa si lo que es cierto para la naturaleza es incierto para mí? Nos proponemos largas travesías y una vuelta tardía a la patria tras haber recorrido costas extranjeras; nos prometemos campañas militares y las lejanas recompensas por méritos de guerra; gobiernos de provincias y ascensos de cargo en cargo; y, mientras tanto, anda a nuestro lado la muerte, en la cual no pensamos, sino en cabeza ajena. De ahí viene que los ejemplos de mortalidad que se nos ofrecen con tanta frecuencia no duran más que la primera sorpresa. ¿Qué insensatez más grande hay que asombrarse de ver que sucede un día determinado aquello que cada día puede ocurrir? Invariable está para nosotros el hito en el sitio donde lo fijó la inexorable necesidad de los hados, pero nadie sabe a qué distancia se halla de nosotros. Así, compongamos nuestra alma como si ya hubiéramos llegado a nuestro fin. Nada dejemos para el día de mañana; saldemos a diario nuestras cuentas con la vida. El mayor inconveniente de la vida es que siempre es incompleta; siempre reservamos una parte para el futuro. Aquel que sabe cada día dar a su vida el último toque no necesita tiempo. De esta necesidad nace el temor y el ansia del mañana, que carcome el alma. Nada tan miserable como la inquietud acerca de lo venidero: cuánto es lo que nos resta y cómo es; ello agita al alma con temores que no tienen fin. ¿Cómo evitaremos esta inquietud? No hay más que un camino: no dando largas a nuestra vida, sino tomándola y concentrándola. Solo depende del futuro aquel cuyo presente es estéril. Pero cuando me devolví a mí mismo todo lo que me debía; cuando mi alma asentada sólidamente sabe que ninguna diferencia hay entre un día y un siglo, contempla serenamente desde la altura todos los días y todas las cosas que han de venir, y con mucho humor piensa en el camino de los tiempos. ¿Y cómo han de afectarla la variedad y la movilidad del azar humano, si ella está segura contra todo lo inseguro? Apresúrate, pues, mi querido Lucilio, a vivir y date cuenta de que cada uno de los días vale toda una vida. Quien así se dispuso, quien cada día vive toda su vida, está seguro. Los que viven para la esperanza ven cómo se escurre el tiempo en el momento mismo de llegar y los asaltan la avidez y el temor de la muerte, sentimiento desdichado que todo lo vuelve desdichado. De ahí nace aquel vergonzoso deseo de Mecenas, que no rechaza la mutilación ni la deformidad, ni para colmo de tormentos la cruz punzante siempre y cuando todos estos males le alargue la vida:

Hazme manco de una mano,
hazme cojo de un pie,
pon una joroba a mis espaldas,
sacude mis dientes a punto de caer;
mientras me quede vida, va bien;
hasta sentado en la cruz punzante,
consérvame la vida.

Aquello que, si hubiera ocurrido, fuera la desgracia mayor, aquello mismo es deseado; y, como si ello fuese vida, se pide la prolongación del suplicio. Yo lo consideraría sumamente despreciable si quisiese vivir hasta la cruz; «mas tú —dice él— mutílame, si quieres, mientras en el cuerpo quebrantado e inútil quede un resto de vida; desfigúrame, si te place, mientras a este tronco monstruoso y retorcido se le añada un poquito más de tiempo; clávame, ese fuera tu deseo, y manda que me siente encima de un palo punzante». ¿Vale la pena oprimir la propia herida y estar colgado de un patíbulo con los brazos extendidos en cruz solo por alejar un poco el bien mayor que tienen los males, a saber, el término del suplicio? ¿Vale la pena respirar para expirar? ¿Qué desearías en este caso sino dioses condescendientes? ¿Qué vergüenza es esa de estos versos afeminados y el pacto del más insensato de los amores? ¿Debe mendigarse tan vergonzosamente la vida? ¿Crees que para ese pronunció Virgilio aquel, su fuerte verso?:

¿Miseria tan grande es el morir?

Desea para sí mismo el más extremado de los males y el más penoso de sufrir, ser crucificado y sostenido en la cruz. ¿A cambio de qué recompensa? Por prolongar la vida. Pero ¿qué vivir es ese de ir muriendo poco a poco? ¿Ha habido jamás alguien que quiera penar entre suplicios y morir miembro tras miembro, destilando gota a gota la vida que pudiera verterse de una vez? ¿Ha habido jamás alguien que clavado en ese leño que tortura, ya desfallecido, ya desfigurado, oprimido de pecho y de espaldas por un tumor repugnante, teniendo, además de la cruz, muchas causas de muerte, quiera ir arrastrando el alma, que tendrá que aguantar tantas torturas? Niégame ahora que es un gran favor de la naturaleza la necesidad de morir. Muchos estarían dispuestos a concertar pactos peores: a traicionar a un amigo por vivir más tiempo, a entregar a sus hijos a la violación por seguir viendo la luz del día, siendo testigo de tantos crímenes. Hay que deshacerse del deseo de vivir y aprender que no tiene importancia el tiempo en que has de padecer aquello que alguna vez tienes que padecer. Lo que importa es que vivas bien, no que vivas mucho; y a menudo vivir bien consiste en no vivir mucho. Ten salud.

La enfermedad incipiente y los cuidados de Paulina

He huido a mi casa de Nomentano. ¿De qué he huido?, piensas tú. ¿De la ciudad? No, de una fiebre que se iba apoderando de mí. Ya había puesto sobre mí su mano. El médico decía que el pulso, agitado y desigual, perturbando el ritmo natural, marcaba el principio de la enfermedad. Inmediatamente hice preparar el vehículo. Contra la resistencia de mi Paulina, me obstiné en marcharme. Tenía yo en mi boca aquel dicho de Gabión, muy señor mío, quien habiendo empezado a tener fiebre en Acaya se embarcó inmediatamente, diciendo a gritos que aquella no era dolencia del cuerpo, sino del lugar. Esto mismo le dije a mi Paulina, que me encarga el cuidado de mi salud. Pues, sabiendo yo que su vida gira alrededor de la mía, empiezo mirando por su salud al atender a la mía; y, fortalecido por la edad para resistir muchas cosas, pierdo esta ventaja de la ancianidad; ya que se me ocurre pensar que en este anciano late una vida joven que merece toda suerte de miramientos. Así que, no pudiendo yo conseguir de ella que me ame con más fuerza, ella consigue de mí que yo me quiera con mayor cuidado. Hay que condescender con estos afectos honestos y de vez en cuando, aunque algunos motivos nos fuerzan a morir, hay que prestar atención a los nuestros, y, aun en medio de los tormentos, el alma que ya está a flor de labios, puesto que el hombre debe vivir, no mientras es grato, sino mientras es conveniente. Aquel que no considera a su mujer y a su amigo merecedores del sacrificio de permanecer más tiempo en la vida y se obstina en morir es un hombre poco viril. Impóngase a sí misma el alma este deber, mientras lo exija la conveniencia de los suyos, y deténgase en su camino, no ya si desea morir, sino aun cuando hubiera comenzado a morir, y haga ofrenda de sí a los suyos. Propio de un alma grande es volver a la vida por ajena causa; y esto es algo que han hecho con frecuencia varones egregios. Pero también pienso que es de una exquisita piedad cuidar con más esmero la propia senectud, cuya mayor ventaja es la protección de sí mismo y el uso valeroso de la vida, cuando sepas que ello es dulce, útil o deseable a alguno de los tuyos. Además, esta conducta trae consigo cierto goce y un precio rico, porque ¿qué es más agradable que ser tan amado por la propia mujer que nos sintamos más obligados a amarnos? Así es que mi Paulina puede ufanarse no solo de su temor, sino también del mío. ¿Me preguntas cómo me salí con la mía en mi resolución de marcharme? En cuanto dejé atrás la pesadez de la ciudad y aquel olor de cocinas humeantes que cuando se encienden esparcen con el polvo todo el vapor pestilente que habían inhalado, sentí al instante mejorada mi salud. ¿Y cuántas fuerzas piensas que se me añadieron cuando llegué a los viñedos? Libre en el pasto, empecé a comer. Me recobré a mí mismo; desapareció aquella languidez del cuerpo que nada bueno pronosticaba y ahora empiezo a estudiar con toda el alma. No mucho contribuye a ello el lugar, si no le presta ayuda el alma, que, si quiere, en medio del ruido de las ocupaciones, tendrá un secreto retiro; mas quien elige los países en busca de reposo hallará dondequiera cosas que lo desazonarán. Cuentan que Sócrates respondió a uno que se le quejaba del poco provecho que obtenía de sus viajes: «No sin razón te pasó eso; porque viajabas contigo mismo». ¡Oh, qué bien les vendría a algunos separarse de sí mismos algunas veces, pues no hacen más que atropellarse, inquietarse, viciarse, amedrentarse. ¿De qué sirve cruzar el mar y cambiar de ciudades? Si quieres esquivar estas preocupaciones que te acosan, no te es preciso estar en otro lugar, sino ser otro. Imagínate que llegaste a Atenas; piensa que arribaste a Rodas; escoge una ciudad a tu gusto: ¿qué importan para tu caso las costumbres de esa ciudad? Contigo van las tuyas. Creerás que las riquezas son un bien; te atormentará la pobreza; y, lo que es el colmo de la miseria, la pobreza imaginaria; pues, aun cuando poseas mucho, si alguno posee más que tú, juzgas que te falta todo aquello en que el otro te aventaja. Tendrás los honores por un bien; y te causará enojo la elección de aquel cónsul, la reelección de aquel otro, y te aguijoneará la envidia siempre que leas el nombre de otro en los fastos. Será tan grande la locura de la ambición que te parecerá que no hay nadie detrás de ti, si uno solo tienes delante. Considerarás que la muerte es el mayor de los males, siendo así que no tiene otro mal sino el que inspira antes de llegar. Te aterrarán no ya los peligros, sino las alarmas; te sentirás siempre agitado por naderías. «¿De qué te servirá haber escapado de tantas ciudades argólicas y haber huido por en medio de tantos enemigos?».

La misma paz te suministrará temores; una vez trastornado tu espíritu no confiarás ni aun en las cosas más seguras, porque, cuando el alma se ha habituado al miedo irreflexivo, es inhábil hasta para defendernos. Porque entonces ya no evita los males, sino que huye de ellos aturdidamente, y nunca estamos tan expuestos a los peligros como cuando les volvemos la espalda.

Tendrás por gravísimo infortunio la pérdida de un ser amado y, con todo, es eso una estupidez tan grande como lo es lamentar que pierdan las hojas los hermosos árboles que alegran tu casa. Aquello que te causaba placer, míralo con los mismos ojos con que lo mirabas cuando todavía estaba en su verdura; ten por cierto que hoy uno, otro mañana, caerán a los embates del destino, porque, así como la caída de las hojas es fácilmente llevadera, pues las hojas renacen, asimismo tienes que tomar la pérdida de las personas a las que amas y que son, según crees, el encanto de tu vida, porque, si bien no renacen, son reemplazadas. «Pero no serán las mismas». Y tú tampoco lo serás. Cada día, cada hora te cambian; solo que en otras cosas esa variación se manifiesta más, mientras que en tu caso queda latente porque no se muestra de forma evidente. Los otros nos son arrebatados de golpe; pero nosotros sin darnos cuenta somos sustraídos a nosotros mismos. Tú no piensas nada de esto, ni aplicas remedio a tus heridas, sino que de continuo siembras en ti motivos de inquietud, esperando unas cosas y desesperando por otras. Pero, si eres sensato, atemperarás lo uno con lo otro; ni esperarás sin recelo ni desesperarás sin esperanza. Del viajar, ¿qué provecho jamás ha podido sacar uno? No puso moderación en sus placeres, ni freno en sus codicias, ni represión en su ira, ni se doblegó a la indómita violencia del amor, ni extirpó malicia alguna de su alma. No le dio juicio, no le sacó de error; lo entretuvo unos breves instantes con la novedad de las cosas, con el pasmo del niño boquiabierto ante lo que desconoce. Al revés, la inconstancia del espíritu, más enfermo y tornadizo que nunca, lo sobreexcitó y el ajetreo del frecuente cambio lo ha vuelto más liviano y voluble. Así es que los lugares buscados con la mayor ilusión son abandonados con más desilusión aún y vuelan los hombres como una bandada de aves peregrinas que se van con más rapidez que con la que vinieron. Los viajes te darán conocimiento de los pueblos, te mostrarán nuevas configuraciones de montañas, campos de una extensión jamás vista, valles regados por aguas perennes, la naturaleza misteriosa que la razón no se explica de algunos ríos, ora sea como el Nilo, que se hincha con su crecida estival, ora como el Tigris, que desaparece de la vista siguiendo su curso subterráneo y resurge con todo su caudal; ora como el Meandro, tema de ejercicio y de ficción de todos los poetas, que se repliega en recodos frecuentes y, cuando vuelve cerca de su cauce, rompe su camino antes de lanzarse de nuevo en él; de todo eso te informarán los viajes; pero no te harán ni mejor ni más cuerdo. Hay que consagrarse al estudio y entregarse a los grandes sabios, para aprender sus descubrimientos e investigar lo que no descubrieron ellos; así hay que redimir el espíritu de las miserias de la servidumbre y reafirmarlo para la libertad. Todo el tiempo que ignores de lo que debes huir y lo que debes desear, lo que es necesario y lo que es superfluo, lo que es justo y lo que es injusto, lo que harás no será viajar, sino andar descarriado. Ninguna ayuda te dará este conocer el mundo; viajas con tus pasiones y tus males te siguen. Y ojalá no hicieran más que seguirte; más lejos estarían de ti. Pero los llevas, no los conduces; por eso te agobian dondequiera que vayas, y te acucian con idénticas molestias. Medicina necesita el enfermo, no nuevos países. Si uno se quiebra el muslo o se le tuerce su tobillo, no sube a un vehículo o a un batel, sino que llama al médico, para que suelde la parte rota o ponga en su lugar la torcida. ¡Cómo! ¿Crees tú que el alma rota y desquiciada en tantos sitios se pueda curar con un simple cambio de lugar? Demasiado grande es ese mal para que se cure con un paseo en litera. Viajando no se hace uno médico ni orador; ni arte alguno se aprende por razón del lugar. ¿Acaso la sabiduría, el arte por excelencia, se aprenderá yendo de camino? No hay viaje alguno, créeme, que te coloque fuera de la órbita de las intrigas, de las iras, de los sobresaltos; si lo hubiera, la pobre gente humana acudiría a él en masa. Estos males te acosarán y te hostigarán mientras vagues por tierras y mares todo el tiempo cuanto lleves contigo sus causas. ¿Te asombra que la huida te sea inútil? Contigo va todo de lo que huyes. Enmiéndate, pues; sacude las cargas y contén dentro de un límite saludable unos deseos que más tarde tendrás que expiar; limpia toda maldad de tu alma. Si quieres viajes de placer, ten cuidado de quien te acompaña. Irá pegada a ti la avaricia si convives con un avaro y ruin. Irá pegada a ti la arrogancia mientras tengas trato con un soberbio. Jamás te librarás de la crueldad en compañía del sanguinario. El comercio de los adúlteros inflamará los fuegos de tu lujuria. Si quieres despojarte de los vicios, tienes que apartarte de los ejemplos de los viciosos. El avaro, el corruptor, el cruel, el fraudulento que tanto te dañarían con su proximidad están dentro de ti. Anda en la compañía de los mejores; vive con los Catones, con Lelio, con Tuberón. Y, si te complace también la convivencia de los griegos, alterna con Sócrates, con Zenón; el uno te enseñará a morir si es necesario; el otro antes de que lo sea. Vive con Crisipo y con Posidonio, quienes te inculcarán la ciencia de las cosas humanas y divinas; te prescribirán el trabajo y no solamente el primoroso estilo y vomitar palabras para deleite de los oyentes, sino que te enseñarán a endurecer el espíritu y erguirlo contra toda amenaza. El único puerto seguro de esta vida agitada y fluctuante: menospreciar lo que pueda sobrevenir, mantenerse recio y confiado, preparado para recibir a pecho descubierto los dardos de la fortuna, sin esconderse ni volver la espalda. La naturaleza nos creó magnánimos, y así como a determinados animales les dio la braveza y a otros la astucia y a otros el miedo, así a nosotros nos dio un espíritu glorioso y elevado, que busca el lugar donde puede vivir más honestamente, no más tranquilamente, muy semejante al cielo, cuyo paso sigue y emula el varón justo como pueden hacerlo los pies mortales: él se manifiesta hacia afuera y cree merecer alabanza y admiración. Él es señor de todo y está por encima de todo; así que a ninguna cosa debe someterse y nada ha de parecerle pesado ni capaz de encorvar a un hombre.

La muerte y el trabajo, cosas terribles de ver.

No, no lo son para quien pueda mirarlos sin bajar los ojos y rasgando las tinieblas. Muchas cosas que durante la noche causan terror, la luz del día las torna ridículas.

La muerte y el trabajo, cosas terribles de ver.

Con mucho acierto dijo nuestro Virgilio que eran cosas terribles no en la realidad, sino a la vista; es decir, que lo parecen, pero que no lo son. ¿Qué hay en ellas, pregunto, tan terrible como la fama divulgó? ¿Qué razón hay, dime, Lucilio, para que el varón tema el trabajo y el hombre tema la muerte? Frecuentemente me encuentro yo con quienes piensan que no pueden hacer aquello de lo que no son capaces y dicen que pregonamos doctrinas superiores a la resistencia de la naturaleza humana. Pero yo, ¡en cuánto mejor concepto los tengo! También estos pueden hacer estas cosas, pero no quieren. Por otra parte, ¿qué hombre que haya acometido esta empresa se vio abandonado en la impotencia? ¿Quién no halló facilidad en llevarla a cabo? No nos atrevemos porque sean difíciles, sino que son difíciles porque no nos atrevemos. Y, si queréis un ejemplo, tomad el de Sócrates, un anciano valetudinario que sufrió toda clase de dificultades, pero fue indomable por la pobreza, que le hacía más penosos los deberes domésticos, y por los trabajos, que hasta los sufrió en el campo de batalla. Y también en la intimidad de su hogar se ejercitó ampliamente, tanto si nos acordamos de su mujer, arisca de costumbres y bastante petulante, como de sus cerriles hijos, más semejantes a la madre que al padre. Si bien lo piensas, vivió en la guerra o en la tiranía o en un régimen de libertad más cruel que las guerras y los tiranos. Veintisiete años peleó; cuando se puso paz en las armas, la ciudad fue entregada a una plaga de treinta tiranos, muchos de los cuales eran enemigos de Sócrates. A la postre, se cumplió su condena fundada en las acusaciones más graves; se le imputó la violación de los preceptos religiosos y la corrupción de la juventud, de la que dijeron que sublevaba contra los dioses, contra los padres y contra la República; y, después de eso, la cárcel y el veneno. Hasta tal punto esos infortunios no afectaron el alma de Sócrates que ni siquiera alteraron su rostro. ¡Oh, admirable y singular distinción! Hasta su último momento nadie vio a Sócrates ni más alegre ni más triste: se mantuvo igual en las desigualdades de la fortuna. ¿Quieres otro ejemplo? Toma el de Marco Catón, el más joven, con quien la fortuna se mostró más airada e implacable. Habiendo resistido en todos los lugares y trances de su vida, y últimamente hasta en la muerte, demostró que el varón fuerte puede vivir contra los designios de la fortuna y

puede también morir contra los designios de la fortuna; toda
su vida transcurrió o entre guerras civiles desatadas o en la ma-
rea que precede a la guerra civil. Y bien puedes decir que este
Catón, no menos que Sócrates, entre esclavos se entregó a la
libertad, a no ser que creas que Gneo Pompeyo y César y Craso
fueron partidarios de la libertad. Nadie, en medio de tantos
trastornos de la República, vio a Catón trastornado; se mostró
igual en cualquier situación en la pretura, en la derrota electo-
ral, en la acusación, en el gobierno de la provincia, en el foro,
en el ejército, en la muerte. Finalmente, en aquella inmensa
perturbación de la República, cuando por una parte estaba César, apoyado por diez legiones aguerridas y por tantas naciones
extranjeras aliadas, y por la otra Gneo Pompeyo, que se bastaba
a sí mismo contra todos, mientras unos se inclinaban del lado
de César y otros del lado de Pompeyo, solo Catón aglutinó un
tercer partido unipersonal, el partido de la República. Si quieres abarcar en una visión de conjunto las circunstancias de aquel
gran momento histórico, verás por una parte al pueblo y la
plebe siempre esperando novedades, y por la otra a los optimates y al orden de los caballeros y todo lo que había en la ciudad
de sano y de selecto; y en medio de todo ello, abandonados
en tierra de nadie, solos y apartados, a Catón y a la República.
Te sorprenderás, créeme, cuando repares en el

Atrida y Príamo y enemigo de los dos Aquiles,

porque él desaprueba a ambos y a ambos los desarma. De uno
y de otro pronuncia esta sentencia: dice que, si triunfa César,
morirá, y, si lo hace Pompeyo, irá al destierro. ¿Qué tenía que
temer quien a sí mismo, vencido y vencedor, se había decretado

las penas que podían infligirle sus más implacables enemigos? Murió, pues, por sentencia suya. Ve ahora cómo los hombres pueden soportar el esfuerzo: a través de los desiertos de África condujo el ejército a pie. Ve cómo pueden tolerar la sed: en áridos collados, desposeídos de bagajes, arrastrando los restos del ejército vencido, soportó la falta de agua, vestido con su coraza, y, tantas veces como se presentó ocasión de agua, bebió el postrero. Ve cómo pueden despreciarse el honor y la infamia: el mismo día que fue rechazado en la pretura, jugó a la pelota en el mismo lugar de los comicios. Ve cómo es posible no temer el poderío de los más fuertes: él retó a la vez a César y a Pompeyo, cuando nadie osaba ofender a ninguno salvo por hacer méritos delante del otro. Ve cómo pueden desdeñarse la muerte y el destierro: él se decretó el destierro, él se decretó la muerte, y, mientras tanto, se impuso la guerra. También nosotros podemos tener el mismo valor ante todas estas cosas, mientras estemos decididos a soltar el cuello del yugo. Antes de todo hemos de despedirnos de los placeres; enervan y afeminan y tienen muchas exigencias que hemos de exigir de la fortuna. Luego, hemos de menospreciar las riquezas, que son el salario de la esclavitud. Renunciemos al oro y a la plata y a todo lo que llene y apesadumbre las casas de los opulentos; la libertad no se da de balde. Si la estimas mucho, estimarás todo lo demás muy poco. Ten salud.

Cómo hay que oír a los filósofos.
Notable sentencia de Cleantes

La pregunta que me haces es de aquellas cosas cuyo interés consiste únicamente en saberlas. Con todo, puesto que te interesa, te acercas sin paciencia de esperar los libros que a toda prisa voy componiendo, los cuales contendrán toda la parte de la filosofía moral. Enseguida te contestaré, pero antes te escribiré cómo has de ordenar esta pasión de aprender que veo que te enardece para que no se obstaculice a sí misma. Ni has de coger arreo ni has de lanzarte con sobrada avidez sobre todos los conocimientos; por partes se llegará a todo. La carga debe adaptarse a las fuerzas y no abarcar más de lo que podamos llevar. Has de tomar no cuanto quieras, sino cuanto abarques. Ten únicamente buen ánimo: abarcarás cuanto quieras. Cuanto más recibe el alma, más se ensancha. Recuerdo que eso era lo que nos enseñaba Átalo cuando nos sentábamos en su escuela y éramos los primeros en entrar y los últimos en salir, y le planteábamos cuestiones mientras iba y venía, hallándole siempre no solo bien dispuesto para con los discípulos, sino claro y espontáneo. «El mismo propósito —dice— han de tener el maestro y el discípulo: aquel, de dar provecho; este, de obtenerlo». Quien se acerca al filósofo se llevará consigo cada día algo bueno; volverá a su casa o más sano, o más cerca de sanar. Y ciertamente volverá, porque la eficacia de la filosofía es tal que no solamente ayuda a los que la estudian, sino también a los que frecuentan su conversación. Quien tome el sol, aun cuando no lo haga con este fin, se pondrá moreno; quienes estuvieron sentados en una tienda de perfumes y se detuvieron en ella algún tiempo se llevarán consigo la fragancia del lugar; y los que se aproximaron a un filósofo necesariamente obtendrán algo que hasta a los negligentes servirá. Advierte lo que digo: a los negligentes, no a los reacios. «¡Cómo! ¿No conocemos a algunos que durante muchos años se han sentado en la escuela de un filósofo y no se llevaron ni un leve matiz de su impronta?». ¿Cómo no he de conocerlos? Y eran, por cierto, los más tenaces y asiduos, a quienes yo llamo, más que discípulos de los filósofos, moradores de sus escuelas. Algunos van allí por oír, no por aprender, como vamos al teatro por pasatiempo, para regalar a nuestras orejas el discurso, la voz o las fábulas. Para una gran parte de estos oyentes verás que la escuela del filósofo es un entretenimiento de su ociosidad. Hacen eso no por dejar allí ningún vicio, para aprender alguna ley de la vida, a la cual conformen sus costumbres, sino por disfrutar del deleite de los oídos. Y aun los hay que van allí con sus tabletas de escribir no por anotar cosas, sino por cazar palabras que luego repetirán sin provecho ajeno, tal como las oyeron sin provecho propio. Algunos se entusiasman con las sentencias magníficas y les entra la pasión de la oratoria, radiantes de rostro y de alma; y se exaltan como los eunucos frigios cuando, al son de la flauta, se enardecen cuando se lo indican. Los arrebata y los incita la hermosura de las doctrinas, no el sonido de las palabras vanas. Si se dijo algo importante contra la muerte, si algo enérgico contra la fortuna, sientes un estímulo inmediato de poner en práctica lo que oíste. Así estos se apasionan por estas cosas y

serían como se les mandara ser si aquella impresión durase en
su alma, si el pueblo, siempre contrario a la virtud, no detuvie-
se ese ímpetu magnífico; son muy pocos los que han conseguido llevar a casa el buen propósito que concibieron. Es fácil
excitar al oyente con el amor de la rectitud; en todos la naturaleza puso los cimientos y la semilla de las virtudes. Todos hemos
nacido para ellas; cuando alguien se acerca a estimularnos, entonces nuestra alma buena se despierta, como soltada del sueño.
¿No ves cómo los teatros resuenan de aplausos siempre que se
dicen ciertas cosas que el público reconoce y con testimonio
unánime reconoce que son verdaderas?

> *Muchas cosas faltan a la pobreza; a la avaricia, todas.*
> *Para nadie es bueno el avaro, y es pésimo para sí mismo.*

Estos versos los aplaude el más mezquino de los tacaños y
le divierte verse insultado por sus vicios. ¿Piensas que esta coin-
cidencia se da cuando es el filósofo quien las dice, cuando pro-
pina saludables preceptos envueltos en versos que los graban
más eficazmente en el alma de los ignorantes? Pues, como decía
Oleantes, «así como nuestro aliento produce un sonido más
claro cuando una trompeta, adelgazándolo por la estrechez de
un largo tubo, lo hace salir por una boca más ancha, asimismo
con la obligada medida del metro las sentencias cobran más
estallido y color». Las mismas sentencias que se oyen distraí-
damente e impresionan menos cuando se dicen en lenguaje
habitual, en cuanto las coge el ritmo y su insigne contenido se
condensa en un número determinado de pies, cobran fuerza
nueva como flechas lanzadas por un brazo más robusto. Del
menosprecio del dinero se dicen muchas cosas, y con prolijos

discursos se enseña a los hombres que las riquezas residen en el alma, no en el patrimonio; que el verdadero rico es el que se acomoda a su pobreza y con poca cosa se reconoce rico; con todo, el espíritu queda más eficazmente afectado cuando se dicen estos versos:

El mortal que necesita menos es el que desea menos.
Tiene todo cuanto quiere quien sabe querer lo que basta.

Oyendo estas y otras cosas semejantes, llegamos a la confesión de la verdad. Incluso los que siempre están insatisfechos se admiran, aplauden y declaran la guerra a las riquezas. Cuando los veas en tal disposición, impúlsales con vigor, insiste en la condenación del vicio, dejándote de ambigüedades y silogismos y cavilaciones y otros juegos de la agudeza ingeniosa. Habla contra la avaricia, habla contra la lujuria; cuando veas que consigues algún provecho y que tienes impresionadas las almas de los oyentes, insiste con vehemencia mayor; es increíble el bien que hace un discurso que así tiende a la curación y no tiene más finalidad que el aprovechamiento de los oyentes. Con suma facilidad se ganan los ánimos de los jóvenes al amor de la honestidad y de la rectitud, y aun de aquellos que solo están ligeramente corrompidos, pero que son dóciles, echa manos en ellos la verdad, si tiene la suerte de dar con un hábil abogado. Yo, por lo que a mí respecta, cuando oía a Átalo arremeter contra los vicios, los errores y los males de la vida, con frecuencia compadecía a la humanidad y tenía a aquel hombre por sublime, por superior a la más grande excelencia humana. Él mismo decía de sí que era rey, pero a mí me parecía que el hombre que podía hacer la censura de los reyes hacía más que reinar simplemente. Mas cuando empezaba a recomendar la pobreza y a demostrar que todo lo que excede de lo necesario es una carga superflua que grava a quien la lleva, muchas veces deseé salir pobre de la escuela. Cuando comenzaba a reprender nuestros placeres, a alabar el cuerpo casto, la mesa sobria, el alma pura no solamente de todo deleite ilícito, sino también de los superfluos, sentía el deseo de poner coto a la gula y al vientre. Alguna cosa me quedó, Lucilio, de esas predicaciones, pues había entrado en todo con gran entusiasmo. Luego, tras volver a la vida social, conservé algunas de las prácticas iniciadas con entusiasmo. Desde aquella manera renuncié durante toda la vida a las ostras y las setas, pues no son manjares, sino estimulantes que obligan a comer más, aun a los que están ya hartos, lo cual resulta muy grato a los glotones, que comen más de lo que su estómago puede contener con una hinchazón que fácilmente baja pero igual de fácil rehúsa. Desde entonces y para toda la vida me abstuve de perfumes, porque la mejor fragancia del cuerpo es no exhalar ninguna. Desde entonces mi estómago no cató el vino. Desde entonces y para toda la vida evité el baño; creí que cocer el cuerpo y extenuarlo a fuerza de sudores es tanto inutilidad como molicie. Todas las otras prácticas que dejé entonces volvieron, pero de tal manera que, interrumpida la abstinencia, conservo la moderación que más a ella se parece y sospecho que es aún más difícil, porque determinadas costumbres resulta más fácil arrancarlas del espíritu que moderarlas. Ya que he comenzado a explicarte con cuánto mayor ímpetu me acerqué de joven a la filosofía que ahora que soy viejo, no tengo reparo en confesarte cuánto y qué gran amor me inspiró Pitágoras. Soción contaba por qué este filósofo se abstenía de comer la carne de los animales y por qué más tarde Sextio se abstuvo. La causa en cada uno era diferente, pero en ambos magnífica. Este creía que el hombre tenía suficiente para comer sin necesidad de verter sangre, y que poco a poco el hombre se habitúa a la crueldad a medida que el hecho de ingerir carne de animales va volviéndose en placer. Añadía que había que reducir el combustible de la lujuria; y de ello colegía que la variedad de alimentos es enemiga de la salud e impropia de nuestros cuerpos. Pitágoras, en cambio, decía que existe un parentesco entre todos los seres y un intercambio de almas que nos hace pasar de unos a otros. Si damos crédito a Pitágoras, ningún alma muere ni deja de existir sino en aquel momento brevísimo en que se traslada de un cuerpo a otro. Ya veremos a través de qué vicisitudes del tiempo y de cuántos cambios de morada vuelve al hombre; mientras tanto, Pitágoras infundió a los hombres el miedo del crimen y del parricidio, por cuanto podían, sin saberlo, atacar el alma del padre y profanar con el hierro o despedazar con los dientes la carne en la que se hospedaba el alma de un pariente. Después de exponer y completar con argumentos propios esta doctrina, decía Sición: «¿No crees que las almas pasan de un cuerpo a otro y que eso que llamamos muerte es una transmigración? ¿No crees que en estos animales mansos o bravos, o en los que moran en el agua, habita un alma que tiempos atrás perteneció a un hombre? ¿No crees que nada perece en este mundo, sino que cambia de lugar, y que no solamente los cuerpos celestes vuelan por órbitas fijas, sino que también los animales tienen sus revoluciones y las almas sus círculos que recorrer? Grandes hombres así lo creyeron. Quédate tú con tu parecer, y por lo demás respeta la integridad de todos los seres vivientes. Si esta creencia es verdadera, abstenerse de comer animales es abstención de crimen; si es falsa, es

frugalidad. ¿Qué daño te puede hacer esta profesión de fe? Lo
que te quito yo es el pienso de los leones y de los buitres». Imbuido en estas doctrinas comencé a abstenerme de la carne, y al
cabo de un año ya era un hábito en mí no solamente fácil, sino
deleitable. Me parecía que mi espíritu era más ágil, y ni aun hoy
te aseguraría que no lo fuese. ¿Me preguntas cómo dejé ese régimen? Mi juventud coincidió con el primer reinado de Tiberio
César. En aquel tiempo estaban proscritos todos los cultos extranjeros, y se consideraba como indicio de superstición la abstinencia de determinados animales. Así que, por petición de mi
padre, que no temía la calumnia, sino que aborrecía la filosofía,
retomé la costumbre primitiva y no le fue muy costoso conven-
cerme de que debía volver a cenar mejor. Átalo tenía por costumbre encomiar el jergón que resiste al cuerpo; en mi ancianidad lo uso todavía, y es tan duro que mi cuerpo no deja
huella en él. Te he referido todas estas cosas para demostrarte
la vehemencia de los primeros movimientos de los filósofos
novatos hacia toda excelencia, cuando a ella los exhortaba alguien o los estimulaba a seguirla. Ahora, en parte reside el mal
en los maestros, que nos enseñan a discutir, no a vivir; y reside
en parte en los discípulos, que no acuden a los maestros con
intención de cultivar su alma, sino su ingenio. Así que lo que
fue filosofía se ha tornado filología. Importa mucho, por cierto,
para nuestro caso el propósito con que te aplicas a cada cosa.
Quien analiza a Virgilio para ser gramático no lee aquel verso
magnífico «huye el tiempo irreparable» con ánimo de aprender
que hay que estar despierto, que hay que apresurarse para no
quedarse atrás; porque el tiempo veloz nos empuja y se empuja a sí mismo, que somos llevados en volandas sin que nos demos
cuenta; que todo lo posponemos para más adelante y que avan-

zamos perezosos sorteando precipicios; sino que lo lee para señalar que todas las veces que Virgilio habla de la celeridad del tiempo usa el verbo «huir». «La más bella estación es la que huye la primera de los míseros mortales: sobrevienen los achaques y los trabajos y la triste vejez, y al fin los lleva arrebatados la inclemencia de una dura muerte». Quien lee este pasaje como filósofo atribuye a estos versos el sentido auténtico que tienen, diciendo: «Nunca Virgilio dice que el tiempo se vaya, sino que huye, que es la manera más rápida de correr, y que los primeros días son los mejores que perdemos». ¿Qué hacemos, pues, que no nos apresuramos por alcanzar la velocidad de la más rápida de las cosas? Lo mejor vuela y pasa allende y lo peor le toma el lugar que deja. Así como del ánfora fluye primero el vino más puro, mientras que el más espeso y turbio queda en el fondo, así en nuestra vida la primera parte es la mejor. ¿Y dejaremos que se nos agote en beneficio ajeno y reservaremos para nosotros mismos la hez? Grábese íntimamente en nuestra alma esta sentencia con la disposición con que se recibe un oráculo: «La mejor estación es la que huye la primera de los míseros mortales». ¿Por qué la mejor? Porque lo que resta es incierto. ¿Por qué la mejor? Porque en la juventud podemos aprender y enderezar al bien nuestra alma, todavía dócil y moldeable; porque ese tiempo está indicado para el trabajo, indicado para activar el pensamiento mediante el estudio y ejercitar el cuerpo con prácticas; el tiempo restante es más perezoso y lánguido y cercano a su fin. Procuremos, pues, esto con toda el alma, y dando de lado a todas las cosas que nos distraen, atendamos a una sola cosa: a no tener que reconocer la celeridad del tiempo que no podemos detener, sino cuando él nos abandone. Cada primer día ha de gustarnos como el mejor de todos y debemos hacerlo bien nuestro. Y a lo que huye hay que asirlo con fuerza en la mano. Quien lee este verso con ojos de gramático no considera que el primer día sea el mejor de todos porque las enfermedades se acercan, porque la vejez avanza y vuela por encima de nuestra cabeza aun cuando abriga pensamientos de adolescencia; antes bien, nos advierte que Virgilio asocia siempre las enfermedades y la vejez, y no sin razón, a fe mía: la vejez es una enfermedad incurable. Además, dice, puso a la vejez un epíteto, llamándola triste: «Sobrevienen los achaques y la triste vejez». Y dice en otro lugar: «Moran allí las pálidas enfermedades y la triste vejez». No es sorprendente que cada cual saque de la misma materia enseñanzas apropiadas a sus estudios: en el mismo prado el buey busca la hierba; el perro, a la liebre; la cigüeña, al lagarto. Cuando un filólogo, un gramático o uno que se dedica a la filosofía toman el libro *De la República*, de Cicerón, cada uno pone su atención en un aspecto diferente. El filósofo se asombra de cómo se pudieron decir tantas cosas contra la justicia. Cuando el filólogo se acerca a la misma lectura nota esto: que hay dos reyes de Roma, de los cuales uno no tuvo padre, y el otro, madre. Porque existen dudas acerca de la madre; y el padre de Anco no se menta; se dice solo que fue nieto de Numa. Nota además que aquel a quien nosotros denominamos «dictador» y así leemos en las historias que es nombrado, en la Antigüedad se llamó «maestro». Y eso todavía es así en los libros de los augures, y demostración de ello es que el ayudante que él mismo se nombra lleva el nombre de «maestro de caballeros». Nota igualmente que Rómulo murió en un eclipse de sol; que era posible apelar la sentencia de los reyes al pueblo; algunos son de parecer que hay constancia de ello en los libros pontificales, entre ellos Fenestela. Cuando es un gramático quien expone aquellos mismos libros, su primer comentario versa sobre las voces usadas; que Cicerón dice *reapse* por *re ipsa*, como también *sepse* por *se ipse*. Luego pasa a aquellas expresiones que el transcurrir del tiempo ha cambiado, como cuando dice Cicerón: «Puesto que su interpelación nos ha llamado desde la cal». Aquella parte del circo que ahora se llama «creta», los antiguos la llamaban «cal». Y después recoge los versos de Ennio, y en primer lugar aquellos que escribió de Escipión el Africano:

> *A quien ninguno, ni ciudadano ni enemigo,*
> *podrá volver la paga por sus auxilios.*

Por este pasaje dice entender que *opem* entre los antiguos no significaba solamente «auxilio», sino también «obra». Porque dice Ennio que nadie, ni ciudadano ni enemigo, podía pagar a Escipión la recompensa de su obra. Luego se cree muy afortunado de haber hallado la razón de que Virgilio diga: «Truena encima de él la gran puerta del cielo». Dice que Ennio hurtó eso a Homero y Virgilio a Ennio; pues en estos mismos libros de *De la República*, de Cicerón, hay este epigrama de Ennio: «Si está permitido a alguno subir a las regiones celestes, para mí solo está abierta la gran puerta del cielo». Pero por miedo a que yo mismo, distraído de mi objeto, acabe haciendo de gramático o de filólogo, te aviso de que hay que oír y leer a los filósofos para sacar de sus enseñanzas la ciencia de la vida bienaventurada; no para ir escogiendo meticulosamente vocablos arcaicos o de acuñación reciente y metáforas excéntricas y figuras de dicción, sino preceptos provechosos y palabras magníficas y estimulantes que se traduzcan inmediatamente en la práctica. Aprendamos esto con tal afición que lo que fueron palabras se conviertan en obras. No creo que haya ralea de hombres tan funesta para todos los mortales como los que aprendieron la filosofía en cuanto profesión mercenaria y viven de manera muy diferente de lo que prescriben que se debe vivir. Porque ellos mismos se ofrecen dondequiera como dechados de la inutilidad de su doctrina, esclavos de los vicios contra los cuales arremeten. Un preceptor así no puede serme más útil que un piloto mareado mientras arrecia la tempestad. Hay que aguantar el timón contra la corriente que lo arrebata, hay que luchar con el mismo mar, hay que sustraer al viento las velas. ¿En qué me podría ayudar un capitán de batel espantado y vomitando? ¡Y cuánto más brava es la tempestad que agita la vida que la que combate la antena! No es hablar lo que importa, sino gobernar el timón. Todas las cosas que dicen, que echan al viento para que la turba las oiga, son cosas de otros: las dijo Platón, las dijo Zenón, las dijeron Crisipo y Posidonio y una gran hueste de los nuestros, tan numerosos y de tanta valía. Yo te demostraré cómo podrían probar que esas enseñanzas son suyas practicando lo que dicen. Puesto que ya te he dicho todo lo que quería comunicarte, ahora satisfaré tu deseo, y en otra carta te pondré íntegramente todo cuanto me pides para que no llegues cansado a un tema tan espinoso que hay que escuchar con oídos curiosos y atentos. Ten salud.

La filosofía cura de los temores vanos y de los vanos deseos

Desde mi casa de Nomentano te saludo y te deseo que estés bien, a saber: que te sean propicios todos los dioses que tiene aplacados y favorables quien consigo mismo se reconcilió. Deja aparte por ahora la creencia en que algunos se complacen, esto es, que a cada uno de nosotros es dado por guía un dios, no uno de los de primera categoría, sino de calidad inferior, del número de aquellos que Ovidio llama «dioses de la plebe». Pero de tal manera quiero que dejes aparte esta creencia, que te acuerdes de que nuestros mayores, que creyeron esto, fueron estoicos: ellos adjudicaron a cada uno su genio o su Juno. Después veremos si los dioses vagan tanto que se ocupan de los negocios de los particulares. En tanto, debes saber que ya estemos confiados a su custodia, ya estemos olvidados y puestos en manos de la fortuna, a nadie puedes imprecar caso más grave que si deseas que se enoje consigo mismo. Mas tampoco hay causa suficiente para que desees a quien creas merecedor de castigo que tenga a los dioses enojados; y yo te digo que los tiene aun quien cree que puede presumir de su favor. Mantente atento y considera que tales son nuestras cosas, no el nombre con que se engalanan, y verás como vienen más males de la suerte próspera que de la adversa. ¿Cuántas veces fue causa y principio de la dicha lo que llamé «calamidad»? ¿Cuántas veces se recibió con alborozo algo que se convirtió en despeñadero para precipitarse por él y elevó un grado más al hombre ya encumbrado, como si desde allí donde estaba pudiera caer sin peligro? Pero aun esa misma caída no tiene en sí nada de malo, si atiendes al éxito final, más allá del cual a ninguno arroja la naturaleza. Cerca está el término de todas las cosas; cerca está, repito, aquel de donde el feliz es lanzado y aquel de donde sale el infeliz. Nosotros extendemos uno y otro y los alargamos con la esperanza o con el temor. Pero, si eres sensato, mide todas las cosas por la condición humana y escoge por un igual así tus gozos como tus miedos. ¡Es importante no alegrarse de nada mucho tiempo y tampoco mucho tiempo temer de nada! Mas ¿por qué reduzco este mal? No hay cosa que te debas persuadir de temer. Vanas son estas cosas que nos inquietan, que nos mantienen atónitos. Ninguno de nosotros ha averiguado lo que tienen de real, sino que nos comunicamos el temor el uno al otro. Nadie ha osado acercarse a lo que le perturba ni a conocer la naturaleza y el bien de lo que lo atemoriza. Por eso es que una cosa falsa y vacía mantiene su crédito, porque nadie hace examen de ella. Convenzámonos de que vale la pena abrir los ojos; inmediatamente veremos qué breves, qué inciertas son, qué exentas de peligro las que se temen. La confusión de nuestro ánimo es tal como la juzgó Lucrecio: «Como tiemblan los niños, que con ojos ciegos lo temen todo en las tinieblas, así nosotros en la luz tememos». ¿Y qué? ¿No somos más necios que cualquier niño los que tememos en la luz? Pero no es así, Lucrecio; no tememos en la luz; todo lo hemos convertido en tinieblas para nosotros. Nada vemos, ni lo que daña ni lo que conviene; toda la vida vamos vagabundeando sin por ello detenernos ni poner el pie con más cuidado. Estás viendo qué gran locura es esa de ir corriendo a oscuras.

Y a fe que lo que hacemos es conseguir que la muerte nos llame desde más lejos; y, aun ignorando adónde somos conducidos, persistimos en nuestra carrera arrebatada hacia el lugar de nuestros deseos. Sin embargo, si queremos, puede amanecer. De una sola manera puede: adquiriendo esa ciencia de las cosas humanas y divinas, si el que la adquiere no se baña con ella simplemente, sino que se embebe de ella; si aun después de aprendida la repite y la recuerda muchas veces; si busca qué son bienes, qué son males y a qué cosas falsamente se atribuyó este nombre; si inquiere de las cosas honestas, de las torpes, de la Providencia. El ingenio humano ni siquiera se detiene en estos límites; arroja la vista fuera de los términos del mundo para ver adónde es llevado, de dónde surgió y a qué fin se encamina el rapidísimo movimiento del universo. Pero, arrancando el espíritu de esta divina contemplación, lo arrastramos por lo rastrero y asqueroso para hacerlo esclavo de la avaricia, y dejando el cielo y sus confines y a los dioses, que son señores de todo y todo lo gobiernan, le hemos hecho excavar la tierra y, no contentándose con lo que cortés y liberalmente ofrece, husmear en ella para extraer no sé qué calamidad apestosa. Cualquier cosa que nos había de hacer bien, Dios, nuestro padre, nos la puso cerca. No aguardó que la buscásemos; delante nos la puso amablemente; en cambio, todo lo que nos había de dañar lo escondió en inaccesibles profundidades. De nada sino de nosotros podemos quejarnos: fuimos a excavar aquellas cosas que habían de ser nuestra perdición, a despecho de la naturaleza que nos las escondía. Hemos entregado nuestra alma a los deleites, siendo así que esa entrega es el principio de todos los males. La hemos abandonado a la ambición y a la fama y a las demás pasiones, no menos hueras ni huecas, ¿Qué te aconsejo, pues, que hagas ahora? Nada nuevo, porque no se buscan los remedios con nuevos males; lo primero, examina atentamente a solas contigo mismo lo que es necesario y lo que no. Las cosas necesarias en todas partes se te ofrecerán; en cambio, las innecesarias tendrás que buscarlas siempre y con toda el alma. No hay por qué alabarte demasiado si desprecias los lechos de oro y el menaje engarzado de piedras preciosas. ¿Qué proeza es despreciar lo que sobra? Entonces con razón te admirarás de ti cuando desprecies lo necesario. No es una gran acción lo que haces al poder vivir sin ostentación, al no desear jabalíes de mil libras ni las lenguas de los flamencos y otras maravillas del exceso que, ya hastiado de los animales enteros, elige de cada uno miembros determinados. Entonces te admiraré cuando no desprecies el mendrugo de pan mohoso; cuando te persuadas de que, si es necesario, no nace solo para el ganado la hierba, sino también para el hombre; cuando sepas que los cogollos de los árboles pueden llenar también el vientre, en el cual vamos arrojando tanto manjar costoso como si guardara lo que recibe: debe llenarse sin ser muy quisquilloso ni melindroso. ¿Qué importa lo que reciba si ha de corromper todo cuanto recibe? Te deleitan aderezadas las viandas que se buscan por mar y tierra; más agradables las unas si llegan a tu mesa recientes; más apetitosas las otras si tras mucho tiempo cebadas engordaron por fuerza hasta el punto de que se derriten y apenas retienen su grasa. Te deleita el primor que el arte supo darles. Pero, a fe mía, todo esto tan exquisitamente buscado y sazonado con tal variedad, en cuanto penetra en el vientre, se vuelve feo y revuelto en idéntica inmundicia. ¿Quieres despreciar los placeres de la mesa? Considera el resultado. Me acuerdo de que Átalo, con gran admiración de todos, decía: «Durante largo tiempo las riquezas me tuvieron hechizado; me quedaba asombrado cuando veía resplandecer una parte de ellas en algún sitio u otro; juzgaba que serían semejantes las que no veía de las que se mostraban. Pero en una exhibición solemne vi todas las riquezas de Roma, oro y plata labrados, y otros materiales que superaban el precio del oro y de la plata, colores exquisitos y ropajes no solo traídos de más allá de nuestros confines, sino también de los de nuestros enemigos. Por un lado, grupos de efebos vistosos por su belleza y adornos; por el otro, de mujeres; y lo demás que la fortuna del mayor de los imperios había sacado en alarde de opulencia y poderío. Y me decía: "¿Qué otra cosa hace esto sino irritar la codicia de los hombres que ya se incita por sí misma? ¿A qué propósito esta ostentación de dinero? ¿Nos hemos juntado para aprender la avaricia? A fe de que, por lo que a mí respecta, yo salgo con menos avaricia de la que traje. Desprecié las riquezas no por superfluas, sino por menguadas. ¿Has observado en qué pocas horas ha pasado ese lento y bien ordenado alarde de riquezas? ¿Ocupará toda nuestra vida aquello que no ha podido ocupar un día entero?». Y añadía aquello otro, a saber: «Tan vacías me parecieron para los que las poseían como lo fueron para los que las miraban. Por lo cual me digo a mí mismo siempre que algo impresiona mis ojos, siempre que me topo con un palacio espléndido, con un lucido acompañamiento de esclavos, con una litera en hombros de bien dispuestos y hermosos mancebos: ¿de qué te admiras?, ¿de qué te espantas? Eso no es más que pompa; se muestran estas cosas, no se poseen y no agradan sino al pasar. Vuelve la vista, pues, a las riquezas verdaderas; aprende a contentarte con poco y con espíritu grande y animoso lanza a voz en cuello aquella máxima: "Tenemos agua, tenemos pan de cebada; disputaremos a Júpiter la felicidad". Compitamos con él, aun cuando estas cosas nos falten. Es desaconsejable poner la bienaventuranza de la vida en el oro y en la plata; y lo es igualmente ponerla en el agua y el pan. "¿Qué haré, pues, si estas cosas me faltan?". ¿Preguntas cuál es el remedio de la necesidad? El hambre concluye con el hambre. Por otra parte, ¿qué importancia tiene que sean grandes o pequeñas cosas las que te esclavizan? ¿De qué sirve medir la pequeñez de lo que puede negarte la fortuna? Esta misma agua, este mismo pan caen bajo arbitrio ajeno. Libre es no aquel en quien puede poco la fortuna, sino en quien no puede nada. Ello es así; conviene que no desees nada si quieres competir con Júpiter, que no desea nada». Esto nos dijo Átalo, y esto mismo les dijo a todos la naturaleza. Si con frecuencia quisieras meditar sobre estas cosas, conseguirás no solo parecer feliz, sino serlo; y parecerlo para ti, no para los demás. Ten salud.

Causas de la corrupción de la elocuencia

Preguntas por qué en determinadas épocas se dio una corrompida manera de hablar y cómo los ingenios se inclinaron a ciertos vicios, al punto de que unas veces estuvo de moda la expresión ampulosa y otras la frase cortada y medida a modo de canto; y cómo es que unas veces agrada el sentido audaz e inverosímil y otras las sentencias tajantes y enigmáticas en las cuales la comprensión ha de ir más allá de lo que se oye; y por qué razón ha habido momentos en que usaba de la metáfora sin continencia. Por la razón que sueles oír a menudo, y que entre los griegos se ha convertido en proverbio: el lenguaje de los hombres es tal como es su vida. Así como los actos de cada uno se asemejan a su habla, así la manera de expresarse imita en cada tiempo las costumbres públicas. Si la moral pública decayó y se entregó a la molicie, la obscenidad del lenguaje es un indicio de pública inmoralidad si no se presenta solo en uno o dos individuos, sino que es aprobada y aplaudida. No es posible que el pensamiento tenga un color y el alma otro. Si el alma es sana, compuesta, ponderada, templada, también el pensamiento es moderado y sobrio; de los vicios del alma se contamina el pensamiento. ¿No ves cómo, cuando el alma languidece, los miembros se arrastran y los pies se mueven perezosamente? Si ella es afeminada, ¿no se muestra la molicie aun en el mismo caminar? Si ella es enérgica y brava, ¿no apresura su paso? Si se enfurece o, lo que es más semejante al furor, se enoja, ¿no se mueve el cuerpo desordenadamente de manera que ya no va, sino que es llevado? ¿No piensas entonces que eso sucede al pensamiento que está totalmente mezclado con el alma? Ella le da forma, a ella obedece, de ella toma la ley. El modo de vida que llevaba Mecenas es demasiado conocido para que tenga ahora yo que explicarlo; como lo es asimismo su manera de andar, su refinamiento, su deseo de ser visto, sin que sus vicios estuviesen ocultos. ¿Y qué? ¿No es cierto que su estilo era tan desatado como su vestimenta; que sus palabras eran tan pretenciosas como su ostentación, como su cortejo, como su casa, como su mujer? Habría sido un hombre de gran condición si hubiera ido por un camino más recto, si no hubiera evitado que lo entendieran, si su palabra no hubiera sido difusa. En él verás la elocuencia de un beodo, liosa, difusa y llena de licencias. ¿Qué cosa más insoportable que un «río tocado de selvas»? Mira «cómo los esquifes aran su cauce y siguiendo su curso abandonan los huertos». ¿Y qué decir de aquella mujer de los rizos crespos y de labios besucones de paloma, y que mira suspirando cómo los tiranos de la selva (los ciervos) languidecen con la cabeza caída? «Facción irremediable se insinúa con festines, tienta a las familias con botellas y de la esperanza saca la muerte. Un genio apenas testigo de su fiesta. Los hilos de una cera tenue y un pastel de sal crepitante. La madre o la esposa ciñen el hogar». ¿Al leer estas cosas no te asalta inmediatamente el pensamiento de que este era aquel que andaba por la ciudad con la túnica siempre suelta —porque, hasta cuando suplía los oficios del César ausente, ese andar desceñido era la contraseña—, aquel que en el tribunal, en la tribuna, en toda reunión pública aparecía con la cabeza como encapuchada, dejando fuera ambas orejas, de la manera en que suelen caracterizarse en el mimo del «rico fugitivo»; aquel que en el máximo furor de las guerras civiles, con la ciudad agitada y en armas, iba públicamente acompañado de los eunucos, que eran de todos modos más varones que él; aquel que se casó mil veces, no habiendo tenido más que una sola mujer? La extraña construcción de las palabras, tan contrarias al uno, traslucían igualmente unas costumbres no menos nuevas, depravadas y excepcionales. La mayor alabanza que se le atribuye es la de su mansedumbre; abandonó la espada, se abstuvo de verter sangre y no demostró su poder salvo en el libertinaje. Pero esa merecida alabanza suya se vio malograda por aquellas extravagantes delicadezas de estilo, pues demuestran que fue afeminado, no manso. Eso lo demuestran los rodeos de su estilo, el trastorno en la significación de las palabras, los sentimientos realmente grandes que alientan ellas con frecuencia, pero que salen enervados e inútiles por su afeminada expresión, que demuestran a cualquiera que el exceso de felicidad trastornó su cabeza. Este es un vicio a veces de la época, a veces del tiempo. Allí donde la prosperidad propaga ampliamente su delicadeza, se empieza por un diligente acicalamiento del cuerpo; luego tal cuidado se traduce en el ajuar; después ese afán pasa a las mismas casas para que se expanda en la libertad del campo, para que las paredes resplandezcan con mármoles traídos de allende; que los techos se incrusten de oro y que con los techos haga consonancia la brillantez de los pavimentos. Más tarde la opulencia pasa a los festines y allí el elogio se busca a través de la novedad y de la dislocación del orden establecido, haciendo que en primer lugar se presenten los platos que acostumbran a cerrar el banquete y que se den a los comensales que se van los que se dan habitualmente cuando entran.

Cuando el espíritu se acostumbró a desdeñar las cosas habituales, hasta el punto de que solo por ser usuales le parecen viles, busca también la novedad en el hablar, y ora evoca y lanza vocablos antiguos poco utilizados, ora los inventa o trueca su sentido, ora considera culta la metáfora audaz y frecuente, moda que hace poco experimentó un gran auge. Los hay que cortan el sentido y esperan que se les agradecerá dejar la frase en suspenso para que el oyente sospeche lo que quiso decir; otras lo prolongan y difunden, y no faltan quienes no llegan hasta este defecto —cosa que debe evitar quien intente hacer algo grande—, pero tienen afición al defecto. Así que dondequiera que veas que la corrupción del lenguaje agrada, no dudes de que a la par también las costumbres se han apartado de la rectitud. Así como el lujo en banquetes y vestidos son indicios de un espíritu público malsano, así también la licencia del lenguaje, si es un hecho general, demuestra la caída de las almas de quien proceden las palabras. Ni debe maravillarte que esta corrupción sea aceptada no solamente por el auditorio más abyecto, sino también por este otro público más culto; se distinguen por la toga, no por los gustos. Con mayor razón puedes extrañarte de que no solamente sean alabadas las cosas viciosas, sino los vicios. Ello ha sucedido siempre: no hubo genio que por agradar no hubiese necesitado alguna indulgencia. Cítame el hombre que quieras, varón de gran renombre; yo te diré lo que le perdonó su época; lo que, sabiéndolo, disimuló. Yo te citaré a muchos cuyos vicios no les perjudicaron y algunos a quienes les fueron provechosos. Yo te citaré entre los de mayor fama y tenidos como admirables, que si se los corrige, se los anula, porque de tal manera los vicios andan mezclados con las virtudes que las arrastran consigo. Añade a esto que el lenguaje no tiene una norma fija;

las costumbres del pueblo que nunca se mantuvo demasiado en un mismo sitio lo modifican. Muchos van a buscar palabras de otro siglo; hablan el lenguaje de las Doce Tablas. A ellos, Graco y Craso y Curión les resultan demasiado refinados y modernos, y retroceden hasta Apio y aun hasta Coruncanio. Y al revés, otros, como no quieren nada que no sea trillado y muy utilizado, caen en la sordidez. Ambos extremos son malos en sentido diferente, de igual manera, a fe mía, que no querer usar más que frases brillantes y sonantes y poéticas, evitando las indispensables y de uso corriente. Yo diré que tanto peca este como aquel; el uno bruñe más de lo debido; el otro más de lo debido se descuida; aquel se depila hasta las piernas; este ni siquiera las axilas. Pasemos a la construcción. ¡Cuántos géneros te citaré en los que se peca! Los unos recomiendan la oración quebrada y áspera; enturbian aposta todo lo que fluye con fluida naturalidad; no quieren transición sin sacudida; piensan que es viril y recio lo que hiere los oídos con su bronca desigualdad. En algunos no hay construcción, sino música: hasta tal punto acaricia con su blandura empalagosa. ¿Qué diré de aquel estilo en el que las palabras son diferidas y no se presentan sino al final de la cláusula, tras prolija espera? ¿Y de aquella oración que discurre tan lenta, como es la de Cicerón, como por pendiente muy blanda y lenta y respondiendo con norma fija a su carácter y a su medida? En el estilo sentencioso no solo hay defecto si las sentencias son baladíes o pueriles o desvergonzadas y más procaces de lo que autoriza el pudor, sino también si son floridas y excesivamente dulces, si se dicen en balde y sin otro efecto que el de su propio sonido. Introduce estos vicios uno cualquiera, árbitro de la elocuencia de su tiempo, lo imitan los restantes y se los van pasando de uno a otro. Así, cuando Salustio era el autor de moda, la distinción consistía en las sentencias mutiladas, en las palabras de cadencia desconcertante y en la concisión oscura. Lucio Arruncio, hombre de una rara sobriedad que escribió la historia de las guerras púnicas, fue salustiano y se esforzó por remedar su manera. Hay en Salustio esta frase: «Hizo un ejército de plata»; esto es, lo preparó con dinero. Se aficionó Arruncio a ese modismo y lo puso en todas las páginas. Dice en un pasaje: "Hicieron" huir a los nuestros». En otro lugar: «Hierón, rey de Siracusa, "hizo" la guerra». Y en otro lugar: «Estas noticias "hicieron" que los panormitanos se entregasen a los romanos». He querido darte un ejemplo no más; todo el libro está con ello entretejido. Lo que en Salustio fue una cosa rara, en Arruncio es frecuente y casi continuo, y se explica: en Salustio era accidental, en Arruncio, algo rebuscado. Ya ves, pues, las consecuencias de tomar un vicio como norma. Dijo Salustio: «Invernando las aguas». Arruncio, en el primer libro de la guerra púnica, dice: «Repentinamente "invernó" la sazón». Y en otro lugar, queriendo decir que el año había sido frío, dice: «Todo el año "invernó"». Y en otro pasaje: «De allí envió sesenta naves ligeras, sin contar los soldados y la tripulación necesaria, mientras "invernaba" el Aquilón». No había sitio donde no metiese esa palabra. En cierto pasaje dice Salustio: «Mientras, en medio de las guerras civiles, aspira "a las reputaciones" de justo y de bueno». Arruncio no se contuvo escribir inmediatamente en el primer libro que eran grandes las «reputaciones» de Régulo. Estos y otros vicios semejantes que en alguno motivó el deseo de imitar no son indicios de incontinencia ni de corrupción espiritual; tienen que ser propios y nacidos de cada uno para poder formar juicio de sus pasiones: airada es el habla del hombre airado; la del hombre apasionado es agitada; la del afeminado es blandengue y fofa. Lo que ves que hacen otros hombres que o se depilan la barba total o parcialmente, que se afeitan la parte superior e inferior de los labios y dejan crecer lo demás, que gastan mantos de color chocante o togas transparentes; esos hombres que no quieren hacer nada en que los ojos no reparen, despiertan y reclaman para sí la atención general, y se exponen a ser censurados con tal de que se les mire; una cosa así viene a ser el estilo de Mecenas y de todos los otros que no yerran por casualidad, sino con intento deliberado. Esto nace de un mal muy grande del alma. Así como en la embriaguez la lengua no borbotea antes de que la razón esté ofuscada o enferma o desvanecida, así ese vicio del lenguaje, que no es otra cosa que embriaguez, no ataca a nadie si antes no vacila su espíritu. Cúrese, pues, el espíritu; de él salen los sentimientos, de él las palabras; de él nos vienen las costumbres, la expresión del rostro, la apostura. Si está sano y vigoroso, el lenguaje es robusto, fuerte, varonil; pero, si decayó, todo lo demás lo acompaña en la ruina: «Vivo el rey, su pensamiento es uno; muerto, rompen sus pactos».

Nuestro rey es el espíritu. Mientras él se mantiene en pie, todo lo demás persevera fiel a su deber, todo obedece, todo está sumiso; mas, a poco que vacile, todo se tambalea. En cuanto cedió al placer, se marchitan también sus potencias, y sus actos y todo esfuerzo resulta lánguido y flojo. Ya que he empleado esta imagen, insistiré en ella. El espíritu es ora un rey, ora un tirano. Es rey cuando tiene puesta en la honestidad su mira, cuando cuida del cuerpo que se le encomendó y nada le manda que sea torpe ni vil; mas, cuando es insolente, codicioso y afeminado, se cobra un calificativo odioso y cruel y se hace un tirano. Entonces lo dominan y lo llevan a mal traer pasiones desenfrenadas, las cuales al principio le proporcionan placer, a semejanza del pueblo que, harto en vano de las perjudiciales larguezas del erario, soba todo lo que no puede tragar. Pero cuando la dolencia tiene minadas todas sus fuerzas, poco a poco, y las delicias han penetrado en sus nervios y en la médula de los huesos, se contenta con ver las cosas de cuyo uso le privó su excesiva avidez; en lugar de sus placeres, tiene el espectáculo de los ajenos, proveedor y testigo de lujurias cuya hartura le privó a él de su uso. Y no le contenta tanto la abundancia de las cosas deleitables como le apena la tristeza de ver que no puede consumir todo aquel aderezo de manjares ni echarse a gozar con aquellos grupos de mancebos y de mujeres, y se entristece porque una buena parte de la felicidad se le escapa por la impotencia del cuerpo. ¿No es desvarío, mi querido Lucilio, que ninguno de nosotros piense que es mortal, que es débil y, lo que es más importante, que ninguno de nosotros piense que es solo uno? Fíjate en nuestras cocinas y el apresurado afán de nuestros cocineros corriendo entre tantos fogones: ¿piensas que únicamente para una sola barriga se sazona la comida con tanta prisa? Repara en nuestras bodegas llenas con las vendimias de muchos siglos: ¿te parece que solo para un vientre se almacenan tantos vinos de tantos consulados y de tantos países? Repara en cuántos lugares se revuelve la tierra; cuántos millares de colonos labran la tierra y la cavan: ¿te parece que solo para un vientre se hace la siembra hasta en Sicilia, hasta en África? Seamos prudentes y comedidos en el desear, si cada cual se cuenta por uno solo y a la vez sabe medir su cuerpo, que no puede ni contener mucho ni por mucho tiempo. Pero nada te será tan útil para tener templanza en todas las cosas como la consideración frecuente de la brevedad y de la incertidumbre de esta vida: en todo lo que hagas, mira hacia el lado de la muerte. Ten salud.

Contra los que invierten el orden natural

El día ya comienza a menguar; ha retrocedido un poco, pero con tal tiento que todavía queda un espacio bastante holgado para aquel que, por decirlo así, madruga con el día. Más diligente y mejor es aquel que lo espera despierto, para aprovecharse de la primera luz; y merece baldón quien, cuando el sol está ya alto, sigue en la cama amodorrado; aquel cuya vigilia comienza al mediodía; y aun para muchos a esa hora el alba comienza. Hay quienes invierten las labores del día y de la noche y no abren los ojos, cansados de la crápula de la noche anterior, antes de que la noche comience de nuevo. Se parecen a aquellos hombres a quienes la naturaleza, como dice Virgilio, colocó debajo de nuestros pies, en la parte opuesta de la tierra, que, «cuando para nosotros soplaron con su aliento los caballos que rige el sol naciente, el ruboroso Véspero enciende para ellos su candil tardío», siendo contraria a la de todos, sino su morada, al menos su vida. Dentro de una misma ciudad hay antípodas, quienes, como dice Marco Catón, no vieron jamás salir el sol ni ponerse. ¿Y piensas tú que saben cómo han de vivir esos hombres que no saben cuándo hacerlo? ¿Y temen esos la muerte en la cual se enterraron vivos? De tan infeliz augurio son como las aves nocturnas. Aunque pasen sus tinieblas en el vino y en los perfumes; aunque consuman todo el tiempo de su perversa vigilia en festejos abundantes, en servicios de cocina, esos no celebran banquetes, si no su convite fúnebre. Y aun a los muertos este oficio se les rinde de día. Pero, a fe mía, para el hombre laborioso no hay día largo. Alarguemos la vida; su deber y su manifestación están en la actividad; limitemos la noche y pasemos al día algún pedazo de ella. A las aves que se guardan para los banquetes se las mantiene en lugar oscuro, para que engorden fácilmente en la inmovilidad; así, sin ningún ejercicio, la gordura invade el cuerpo perezoso, y en un rincón sombrío les crece la grasa. Así también los cuerpos de esos que se entregaron a las tinieblas tienen un aspecto repulsivo. Su color es más sospechoso que el de aquellos a quienes puso pálidos una dolencia; son lánguidos, evanescentes, cuerpos vivos con carne cadavérica. Y aún diría que ese es el menor de sus males. ¡Cuántas más tinieblas no tienen en su alma, que tan estúpida, tan oscura, envidia a los mismos ciegos! ¿Quién tuvo jamás los ojos para las tinieblas? ¿Preguntas cómo se engendró esta aberración del alma que siente aversión por el día y transfiere toda la vida a la noche? Todos los vicios pugnan contra la naturaleza; todos desertan del orden debido. Esta es la manía de la lujuria: gozar con la inversión de las cosas y no solamente desviarse de la rectitud, sino alejarse de ella todo lo posible, hasta llegar al extremo opuesto. ¿No te parece que viven contra la naturaleza los que beben en ayunas, y reciben el vino en las venas exhaustas y de la embriaguez pasan a la comida? Y, con todo, ese es un vicio frecuente en los jóvenes que cultivan el brío muscular, quienes, en el dintel mismo de los baños, beben y hasta se abrevan, entre hombres desnudos, y se enjugan el sudor que provocaron con la frecuente toma de pociones calientes. Beber después de comer o de cenar es cosa ordinaria. Eso lo hacen los padres de familia toscos, ignorantes del verda-

dero placer; el vino que agrada es el que no nada encima de los
alimentos, sino que penetra en los nervios libremente. La embriaguez deleitable es la que cae en el vacío. ¿No te parece que
viven contra la naturaleza los que cambian sus vestidos por los
de las mujeres? ¿No viven contra la naturaleza los que están
atentos a que la juventud prolongue su duración más de lo
debido? ¿Qué puede hacerse más cruel y más ruin? ¿No será el
niño jamás varón para poder sufrir por más tiempo la afrenta
del varón? ¿Y que aquel a quien el sexo debió librar del ultraje
no lo libre siquiera la edad? ¿No viven contra la naturaleza los
que en invierno desean rosas y con fomentos de agua caliente
y del conveniente cambio de lugar arrancan de la invernal bru-
ma el lirio primaveral? ¿No viven contra la naturaleza los que
plantan jardines en lo alto de las casas; los que tienen pensiles
que se cimbrean en los tejados y cimborios de las casas y que
hincan sus raíces donde difícilmente alcanzarían sus cogollos?
¿No viven contra la naturaleza los que echan los cimientos de
las termas en el mar y se les antoja que no nadan voluptuosa-
mente si sus estanques de agua caliente no son batidos por el
oleaje y por la tempestad? Puesto que se propusieron querer
todas las cosas contra el orden de la naturaleza, acaban por
ponerse en rotunda oposición a ella. ¿Clarea? Es tiempo de
dormir. ¿Descansa todo el mundo? Pues el deporte, la litera, el
almuerzo. ¿Se acerca el alba? Es hora de cenar. No hay que
hacer lo que hace el pueblo; es cosa sórdida vivir de la manera
acostumbrada y vulgar. Dejemos el día de los demás; hagamos
una mañana propia y exclusiva para nosotros. Todos esos para
mí son como si estuvieran muertos. ¿Qué distancia separa del
entierro, e incluso prematuro, a los que se pasan la vida entre
antorchas y cirios? Recuerdo que ese tipo de vida la llevaban a

la vez muchos hombres, entre los cuales estaba el pretor Acilio Buta, a quien tras haber despilfarrado un patrimonio ingente y mientras le confesaba su pobreza, dijo Tiberio: «¡Tarde te has despertado!». Montano Julio, poeta tolerable y conocido por su amistad con Tiberio y por el enfriamiento de dicha amistad, recitaba un poema en que muy a gusto conjugaba la salida y la puesta del sol. Como alguien se indignó porque recitaba versos todo un día seguido y dijo que no se había de asistir a sus recitaciones, Natta Pinario dijo: «Nunca puedo portarme más generosamente; dispuesto estoy a oírle desde la salida a la puesta del sol». Montano leía y declamó en cierta ocasión estos versos:

> *Empieza Febo a sacar sus llamas ardientes,*
> *se extiende el día rosado; ya la triste golondrina*
> *comienza a traer comida al nido lleno de chillidos*
> *y con blando pico la distribuye una y otra vez.*

Varo, caballero romano, compañero de Marco Vinicio, aficionado a las buenas cenas, que se granjeaba por la causticidad de su lengua, exclamó: «¡Y Buta se recoge a dormir!».

Después, cuando el poeta recitó:

> *Ya los pastores encerraron sus rebaños en los apriscos;*
> *ya la soñolienta noche comienza a comunicar*
> *silencio a las tierras adormiladas.*

interrumpió el mismo Varo: «¿Qué dices? ¿Ya es de noche? ¡Voy a Buta a darle los buenos días!». Nada tan famoso como esta vida de Buta vuelta al revés, que, como dije, llevaban muchos en aquella sazón. Para cierta gente, la razón de vivir así no se halla en que crean que la noche tenga nada más agradable, sino en que no les gusta nada de lo que se ofrece a todo el mundo, y es molesta la luz para la mala conciencia; y a quien evalúa o desdeña las cosas, según el precio alto o bajo al que se cotizaron, la luz de balde es un puro fastidio. Además, mientras viven, los libertinos quieren que su vida esté presente en las conversaciones; pues, si se hace el silencio a su alrededor, imaginan que han perdido su trabajo. Por eso se malhumoran cuando una hazaña suya no adquiere celebridad. Son muchos los que consumen sus bienes; son muchos los que tienen amantes. Para ganar renombre entre tantos, es preciso no solo hacer una cosa lujuriosa, sino notable. En una ciudad tan ocupada, la maldad corriente no despierta comentarios. Oímos contar a Pedón Albinovano, que era un conversador picantísimo, que él habitaba encima de la casa de Sexto Papinio; ese era uno de la turba de los lucífugos. «Oigo —dice—, hacia la hora tercera de la noche, chasquidos de azotes. Pregunto qué hace y me dicen que pasa cuentas con los esclavos. Hacia la hora sexta oigo un berreo. Pregunto qué es y me dicen que ejercita la voz. Hacia la hora octava de la noche, ¿qué significa ese sonido de ruedas? Me dicen que lo sacan de paseo en la litera. A punto del amanecer, se oye un gran alboroto; se llama a los esclavos, a los encargados de la cocina; hay un tumulto de cocineros. Pregunto qué es ese estruendo. Me dicen que ha pedido vino con miel y pan de flor de trigo y que acaba de salir del baño. La cena de este hombre, comentaba Pedón Albinovano, no excedía de su día; porque vivía muy frugalmente: solo se comía la noche». Por eso creo yo que, a algunos que tachaban a Papinio de sórdido y avaro, Albinovano les contestaba: «Podéis decirle también *licnobio* (que vive de luz de lámparas)». No debes asombrarte si encuentras tantas formas particulares de vicios: son muy variados, tienen innumerables caras; no pueden abarcarse todas sus especies. Es sencillo el cuidado de la rectitud; el de la perversidad es múltiple y se pierde por toda clase de desvíos, hasta los más nuevos. Lo mismo acontece con las costumbres; las de los que siguen la naturaleza son fáciles, expeditas y poco diferentes entre sí; las desviadas presentan grandes diferencias entre sí y con todas las demás. No obstante, la causa principal de esta dolencia es, a mi entender, el hastío de la vida común entre los hombres. Así como se distinguen de los otros por el atuendo y por la exquisitez de su mesa, por el lujo de los vehículos, quieren también singularizarse en la distribución del tiempo. No se contentan con pecados vulgares aquellos cuya recompensa del pecar es el escándalo. Esta es la aspiración de todos aquellos que, por decirlo así, viven al revés. Por eso, querido Lucilio, es menester seguir el camino que nos prescribió la naturaleza, sin apartarse nunca de él. Para los que lo siguen, todo es fácil y despejado; para los que se obstinan en ir contra ella, la vida no es otra cosa que fatiga de remar a contracorriente. Ten salud.

Encomio de la vida frugal

Molido por un viaje más incómodo que largo llegué a mi casa de Albano a altas horas de la noche. Nada encuentro preparado más que a mí mismo. Así que depongo mi cansancio encima de mi camastro y me tomo a las buenas la falta del cocinero y del panadero. Pues me digo que no hay nada pesado si se toma a la ligera, ni nada que indigne si ya no eres tú quien te indignas. Mi panadero no tiene pan, pero lo tiene el mayordomo, lo tiene el portero, lo tiene el colono. «Pan malo», dices. Aguarda un poco y se volverá bueno; hasta tierno y candeal te lo volverá el hambre. No se ha de comer antes de que esta lo mande. Esperaré, pues, y no comeré antes que comience a tener pan bueno o dejaré de desdeñar el malo. Hay que acostumbrarse a la escasez. Muchas dificultades de lugares, muchas dificultades de tiempo se presentan y obstruyen el paso al placer aun en los ricos, que tienen de todo. Nadie puede tener lo que quiere; lo que sí puede el hombre es no querer lo que no tiene y servirse alegremente de lo que se le ofrece. Una gran parte de la libertad es el vientre parco y que aguanta con paciencia la escasez. Nadie puede imaginarse el placer que siento en el hecho de que mi fatiga se haya acostumbrado a sí misma; no pido quien me unja en afeites, no pido el baño ni busco más remedio que el del tiempo. Lo que el trabajo ha contraído lo quita el descanso.

Esta sencilla cena será más sabrosa que un banquete inaugural.
Por fin, he sacado una prueba de mi valor, súbitamente, lo cual
quiere decir más simple y más sinceramente. Porque cuando el
espíritu se prepara y se arma de paciencia no se exterioriza en
su verdadera dimensión toda su entereza; aquellas son pruebas
muy ciertas, que brotan de repente, por ejemplo, cuando el
hombre se ha enfrentado con las molestias no solo con valor,
sino también con serenidad; si no se ha enfadado, si no ha
discutido, si con la renuncia al deseo ha suplido el derecho que
tenía a recibir alguna cosa y ha pensado que faltaba algo a su
costumbre, pero no a sí mismo. No hemos acabado de entender
hasta qué punto eran superfluas ciertas cosas hasta que han
comenzado a faltarnos; gozábamos de ellas no porque nos hiciesen falta, sino porque las teníamos. ¡Y cuántas cosas nos hemos proporcionado porque otros se las habían proporcionado
también, porque la mayoría las tenía! Una de las causas de nuestros males es que vivimos por mimetismo, y en lugar de gober-
narnos por la razón nos dejamos llevar por la rutina. Aquello
que no querríamos imitar si lo hacen pocos lo imitamos cuando muchos comienzan a hacerlo, como si el hecho de ser más
frecuente lo convirtiese en más honesto. Hasta el error ocupa
en nosotros un lugar de rectitud cuando se ha generalizado.
Ya todos salen de viaje precedidos de un escuadrón de caballe-
ría númida, de un ejército de corredores; sería vergonzoso que
no hubiese nadie que apartase a los viandantes que van por el
mismo camino ni que demostrase con una gran polvareda que
viene un hombre ilustre. Todos tienen ya mulos para llevar su
cristalería, sus vasos múrrinos, su vajilla cincelada por distin-
guidos artistas; sería vergonzoso que se viera que tienes unos
bagajes que no puede dañar el ajetreo de la rueda. Todos hacen

viajar a sus esclavos con la cara untada en crema para que ni el sol ni el frío curtan su epidermis delicada; sería vergonzoso que entre los adolescentes de tu cortejo no hubiese ninguno tan tierno de cara que no necesitase un cosmético. ¡Qué desatino tan grande es no perdonar la hacienda del propio heredero y negárselo todo a sí mismo, con el resultado de que la gran herencia de un amigo te haga un enemigo!; cuanto más herede, más se alegrará de tu muerte. No precies en un maravedí a esos sombríos y ceñudos censores de la vida ajena, enemigos de la suya, pedagogos espontáneos, y no vaciles en preferir la buena vida a la buena fama. De esas voces se ha de huir como de aquellas otras a cuyo hechizo no se sustrajo Ulises sino atándose. Tienen el mismo poder de fascinación: nos hurtan a la patria, a los padres, a los amigos, a las virtudes, y a una vida cobarde y vergonzosa añaden la vergüenza mayor de hundir en ella a los miserables. ¡Cuánto mejor es no seguir el camino derecho y elevarse a aquel estado en que ya no te sea agradable sino lo que es honesto! Y podremos alcanzar esa cumbre tranquila si entendemos que existen dos géneros de cosas: las que nos atraen y las que nos repelen. Nos atraen las riquezas, los placeres, la belleza, la ambición, todas las cosas agradables, todos los halagos; nos repelen el trabajo, la muerte, el dolor, la ignominia, la virtud austera. Debemos, pues, ejercitarnos por no temer estas, por no prendarnos de aquellas. Esforcémonos en lo contrario; apartémonos de las cosas que nos invitan y afrontemos las que nos combaten. ¿No ves cuán distinta es la actitud de los que bajan y de los que suben? Los que van pendiente abajo echan el cuerpo hacia atrás; y los que suben pendiente arriba lo agachan. Echar tu cuerpo adelante en la bajada o hacia atrás en la subida equivaldría, querido Lucilio, a consentir en la caída. Hacia los placeres se baja; las asperezas y penalidades se enderezan cuesta arriba; respecto de esas, hay que empujar el cuerpo; respecto de aquellos hay que refrenarlo. ¿Piensas ahora que quiero decir que solo aquellos que hacen apología del placer son perniciosos para nuestros oídos; aquellos que inculcan el miedo al dolor, cosa ya de por sí bastante terrible? Yo pienso que también nos dañan los que con la apariencia de estoicismo nos exhortan a los vicios. Predican enfáticamente: que solo el sabio y el docto puede estar enamorado. Solo él es apto para este arte; como también es el que más sabe en la ciencia del beber y de hacer banquetes. Averigüemos hasta qué edad han de ser amados los jóvenes. Quédese todo esto para las costumbres griegas; ofrez-camos nosotros con mejor cordura el oído a estas otras máximas: nadie es bueno por azar; la virtud requiere aprendizaje; el placer es cosa abyecta y ruin, indigna de cualquier aprecio, común con los animales mudos; a él corren presurosos los más pequeños y ruines. La gloria es algo hueco y voluble, más tornadiza que el viento. La pobreza no es ningún mal, sino para quien se rebela contra ella. La muerte no es mal. ¿Preguntas lo que es? Es la única ley igual para todo el linaje humano. La superstición es un error insano de por sí: teme a los que debe amar y profana a quien debería rendir culto. ¿Qué diferencia hay entre negar a los dioses o deshonrarlos? Estas verdades se han de aprender y aun recitar a coro. La filosofía no ha de sugerir excusas al vicio. Ninguna esperanza de curación tiene el enfermo a quien el médico invita a la intemperancia. Ten salud.

Índice de contenidos

Cartas